"十一五"浙江省重点教材建设项目

全国高职高专市场营销专业规划教材

现代市场调查与预测

楼红平　涂云海　编著

人民邮电出版社

北　京

图书在版编目（ＣＩＰ）数据

现代市场调查与预测 / 楼红平，涂云海编著. -- 北京：人民邮电出版社，2012.7（2017.8重印）
全国高职高专市场营销专业规划教材
ISBN 978-7-115-27391-8

Ⅰ．①现… Ⅱ．①楼… ②涂… Ⅲ．①市场调查－高等职业教育－教材②市场预测－高等职业教育－教材
Ⅳ．①F713.5

中国版本图书馆CIP数据核字(2012)第119631号

内 容 提 要

本书从培养学生的实践动手能力和创新意识出发，介绍了现代市场调查与预测的理论、方法及其应用，内容涵盖了认知市场调查、市场调查策划、市场调查资料收集方法、网络市场调查、抽样技术、调查问卷设计、市场调查资料的统计分析、市场需求预测分析方法、撰写市场调查报告和市场调查应用共十项任务。在编写体例上，既注重系统地阐述相关基本概念及原理，同时也强调实训的重要性（辅以大量实训内容），突出了系统性与应用性的特点。

本书适合高职高专经济管理类专业师生使用，同时也可作为市场调研从业者的参考书。

全国高职高专市场营销专业规划教材
现代市场调查与预测

◆ 编　著　楼红平　涂云海
　　责任编辑　王莹舟

◆ 人民邮电出版社出版发行　　北京市丰台区成寿寺路 11 号
　　邮编　100164　　电子邮件　315@ptpress.com.cn
　　网址　http://www.ptpress.com.cn
　　中国铁道出版社印刷厂印刷

◆ 开本：787×1092　1/16
　　印张：16.5　　　　　　　　　2012 年 7 月第 1 版
　　字数：245 千字　　　　　　　2017 年 8 月北京第 5 次印刷

ISBN 978-7-115-27391-8

定价：32.00 元

读者服务热线：(010)81055656　印装质量热线：(010)81055316
反盗版热线：(010)81055315

广告经营许可证：京东工商广登字 20170147 号

前　言

现代市场调查与预测是一门具有较强的综合性、实践性和可操作性的应用型经济类课程。为了将理论教学与实训教学融为一体,实现教、学、做的一体化,本教材力求理论学习与实践操作并重,理论知识以够用为原则,实训项目设计强调可执行性、相关性和实践性的统一。教材的设计特点是以知识教育为基础,以能力培养为中心,突出应用性和针对性,重视学生的实践动手能力和创新意识的培养,体现融传授知识、培养能力和提高素质三位于一体的全面教育质量观。

本教材介绍了现代市场调查与预测的理论、方法及其应用,具有较强的实用性和可操作性,可供高职高专经济管理类专业师生使用,同时也可为企业经营管理人员从事市场调研工作提供参考。教材设计不仅立足于现代市场调查与预测的基础知识,同时根据工作实际将市场调查与预测的内容具体分解为认知市场调查、市场调查策划、市场调查资料收集方法、网络市场调查、抽样技术、调查问卷设计、市场调查资料的统计分析、市场需求预测分析方法、撰写市场调查报告和市场调查应用共十项任务。为方便教学,作者把每一项任务又进一步细分为若干项子任务,这样不仅有利于教师对整体课程教学进行设计,而且也有利于理论教学过程与实际训练环节有机结合。实训项目分为课内实训和课外实战演练,教师可以根据实际条件选取不同类型的实训项目布置给学生,并指导学生进行实践,在学中做,在做中学,真正实现"教、学、做"的一体化。"学生天地"环节设计以案例题、计算题、图表分析题为主,要求学生能运用所学知识与技能完成这些练习。通过"实训项目"与"学生天地"的有机结合与有效实施,学生可以逐步巩固所学的市场调查与预测的知识与技能。

本教材由楼红平、涂云海负责全书的框架设计、统稿与审定,各部分内容编写的具体分工如下:任务1、10(楼红平),任务2、8(涂云海、徐登喜、林基),任务3、4、9(陈仪、钟莘、褚鲁吟),任务5、6、7(刘锋),另外,林洁茹、吴奇帆、潘芒芒老师及南宁职业技术学院的陈仪、钟苹老师还参与了资料收集与校对工作。

本教材是浙江省高校重点教材建设项目（浙教高教〔2011〕10 号），在编写过程中，本书作者参阅了国内外的大量文献，在此对相关作者一并表示感谢。由于市场调查与预测的理论与实践处于不断变化发展中，编者水平有限，书中不妥之处在所难免，恳请读者提出宝贵意见，以便再版时修改完善。

编者

2012 年 6 月

目　录

任务1 认知市场调查

学习目标

1. 知识目标

◎ 理解和掌握市场的含义与特征、功能与类型；

◎ 了解和掌握市场调查的原则；

◎ 熟悉和掌握市场调查的程序；

◎ 了解市场调查机构的主要类型和市场信息网络。

2. 技能目标

◎ 结合实例解释市场的功能；

◎ 在实践中认识不同类型的市场；

◎ 领会和运用市场调查的原则；

◎ 设计某一产品的市场调查程序；

◎ 掌握借助市场调查机构进行调查的能力，市场调查人员应有的素质，以及培训市场调查人员的能力。

开篇案例

开展市场调查，为企业营销决策提供依据

某市场研究公司为深入了解居民的洗衣习惯，曾在全国六大城市展开了一次市场调查。这六大城市分布在不同地域。在实际调查过程中，调查人员在每个城市选择了数百户居民进行入户访问，要求被访者在试用新品洗衣液的同时详细描述洗衣过程。为了不遗漏细节，调查人员还去具体观察了被访者的洗衣方法。此次调查的被访者分布于平房、楼房等不同居住环境，以全面了解因环境不同采用不同洗衣设备而导致的洗衣习惯差异。

根据调查结果，洗衣液公司摄制了广告片，在画面上再现了不同地区居民洗衣的实景，令观众倍感亲切，对新品洗衣液产生了认同和好感，该公司的洗衣液在市场上获得了巨大成功。

【讨论】谈谈案例中新品洗衣液成功的原因及它的成功对企业的营销工作有着怎样的启示。

子任务 1 认知市场与市场调查

1.1 市场

1.1.1 市场的含义

在市场经济条件下,企业必须重视市场的需求,根据市场的需求来组织经营活动。随着商品经济的发展,市场的内涵也在不断地充实和发展。目前对市场较为普遍的理解主要有以下几点。

1.市场是商品交换的场所

商品交换活动一般要在一定的空间范围内进行,市场首先表现为买卖双方聚在一起进行商品交换的地点或场所。这是人们对市场的最初认识,虽不全面但仍有现实意义。

2.市场是商品的需求量

从市场营销者的立场来看,市场是指具有特定需求和欲望、愿意并能够通过交换来满足这种需求或欲望的全部顾客。顾客是市场的中心,而供给者都是同行的竞争者,供给者只能形成行业,而不能构成市场。

人口、购买能力和购买欲望这三个相互制约的因素结合起来才能构成现实的市场,并决定市场的规模与容量。人们常说的"某某市场很大",并不都是指交易场所的面积大,而是指某种商品的现实需求和潜在需求很大。这样理解市场,对开展市场调查有直接的指导意义。

$$\boxed{人口} + \boxed{购买欲望} + \boxed{购买能力} = 现实有效市场$$

3.市场是商品供求双方相互作用的总和

人们经常使用的"买方市场"或"卖方市场"的说法,反映的是商品供求双方交易力量的不同状况。在买方市场条件下,市场调查的重点应放在买方;反之,应放在卖方。

4.市场是商品交换关系的总和

在市场上,一切商品都要经历"商品—货币—商品"的循环过程。一种形态是由商品转化为货币,另一种形态则是由货币转化为商品。这种相互联系、不可分割的商品买卖过程,就形成了社会整体市场。

1.1.2 市场的类型

人们往往按以下方式来划分市场：按流通环节划分，分为批发市场、零售市场；按消费者年龄划分，分为婴儿市场、儿童市场、青少年市场及中老年市场等；按地域界限划分，分为国际市场、国内市场、城市市场、农村市场、沿海市场及内地市场等；按产品种类划分，分为钢材市场、木材市场、蔬菜市场、服装市场及书报市场等；按经济用途划分，分为商品市场、房地产市场、金融市场、技术市场及劳动力市场等。

下面具体讲解按经济用途划分的五种市场类型。

1. 商品市场

商品市场的含义有广义和狭义之分。广义的商品市场包括消费品市场、生产资料市场和服务市场、房地产市场、技术与信息市场等；狭义的商品市场只包括消费品市场、生产资料市场和服务市场。

（1）消费品市场

消费品市场是指满足个人和家庭生活需要的商品市场，一般可分为吃、穿、用三种市场。吃的市场主要包括粮食市场、副食品市场及水果市场等；穿的市场主要包括纺织品市场和服装市场；用的市场主要包括百货、五金及家电市场等。

消费品市场的特征：①消费者人数众多，需求差异很大；②一般购买量少、次数多、品种杂、地点散、成交额小；③消费者大多缺乏商品的专门知识，凭个人情感和印象作出购买决策；④渠道分散中间环节多，销售网点密布；⑤广告、展销、降价及示范表演等营销策略应用广泛，对消费者的诱导作用较大；⑥消费品需求正处在结构转换过程中。

（2）生产资料市场

生产资料包括直接取自大自然的原料，从上一加工环节购得并用来进一步加工的半成品（即中间产品）以及机器设备三个部分。

生产资料市场的特征：①生产资料的交易主要发生在企业之间，多为大宗批发交易，交易批量大、金额高；②市场需求往往和基本建设投资相关联，直接影响宏观经济的运行。

（3）服务市场

服务市场是指买卖"服务"的无形商品市场，分布在第三产业的各行各业，如饮食服务市场，度假村、宾馆等旅游服务市场，银行、保险、证券等金融服务市场，等等。

服务市场的特征：①服务是一种特殊的商品，其生产、流通和消费在时间和空间上往往是统一的，不能运输和储存；②服务市场强调特色，服务产品不存在所谓的"同质性"。

2．房地产市场

（1）房地产市场的含义

房地产是土地和地上建筑物的统称。狭义的房地产市场是指房地产的买卖、租赁、抵押等交易活动的场所；广义的房地产市场是指整个社会房地产交易关系的总和，即由市场主体、客体、价格、资金及运行机制等因素构成的一个大系统。

（2）房地产市场的特征

房地产的不可移动性决定了房地产市场是区域性市场。人们经常称呼的北京房地产市场、上海房地产市场及重庆房地产市场或者中国房地产市场、亚洲房地产市场、世界房地产市场等，都说明了房地产市场具有明显的地区特性。

要开展房地产市场的调查和预测，应熟悉影响房地产市场的各种因素。从房地产供应来看，价格因素、投资来源及数量、交易条件、开发成本和税收等是影响房地产供应的主要因素。

【拓展阅读】

房地产市场的特殊性

房地产供给有滞后性，往往要在一个建设周期完成后，房地产的增量才能表现出来。从房地产需求来看，人口的数量和结构、房地产的价格水平、家庭收入水平、政策因素及需求者对经济形势的预期等是影响房地产需求的主要因素。

3．金融市场、技术市场及劳动力市场

（1）金融市场

金融市场是指资金供应者和资金需求者双方通过信用工具进行交易而融通资金的市场，广而言之，是实现货币借贷和资金融通、办理各种票据和有价证券交易活动的市场。金融市场的参与者包括个人、企业、政府机构、商业银行、中央银行、证券公司、保险公司以及各种基金会等，身份可以分为资金需求者、资金供给者、中介人和管理者四种。对金融市场的调查和预测，其重点是了解和掌握不同的参与者在各种情况下可能采取的对策，以便为自己能正确决策提供依据。

（2）技术市场

技术市场是进行技术商品交换的场所，如技术成果转让、技术咨询、技术服务、技术承包等。技术市场的参与者包括研究机构、大专院校、工矿企业、国防科技和国防工业部门、民办科研单位和个人及技术经营机构等。技术市场的调查和预测包括技术成果是否配套，是否易于掌握、消化、吸收以至创新，是否有较长的生命周期，价格是否适宜，见效是否快捷等。

（3）劳动力市场

劳动力市场是以劳动力作为商品进行交易的市场。社会和企业通过劳动力市场实现对人力资源的有效配置。劳动力市场中的劳动需求是指社会和企业对劳动商品的需要。劳动力市场的调查和预测包括劳动力供给的数量和质量，社会和企业劳动力的需求状况，未来劳动力市场的需求与供给趋势等。

1.2　市场调查的基本知识

1.2.1　市场调查的含义与特点

1. 市场调查的含义

市场调查是指以提高营销效益为目的，有计划地收集、整理和分析市场的信息资料，提出解决问题的建议的一种科学方法。市场调查也是一种以顾客为中心的研究活动。

市场是企业经营的起点，是商品流通的桥梁。市场竞争不但体现在价格上，而且更多地转向开发新产品、提高产品质量、提供完善的服务、改进促销方式和完善销售渠道等方面。此外，随着人民生活水平的提高，消费心理也在变化，企业的产品信息不仅要满足消费者的量感，而且要满足消费者的质感。企业只有掌握及时、准确、可靠的信息，产品更新换代快、适销对路，生产计划安排得当，才能在竞争中取胜。因此，企业应投入适当的人力、物力进行专门的市场调查。

2. 市场调查的特点

市场调查具有以下五个主要特点，不同特点有不同表现。

（1）系统性

市场调查活动是一个系统，包括编制调查计划、设计调查、抽取样本、访问、收集资料、整理资料、分析资料和撰写分析报告等。

（2）目的性

任何一种调查都应有明确的目的，并围绕目的进行具体的调查工作，以提高预测和决策的科学性。

（3）社会性

调查主体与调查对象具有社会性，调查主体是具有丰富知识的专业人员，调查对象是具有丰富内涵的社会人。市场调查的内容也具有社会性。

（4）科学性

市场调查需要用科学的方法和科学的技术手段得出科学的分析结论。

（5）不稳定性

市场调查受多种因素影响，其中很多影响因素本身都具有不确定性。

1.2.2 市场调查的类型与基本要求

划分市场调查的类型和提出市场调查的基本要求，有助于企业选择最好的调查途径。

1. 市场调查的类型

按照调查的目的和功能划分，市场调查可以分为探索性调查、描述性调查和因果性调查。

（1）探索性调查

探索性调查是指为了使问题更明确而进行的小规模调查活动。这种调查有助于把一个大而模糊的问题表达为小而准确的子问题，并识别出需要进一步调查的信息。例如，某公司的市场份额去年同比下降，若该公司想要查明原因，就可用探索性调查来发掘问题——是经济衰退的影响？是因为广告支出减少？是销售代理效率低？还是消费者的购买习惯改变了？等等。总之，探索性调查具有灵活性的特点，适合于调查那些对有关情形知之甚少的问题。不能肯定问题性质时，也可用探索性调查。

（2）描述性调查

描述性调查是指寻求对"谁"、"什么事情"、"什么时候"、"什么地点"这样一些问题的回答。它可以描述不同消费者群体在需求、态度、行为等方面的差异。描述性调查的结果尽管不能对"为什么"给出回答，但也可用作解决营销问题所需的信息。例如，某商店了解到该店 67% 的顾客主要是年龄在 18～44 岁之间的妇女，她们经常带着家人、朋友一起来购物。这种描述性调查提供了重要的决策信息，使商店重视直接向妇女开展促销活动。对有关情形缺乏完整的知识时，也可用描述性调查。

（3）因果性调查

因果性调查是指调查一个因素的改变是否引起另一个因素改变的研究活动，目的是识别变量之间的因果关系，如预期价格、包装及广告费用等对销售额的影响。这项工作要求调查人员对所研究的课题有一定的知识，能够判断一种情况出现时，另一种情况会接着发生，并能说明原因。需要对问题严格定义时，可采用因果性调查。

2. 市场调查的基本要求

（1）端正指导思想

调查人员要树立为解决实际问题而进行调查研究的思想，牢记"一切结论产生于调查的末尾"，注意防止为了某种特殊需要，根据内定的调子，带着事先想出的观点和结论，去寻找"合适"的素材来印证结论的虚假调查。

（2）如实反映情况

调查人员对调查来的情况应一是一，二是二；有则有，无则无；好则好，坏则坏；坚持讲真话。

（3）选择有效方法

采用何种调查方法一般应综合考虑调查的效果和人力、物力、财力的可能性以及时间限度等。对某些调查项目，往往需要同时采用多种不同的调查方法，如典型调查，就需要交叉运用座谈会、访问法、观察法等多种方式。

（4）安排适当场合

安排调查的时间和地点时要为被调查者着想，充分考虑被调查者是否方便，是否能引起被调查者的兴趣。

（5）注意控制误差

影响市场的因素十分复杂，所以市场调查过程难免产生误差。调查人员应将误差尽量控制在最低限度，以保证调查结果的真实性。

（6）掌握谈话技巧

调查人员在调查访问时的口吻、语气和表情对调查结果有很直接的影响，因此调查人员要特别讲究谈话技巧。

（7）注意仪表和举止

一般来讲，调查人员穿着整洁、举止端庄、平易近人，就容易使被调查者产生认同感；反之则会给被调查者以疏远的感觉，使之不愿与其接近。

（8）遵守调查纪律

调查人员遵守调查纪律包括遵纪守法、尊重被调查单位领导的意见、尊重人民群众的风俗习惯；在少数民族地区严格执行民族政策，注意保密和保管好调查资料等。

1.2.3 市场调查的程序

市场调查的全过程可划分为调查准备、调查实施和总结三个阶段，每个阶段又可分为若干具体步骤。

1. 调查准备阶段

调查准备阶段需要明确调查目的、调查范围，确定调查人员，并制订出切实可行的调查计划。具体工作步骤如下：（1）明确调查目标，拟定调查项目；（2）确定收集资料的范围和方式；（3）设计调查表和抽样方式；（4）制订调查计划。

2. 调查实施阶段

调查实施阶段是整个市场调查过程中最关键的阶段，对调查工作是否准确、及时、完整产生直接影响。

调查实施阶段分为以下两个步骤：（1）对调查人员进行培训，使其理解调查计划，掌握调查技术及同调查目标有关的经济知识；（2）进行实地调查，即调查人员按照计划在规定的时间、地点，采用确定的方法收集调查资料，不仅要收集第二手资料（现成资料），而且要收集第一手资料（原始资料）。实地调查的质量取决于调查人员的素质、责任心和组织管理的科学性。

3．总结阶段

总结阶段分为以下三个步骤：（1）分析、整理资料，即对所收集的资料进行"去粗取精、去伪存真、由此及彼、由表及里"的处理。（2）撰写市场调查报告。市场调查报告一般由引言、正文、结论及附件四个部分组成，其基本内容包括开展调查的目的、被调查单位的基本情况、所调查问题的事实材料、调查分析过程说明及调查的结论和建议等。（3）追踪与反馈。提出了调查结论和建议，并不意味着调查过程就此完结，应继续了解其结论是否被重视和采纳、采纳的程度和采纳后的实际效果如何、调查结论与市场发展是否一致等，以便积累经验，不断改进和提高调查工作的质量。

📁 **典型案例**

应用市场调查改进产品包装，获得竞争优势

　　饮料市场竞争激烈，众多企业曾在产品容量上大做文章，以招揽顾客。A市场研究公司曾参与过一项竞争策略的制定，这一策略并未在容量大小上步他人后尘开展竞争，而是根据对中国社会文化背景的深刻理解，以三口之家为依据准备推出一种750毫升瓶装的新型包装，并且拍摄了广告片。他们没有贸然行事，而是在将新包装产品正式推向市场之前开展了市场调查，以检验这一方案的可行性。A市场研究公司设计了座谈会的调查方案，座谈会的调查目标是了解消费者对750毫升新包装产品的评价和购买意向，并了解消费者对新广告片的评价和改进意见。座谈会分为八组进行，同时考虑出席座谈会成员的性别、年龄、文化、收入的均衡性。座谈会在会议室举行，由主持人展示新包装产品并播放广告片，有关管理人员在监控室观看座谈会进展情况。

　　座谈会调查结果表明，座谈者普遍认为新包装产品适于家庭使用。其主要原因是：（1）体积大、造型美观，可以用来招待宾客；（2）价格合理；（3）容量适宜；（4）取用、储存方便，握瓶时手感舒适；（5）瓶子颜色适宜；（6）有安全感——玻璃瓶厚，气足不易爆炸。座谈者认为这种新包装产品的主要不足之处是分

量太重，购买时提拎吃力。企业根据座谈者的意见对新包装进行了改进，除了生产玻璃瓶装之外还生产造型完全一样的塑料瓶装，首先在某一地区以这种新包装产品大举进入市场，首战告捷，随后又在其他地区推出，大获成功。

问题：根据案例材料并结合市场营销知识谈谈如何做好细节营销，请举例说明。

子任务 2　熟悉市场调查的原则和程序

2.1　市场调查的原则

对市场进行调查分析对于任何企业都是必要的，企业无论在何时何地从事这项工作，都要遵守一定的调查原则并安排好调查程序。市场调查既然是通过收集资料为企业的营销活动提供正确依据的活动过程，就必须遵循以下六个基本原则，方能获得成功。

1. 客观性原则

客观性原则是市场调查最重要、最基本的原则。这一原则要求市场调查收集到的市场信息和有关资料必须真实准确地反映市场现象和经济活动，不能带有虚假或错误的成分。要坚持市场调查的客观性原则，首先必须对市场现象、经济活动作如实的描述，不能带有个人主观倾向和偏见，以保证调查资料客观地反映市场的真实情况。其次，要在市场调查中力求调查资料的准确性，尽量减少错误。

市场调查工作要把收集到的资料、情报和信息进行筛选、整理，再经过调查人员的分析得出调查结论，供企业营销决策之用。因此，我们在进行市场调查时必须实事求是、尊重客观事实，切忌主观臆断，或以框框来代替科学的分析。同样，以偏概全的做法也是不可取的。

2. 时效性原则

在现代市场营销中，时间就是机遇，丧失机遇会导致整个营销策略和活动的失败；抓住机遇，则会为成功铺平道路。市场调查的时效性表现为应及时抓住市场上任何有价值的情报、信息，及时分析和反馈，为企业在营销过程中适时地制定和调整策略提供依据。在市场调查工作开始之后，调查人员要充分利用有限的时间，尽可能地收集所需的资料和情报。拖延调查工作不仅会增加费用支出，还会使营销决策滞后，对企业的营销产生不利影响。

3．针对性原则

市场调查的针对性原则是指市场调查要围绕企业经营活动中存在的问题，即调查的目的进行。任何市场调查都要耗费大量人力、物力、财力，因此市场调查不能盲目进行，企业必须根据要解决的问题（如企业销售额下降）开展市场调查。市场调查还包括针对竞争对手进行调查，因为市场竞争已经成为企业经营战略的重要组成部分，要想在竞争中取胜，就必须了解竞争对手的实力和优势，从而确定企业的营销战略。

4．科学性原则

市场调查的科学性原则是指市场调查的整个过程要科学安排，以科学的知识理论为基础，应用科学的方法。

市场调查是企业为达到营销目的而进行的活动。为减少调查的盲目性和人力、财力、物力的浪费，对所需收集的资料和信息及调查步骤要科学规划。例如，调查人员应明确采用何种调查方式、如何拟定问卷、调查对象该有哪些等。同时，调查内容的设计应科学、合理，并应以最快捷、简便的方式提供给调查对象。

5．全面性原则

市场调查的全面性原则是指要全面、系统地收集与企业生产营销活动有关的市场现象的信息资料。市场现象不是孤立、静止的。市场现象与政治、经济、文化、风俗、法律等社会现象之间有着千丝万缕的联系；市场现象随着时间、地点、条件的变化而不断发生变化。在进行市场调查时，必须对相互联系的市场现象的各种影响因素作全面性的调查，不能片面地观察市场；必须对市场现象的发展变化全过程进行系统性调查。全面性原则既是正确认识市场的条件，又是进行市场预测的需要。

6．经济性原则

市场调查的经济性原则是指市场调查工作必须要考虑到经济效果，要以尽可能少的费用取得相对令人满意的市场信息资料。在市场调查过程中，必须根据明确的调查目的，确定市场调查的内容项目，选择合适的调查方法。在满足市场调查目的的前提下，应尽量简化调查的内容与项目，不要加大调查的范围和规模，造成人力、物力、财力和时间的不必要浪费。

2.2 市场调查的程序

市场调查是一项涉及面广、内容复杂的活动。要顺利进行市场调查，确保调查质量达到预期目的，必须科学安排市场调查过程中的各项工作。市场调查一般程序如下。

2.2.1 明确市场调查的任务

明确市场调查任务是整个市场调查工作的起点，它主要包括提出企业经营中要解决的问题，并由此明确调查目的。提出问题，是明确市场调查任务的前提。一般情况下企业的问题主要牵涉以下方面：（1）企业未来的发展方向。企业若要进一步发展需要从更深层次了解市场规模和结构，如有关新产品的开发问题，这种产品的需求量、市场潜力和发展前景等情况。（2）生产、经营中出现的困难。在生产、经营过程中，会出现这样或那样的困难，这就需要找出问题产生的原因和解决问题的方法。

企业存在的问题找到后，就有了一个大致的调查范围或意图。如果问题比较笼统，就必须对问题进行初步探索，找出主要问题。如某商业企业在经营过程中，出现商品销售额持续下降的现象，这就需要明确问题的原因是商品售价偏高，还是商品结构不合理？是企业服务质量下降，还是消费者购买力发生转移？是商品周转缓慢，还是企业促销不利？这些要考虑的问题，涉及面较宽，由此需要一个初步的探索过程，以找出问题的主要原因，进而选择市场调查要解决的主要问题。明确了市场调查要解决的主要问题，也就明确了市场调查的任务。

2.2.2 制订市场调查的方案

市场调查的任务明确后，接下去是围绕市场调查的任务制订市场调查的具体方案，这是市场调查过程中最复杂的工作。市场调查的方案制订是对调查工作各个方面和全部过程的通盘考虑，包括了整个调查工作过程的全部内容。市场调查方案主要包括下列内容。

1. 确定调查目的和调查项目

确定调查目的是制订市场调查方案的首要问题。确定调查目的，就是明确在调查中要解决哪些问题，通过调查要取得什么资料。可见，确定调查目的与明确调查任务是紧密相关的。调查项目是指调查单位所要调查的主要内容，确定调查项目就是要明确向被调查者了解些什么问题。调查项目是市场信息资料的来源，例如，在消费者需求调查中，消费者的性别、民族、文化程度、年龄、收入，消费者喜爱的商品品牌、规格、款式、价格，消费者对服务的满意程度等，都属于调查项目。调查项目的选择取决于调查目的，即根据调查目的，对各个问题进行分类，规定每个问题应调查收集的资料。

2. 确定调查对象

确定调查对象主要是为了解决向谁调查和由谁来具体提供资料的问题。调查对象就是根据调查目的、任务确定的调查范围以及所要调查的总体，它是由许多性质上相同的调查单位所组成的。

确定调查对象，主要是确定调查对象应具备的条件，如有关性别、文化水平、收入水平、职业等方面的选择要求。确定调查对象应注意明确调查对象的含义，以免造成调查登记时由于界限不清而发生的差错。例如，以城市职工为调查对象，就应明确职工的含义，划清城市职工与非城市职工、职工与居民等概念的界限。

3．确定调查的时间和地点

确定调查时间是指规定调查工作的开始时间和结束时间，包括从调查方案设计到提交调查报告的整个工作时间，也包括各个阶段的起始时间，其目的是使调查工作及时开展、按时完成。在调查方案中还要明确规定调查地点，即市场调查在什么地方进行，在多大范围内进行。确定调查地点要从市场调查的范围出发，如果是调查一个城市的市场情况，还要考虑是在一个区调查还是在几个区调查；其次是考虑调查对象的居住地点，是平均分布在不同地区，还是可以集中于某些地区。

4．确定调查方式和方法

在调查方案中，还要规定采用什么调查方式和方法取得调查资料。收集调查资料的方式有普查、抽样调查等。具体调查方法有文案法、访问法、观察法和实验法等。在调查时，采用何种方式、方法不是固定和统一的，而是取决于调查对象和调查任务。在市场经济条件下，为准确、及时、全面地取得市场信息，尤其应注意多种调查方式的结合运用。

5．确定调查人员

确定调查人员，主要是指确定参加市场调查人员的条件和人数，包括对调查人员的必要培训。

由于调查对象是社会各阶层的生产者和消费者，思想认识、文化水平差异较大，因此，要求市场调查人员必须具备一定的思想水平、工作能力和业务技术水平。具体地讲，首先要求市场调查人员应具备一定的文化基础知识，能正确理解调查提纲、表格、问卷内容，能比较准确地记录调查对象反映出来的实际情况。其次，要求市场调查人员应具备一定的市场学、管理学、经济学、统计学方面的知识。

6．确定调查费用

每次市场调查活动都需要支出一定的费用。因此，在制订调查方案时，应编制调查费用预算，合理估计调查的各项开支。编制费用预算的基本原则是：在调查费用有限的条件下，力求取得调查效果；或者是在保证实现调查目标的前提下，力求使调查费用支出最少。

市场调查方案是整个市场调查工作的行动纲领，它起到保证市场调查工作顺利完成的重要作用。市场调查的主持者应精心制订好市场调查方案。若市场调查方案中规定要有调查提纲和调查表格，则应安排有关人员去设计调查提纲和调查表格。

2.2.3　具体实施调查方案，进行实地调查

具体实施市场调查方案，就是按照调查方案的要求去收集市场信息资料，也就是进入实地调查过程。在整个市场调查工作中，收集市场信息资料阶段是惟一的现场实施阶段，是取得市场第一手资料的关键阶段。在此阶段，市场调查的组织者必须集中精力做好外部协调工作和内部指导工作，力求以最少的人力、最短的时间、最好的质量完成收集市场信息资料的任务。

2.2.4　整理调查资料，撰写调查报告

1. 整理资料

整理资料，就是运用科学方法，对调查资料进行审核分类和分析，使之系统化、条理化，并以简明的方式准确反映调查问题的真实情况。

审核就是对收集到的资料进行检验、检查，验证各种资料是否真实可靠、合乎要求，剔除调查中取得的不实资料。具体做法是：首先，检查调查资料的真实性和准确程度。进行真实性检验，既可以根据以往的实践经验对调查资料进行判断，也可以通过各种数字运算来进行检查，例如，检验各分组数字之和是否等于总数。其次，要检查收集到的资料是否齐全，有无重复或遗漏，例如，调查某地区居民家庭彩电拥有率。从表 1-1 中我们可以得知该地区彩电的平均家庭拥有率是 85%，还可看出人均月收入水平越高的家庭彩电拥有率越高。本表还可以使调查者了解到不同收入层次家庭彩电的拥有率情况。

表 1-1　某地区居民家庭彩电拥有率分类统计表

家庭人均月收入	拥有率（%）	无电视机的比率（%）
200 元以下	65	35
200～300 元	80	20
301～400 元	95	5
400 元以上	100	0
平均	85	15

注：回答者数目为 1 000 户。

2．撰写调查报告

市场调查报告是市场调查研究成果的集中体现。调查部门要根据调查任务、目的和所收集到的市场信息资料，经过分析研究，做出判断性结论，提出建设性的措施、意见，使调查报告在企业生产、营销工作中起到指导性的作用。

市场调查报告应坚持用事实说话，切忌主观臆断。条理要清楚，文字要简明通俗。市场调查报告应在规定时间内写出，否则，调查报告会失去时效性。

子任务 3　市场调查机构与调查人员设置

市场调查机构是受部门或企业委托，专门从事市场调查的单位。在市场调查实施过程中，为了更有效地对市场信息进行收集、整理和分析，就要设立各种市场调查机构，以增大信息通道，提高信息利用率。

3.1　市场调查机构

3.1.1　市场调查机构的类型

市场调查机构规模有大有小，其隶属关系及独立程度也不一样，名称更是五花八门，但归纳起来基本上有以下几类。

1．各级政府部门组织的调查机构

我国最大的市场调查机构为国家统计部门，国家统计局、各级主管部门和地方统计机构负责管理统一的市场调查资料，便于企业了解市场环境变化及发展，指导微观经营活动。此外，为适应经济形势发展的需要，统计部门还相继成立了城市社会经济调查队、农村社会经济调查队、企业调查队和人口调查队等调查队伍。除统计机构外，中央和地方的各级财政、计划、银行、工商、税务等职能部门也都设有各种形式的市场调查机构。

2．新闻单位、大学和研究机关的调查机构

这些机构都开展独立的市场调查活动，定期或不定期地公布一些市场信息。例如，以信息起家的英国路透社，在全球设立了众多的分社和记者站，目前已成为世界上最大的经济新闻提供者，经济信息收入成为该社的主要来源。

3．专业性市场调查机构

这类调查机构在国外的数量是很多的，它们的产生是社会分工日益专业化的表现，也是当今信息社会的必然产物。

（1）综合性市场调查公司

这类公司专门收集各种市场信息，当有关单位和企业需要时，只需交纳一定费用，就可随时获得所需资料。同时，它们也承接各种调查委托，具有涉及面广、综合性强的特点。

（2）咨询公司

此类公司一般是由资深的专家、学者和有丰富实践经验的人员组成，为企业和单位进行诊断，充当顾问。这类公司在为委托方提供咨询时，也要进行市场调查，对企业的咨询目标进行可行性分析。当然，它们也可以接受企业或单位的委托，代理或参与调查设计和具体调查工作。

（3）广告公司的调查部门

广告公司为了制作出打动人心的广告，取得良好的广告效果，就要对市场环境和消费者进行调查。广告公司大都设立调查部门，经常大量地承接广告制作和市场调查。

近年来，我国也出现了许多专门从事经济信息调查和咨询服务的公司，它们既有国营公司，也有集体、私营公司（集体和私营公司的不断发展趋势尤为引人注目），它们承接市场调查任务，提供商品信息，指导企业生产经营活动，在为社会服务的同时，自身也取得了很好的经济效益。

4．企业内部的调查机构

目前国外许多大型企业和组织，根据生产经营的需要，大都设立了专门的调查机构，市场调查已成为这类企业固定性、经常性的工作，例如，可口可乐公司设立了专门的市场调研部门，并由一位副总经理负责管理。这个部门的工作人员有调查设计员、统计员、行为科学研究者等。

3.1.2　市场信息网络

市场信息网络是现代市场调查的一种新形式，也可算作是一种新的、特殊的市场调查机构。市场信息网络可分为宏观市场信息网络和微观市场信息网络两种。

1．宏观市场信息网络

宏观市场信息网络即中心市场信息网络，它是为整个市场服务的信息管理系统，是纵横交错、四通八达的市场信息网络系统的总和。例如，纺织系统信息情报网便是一个专门进行纺织系统信息交流的信息传递网络。

2．微观市场信息网络

微观市场信息网络又称基础市场信息网络，是以单个企业为典型代表的企业市场信息系统，它可为企业提供市场经营活动所需的各种信息。

我国已经逐步建立起各种经济信息网络，其中影响较大的有以下几种形式（见表1-2）。

表 1-2　经济信息网络

信息网络形式	简要概况	举例
行业性市场信息网络	它是以行业为主体,广泛建立信息点组织调查、收集信息并进行综合分析。按照这种网络的地域覆盖范围不同,可分为全国性、地区性和企业性三类	中国人民银行信息网联系全国各地分行,建立了银行经济信息网,它们曾多次对全国许多产品的供销情况进行调查和预测,并发布信息,对商品生产和商品流通起着重要的指导作用
以产品为主体的市场信息网络	它是以产品为龙头,广泛组织有关单位参加,以自愿为原则,互相交换信息	全国汽车信息网络收集、汇总了全国各类汽车的产、供、销信息资料,为我国汽车工业科学决策、走向市场提供了可靠的依据
联合性市场信息网络	这种网络不受行业和产品的限制,按照一定的市场活动需要自动联合,互相交流信息。这样,商品生产者、转卖者和用户都可以借助计算机网络直接了解某种商品的销售和库存情况,根据不同情况合理安排生产和流通,从而把产、销、用三者紧密地联系起来	商业部门是沟通生产和消费的桥梁,各类商品的购、销、存数量,品种、价格及消费者的意见、建议、市场行情的动态趋势等,都能在此得到体现;通过工商企业的信息沟通,就能把局部的、零散的、不协调的信息,集中形成准确、系统的信息,并直接指导商品再生产过程
临时性市场信息网络	它主要是通过会议或展览的形式,临时组织有关信息人员参加会议、沟通信息	各类市场上所进行的商品交易活动是公开的、具体的,展销商品陈列有序、明码标价,产品质量有详细介绍或可凭经验判断,如各种各样的商品交易会、展销会、订货会等,可将买卖双方汇集于一处,成为一个信息的交汇点和集散地

3．市场信息网络的优点

（1）整体性是指信息网络是一个有机整体,构成网络的各个要素之间互相协调、互相配合,实现信息收集和反馈的最优化。

（2）经常性是指信息网络多数要求定时交流信息,以提高经济信息的时效性。

（3）广泛性是指信息网络覆盖面广,可以涉及市场的各个领域。

（4）灵活性是指各种信息网络可以相互交叉、互通有无。

（5）开放性信息网络是以收集、贮存、处理和传递信息为目的而建立起来的,开放性使信息源源不断地流入和流出,有效地实现信息的传递和交流,发挥信息的最大效益。同时，开放性特点也要求其信息网络必须面对市场、加强市场调查。

3.1.3 如何借助市场调查机构

当企业缺乏必要的市场调查机构，或对有效实施市场调查感到力不从心时，可以考虑借助企业外部的专业性市场调查机构来完成调查任务，如委托广告公司、咨询公司、信息中心等机构进行市场调查。

由专业性的市场调查机构进行市场调查有以下两点好处：一是这些机构具有高效的市场调查所必需的各种条件，如完善的资料、深厚的学术理论基础、有效的调查实务经验和精密的调查工具等，借助这些机构，能提高调查结果的准确性；二是由这些机构进行调查，工作人员没有人际障碍，容易得出比较客观且有助于决策的建议。

当企业需要委托市场调查专业机构进行调查时，应做到知己知彼，慎重地选择合作对象，以取得事半功倍的效果。企业在委托调查机构完成调查任务时，应首先明确以下几点。

（1）希望调查机构提供何种调查活动。目前市场调查机构的活动范围日趋广泛，包括确定市场特征、衡量市场潜力、市场份额分析、企业趋势分析、竞争产品研究、价格调查、短期预测等多种。

（2）希望提供综合性服务还是某种专门或特定性服务。

（3）是长期合作还是短期合作。

（4）是否希望他们提供某种额外的服务。

（5）在调查时间上有何要求？提交调查报告的最后期限是哪一天？

（6）调查预算为多少？

（7）资料是归企业独家享用，还是与调查机构共享。

企业可以根据上述问题，制订委托调查计划，用来与市场调查机构进行洽谈。企业在选择市场调查机构时，必须了解和考虑以下几个方面的因素。

（1）目前有哪些市场调查机构？如何与它们联系？

（2）调查机构的信誉，包括调查机构在业界的声誉和知名度，严守职业道德及公正原则的情况，限期完成工作的能力等。

（3）调查机构的业务能力，指调查机构的调查人员实际业务水平的高低，如能否提供有价值的资讯，是否具备创新观念、系统观念、营销观念和观念沟通能力。

（4）调查机构的经验，包括调查机构创建的时间长短，主要工作人员服务年限，已完成的市场调查项目性质及工作范围等。

（5）市场调查机构所拥有的硬件和软件条件。硬件包括信息收集、整理和传递工具的现代化程度；软件包括调查人员的素质及配备情况。

（6）调查机构收费的合理性，包括调查机构的收费标准和从事本项调查的费用预算等。对于委托调查的企业来讲，一旦委托调查机构进行市场调查后，应给予信任和授权，并提供充分的协助，以使调查能顺利进行。对于受托的调查机构来说，应严守职业道德，时刻为用户着想，为用户提供满意的服务。调查机构在接受委托后，应迅速适应委托企业的经营环境，对现有资料加以消化，提出市场调查建议书，内容包括市场调查的重点及可能结果、提供市场报告的时间、市场调查预算及收费条件、企业应有的协助等；在委托企业接受市场调查建议书后，即可实施调查；在提出市场报告后，还应注意随时为委托企业提供调查后服务，以求取得长期合作的机会，树立良好的信誉。

3.2 市场调查人员

3.2.1 市场调查人员的素质

市场调查人员是调查工作的主体，其数量和质量直接影响市场调查的结果，因此，市场调查机构必须根据调查工作量的大小及调查工作的难易程度，配备一定数量并有较高素质的工作人员。

按市场调查的客观要求，调查人员应具备以下两方面的基本素质。

1. 思想素质

具有强烈的社会责任感和事业心；具有较高的职业道德修养，工作中能实事求是、公正无私；工作认真细致；具有创新精神；谦虚谨慎、平易近人。

2. 业务素质

有较广博的理论知识，具有较强的业务能力（如利用各种情报资料的能力；对调查环境的适应能力；能够分析、鉴别、综合信息资料的能力；较强的语言和文字表达能力）。当然，还要有好的身体素质。

总之，一个合格的市场调查人员应是勤学好问、有思想、有知识并具有创造性的，他们必须善于倾听、善于思考、善于提出问题、分析问题和解决问题，但以下两点需要特殊说明。

第一，人的素质和才能是有差异的，造成这种差异的原因既有先天因素，也有后天因素。无数事实证明：先天不足是可以通过后来的教育、培训来弥补的，是可以扭转的，要达到调查工作需要的理想标准，就要不断地通过各种途径，利用各种方法来提高自身素质。

第二，前文所讲到的各种素质是针对调查人员的个人素质而言的。在实际调查中，调查任务是通过组建一支良好的调查队伍来完成的。因此，除对调查人员基本思想素质的要求外，没必要也不可能要求所有调查人员同时具备这些素质，而只能对调查队伍的整体结构加以考虑，包括职能结构、知识结构、年龄结构，甚至包括性别结构等，以期通过人员的有机组合，取长补短，提高调查效率。

3.2.2 市场调查人员的培训

1．培训的基本内容

市场调查人员的重要作用以及市场对调查人员的客观要求，都提出了对人员进行培训的问题。培训的内容应根据调查目的和受训人员的具体情况而有所不同，通常包括以下三点。

（1）思想道德方面的教育

强调职业精神，激发市场调查人员的事业心和责任感，促使其端正工作态度和工作作风。

（2）修养方面的培养

对调查人员在热情、真诚、谦虚、礼貌等方面进行培训指导。

（3）业务方面的培训

针对调查人员不仅需要讲授市场调查原理、统计学、营销学、心理学等相关知识，还需要加强问卷设计、提问技巧、信息处理技术、分析技术及报告写作技巧等技能方面的训练。同时应进行有关规章制度的教育，调查人员必须遵守组织内部和外部的各种规章制度，这是调查得以顺利进行的保证。

例如，为了在国际上维护在市场营销和民意调查中的道德准则，国际商会及欧洲民意和市场营销调查学会（ESOMAR）于 1977 年联合制定和颁发了有关准则，并于1986 年作了修改。制定准则的主要目的是使被调查者的权利得到充分的保障。

2．培训的途径和方法

（1）培训的途径

培训有两条基本途径：一是业余培训，二是离职培训。业余培训是提高调查员素质的有效途径，是调动调查人员学习积极性的重要方法，它具有投资少、见效快的特点。离职培训则是一种比较系统的训练方法，它可以使调查人员集中精力和时间进行学习。离职培训可以采取两种方式：一种是举办各种类型的调查人员培训班；另一种是根据调查人员的工作特点和本部门的需要，送他们到各类经济管理院校的相应专业系统学习一些专业基础知识、调查业务知识、现代调查工具的使用知识等，这种方法能给调查人员打下较扎实的基础，但投资较大。

（2）培训的方法

培训方法主要有以下几种，培训时可根据培训目的和受训人员情况加以选用。

① 集中讲授方法，这是目前培训中采用的主要方法，就是请有关专家、调查方案的设计者，对调查课题的意义、目的、要求、内容、方法及调查工作的具体安排等进行讲解，在必要的情况下，还可讲授一些调查基本知识，介绍一些背景材料等，采用这种培训方法，应注意突出重点、针对性强、讲求实效。

② 以会代训方法，即由主管市场调查的部门召集会议。会议有两种形式：一是开研讨会，主要就需要调查的主题进行研究，从拟定调查题目到过程的设计，资料的收集、整理和分析，调查的组织等逐一研究确定；二是开经验交流会，在会上，大家可以互相介绍各自的调查经验、先进的调查方法、手段和成功的调查案例等，以集思广义、博采众长、共同提高。采取以会代训方法，一般要求参加者有一定的知识水平和业务水平。

③ 以老带新方法。这是一种传统的培训方法，它是由有一定理论和实践经验的人员，对新接触调查工作的人员进行传、帮、带，使新手能尽快熟悉调查业务，得到锻炼和提高。这种方法能否取得成效，取决于带者是否无保留地传授，学者是否虚心求教。

④ 模拟训练方法，即人为地制造一种调查环境，由培训者和受训者或由受训者分别装扮成调查者和被调查者，进行模拟调查，练习某一具体的调查过程。模拟时，要将在实际调查中可能遇到的各种问题和困难表现出来，让受训者作出判断、解答和处理，以增加受训者的经验。采用这种方法，应事先做好充分准备，这样在模拟时才能真实地反映调查过程中可能出现的情况。

⑤ 实习锻炼方法，即在培训者的策划下，让受训者到自然的调查环境中去实习和锻炼，这样做能使受训者将理论和实践有机地结合，在实践中发现各种问题并培养处理问题的能力。采用这种方法，应注意掌握实习的时间和次数，并对实习中出现的问题和经验及时进行总结。

📁 **典型案例**

电磁炉的畅销与滞销

几年前，一家大企业决定上马新型电器厨具，他们首先购买了 100 台电磁炉，然后在一个展销会上进行试销，结果全部产品在两天内全部销售完毕。考虑到展销会的顾客缺乏代表性，于是他们又购买了 200 台各种款式的电磁炉，决定在北京光明路的两个商店进行试销，并且提前 3 天在当地报纸上登了广告，结果半夜就有人排队待购，全部产品很快都销售出去了。

厂长很高兴，但是仍不放心，他让企业内部的有关部门做一个市场调查，据

该部门的负责人说，他们走访了近万户居民，数据统计结果显示有 80% 的家庭有意愿购买电磁炉。北京有将近两千万居民，对电磁炉的需求量将是一个令人惊喜的数字，于是，该企业下决心引进新型的生产线，立即上马进行生产。

可是，当生产线投产的时候，产品已经滞销，企业全面亏蚀。厂长很不服气，亲自到已经访问过的居民家中核对调查情况，结果是：所拜访的居民都承认有人来问过他们关于是否购买电磁炉的事，而且他们当时都认为自己想买，但是他们后来都没有买，问其原因，居民的回答各种各样，不管厂长如何生气，电磁炉生产线只好停产。

问题：你认为这家工厂的问题出在什么地方？如果由你来进行这个市场调查，你会怎么做？请进行详细分析并列举理由。

子任务 4　实训项目

4.1　课内实训

实训内容：一位新上任的市场调查部经理（由学生扮演），为了提高公司各类人员（尤其是管理人员）对市场调查部门重要性的认识，增加公司对市场调查部的资源支持，拟定了一份宣传提纲（300 字），并且发表了五分钟关于市场调查重要性的演讲。

实训目的：帮助学生掌握市场调查的相关知识与技能并培养学生的语言表达能力。

实训要求

1. 培养学生的沟通能力和团队合作精神；

2. 通过充分讨论，促使学生达到群策群力、共同进步的目的。

实训步骤

1. 分组（自由组合，4～6 人为宜）；

2. 根据实训内容及要求，确定提纲的内容，并推选一位同学担任主讲；

3. 每一小组轮流承担市场调查部职责，某一小组演讲时，其他小组则扮演其他管理部门并积极参与互动；

4. 完成一份完整的市场调查部的演讲提纲。

注意事项

1. 建议在学完本任务后进行，并提前告诉学生做好相关的文案准备；

2. 实训课时及地点：1 课时/教室内。

4.2 课外实战演练

演练内容：走访五个以上的售楼处或小区物业管理处，调查本地区的小户型住宅状况，并认真、详细地做好调查记录。

演练目的：了解商品房市场的最新政策动向，利用市场调查的手段熟悉学校所在城市的商品房市场。

演练要求

1．分组行动，确定项目负责人，小组内可再分几组分头行动；

2．事先做好基本功课，了解本地区的新楼盘以及有代表性的小户型房产，做到心中有数；过程中需要灵活处理，需要时可做必要的调整；

3．提高学生的沟通能力、项目管理能力，培养学生的团队合作精神；

4．注意交通安全。

演练时间：周末半天。

小结

本部分内容是学生认识和掌握市场调查的基础，主要介绍了有关市场和市场调查的基本知识，帮助学生从营销学角度认识市场；掌握市场调查的基本类型和进行市场调查的基本要求；掌握市场调查的原则和程序，以及在开展调查时，如何选择市场调查机构、调查人员及如何培训调查人员等。最后的任务为实训项目，要求学生学以致用，通过对市场调查工作重要性进行讨论与辩论，通过小户型房产市场调查的实战演练，全面掌握本模块的基础知识，并得到技能训练。总之，作为教材的开篇，本章的主要目的是让学生认识市场调查及其重要性，并尝试着参与实际的调查工作，实现理论与实践的有机结合。

学生天地

1．回首 2011 年，地板行业各地风起云涌般的市场鏖战告一段落，这一年中，不论是整个地板行业，还是老百姓的消费观念，都在悄然发生着变化。面对充满激情和期待的 2012 年，在各路商家摩拳擦掌步步为营之际，为了做好新一年的销售工作，在此有必要对未来几年整个地板行业进行相关的预测和展望。请根据以上材料和最新资料，预测 2012 年地板市场的特点将主要体现在哪些方面？

2．经济的高速发展、生活节奏的加快促使人们改变了传统的生活方式，随着人们越来越不愿在厨房里多花时间，方便食品近年来始终保持良好的增长势头。巨大的商机使商家纷至沓来，方便食品将占据中国食品市场半壁江山。

根据以上材料分析及收集最新资料，讨论、分析、预测未来方便食品的发展趋势。

3. 到图书馆查找因进行了市场调查活动而取得成功的实例（个人或企业的均可，但要注意应是关于市场调查的实例）；或者相反，查找一个因为没有进行科学、系统的市场调查而导致失败的例子，然后在班级中进行心得体会的交流。

4. 看以下案例材料，回答问题。

挂锁引发的设想

著名管理专家彼得·德鲁克曾讲述过他亲身经历过的一件事情。

1920 年，德鲁克在一家有着一百多年历史的进出口公司实习，这是一家向印度出口小五金制品的公司，他们的产品是一种挂锁。这种挂锁不太牢靠，用力一拉就能够把它打开。在 1920 年以后，印度的生活水平不断上升，而这种锁的销量却在下降，老板认为可能是因为锁的质量问题而影响了销路，于是提高了锁的质量。但是事与愿违，改良过的锁根本卖不动。几年后该公司破产了，有一个小竞争者取代了它的位置，因为小竞争者了解到了这样一个实际情况：挂锁向来在印度是神圣的象征，没有任何小偷敢去开启这种挂锁，因此钥匙从来没有被使用过，而这家进出口公司却强调挂锁的牢靠性，使消费者感到非常不方便；但是对于新兴的中产阶级来说，挂锁的功能又不能满足他们的安全需要，于是销量减少了。当小公司了解到这个情况后，生产制造了两种锁：一种是没有钥匙只有一个拉栓的锁，售价不到原来的 1/3；另一种锁则相当牢靠，配有三把钥匙，但售价是原来挂锁的两倍。结果，两种产品都很畅销。

问题：谈谈案例中小企业成功的关键。设想一下，如果我国的小企业向一些发展中国家出口陶瓷洁具，应该了解或者注意些什么问题？向国际市场推销中国的民族产品，应该进行哪些内容的市场调查？

任务2　市场调查策划

1. 知识目标

◎ 了解市场调查策划的定义和作用；

◎ 掌握市场调查策划的特点；

◎ 理解市场调查策划与组织的基本要求；

◎ 理解并掌握市场调查方案的可行性分析与评价方法。

2. 技能目标

◎ 掌握市场调查方案的格式；

◎ 学会撰写市场调查方案。

格林斯潘的成名之作

艾伦·格林斯潘（Alan Greenspan）——美联储前主席，对美国经济的繁荣做出了卓越的贡献，被《纽约时报》喻为美国经济的"火车司机"。在他还只是一名学生时，就做出了一份令人刮目相看的调查报告，为其以后人生的辉煌打下了坚实的基础。

1950年，朝鲜战争爆发，政府把所有的军用物资购买计划列为保密文件，包括美国国际工业联合会在内的众多投资机构都想了解美国政府对原材料的需求量，从而预测备战计划对股市的影响。人才济济的美国工业联合会里没有人愿意调查这一切，这时有个年轻的兼职调查员自告奋勇，他就是格林斯潘。

格林斯潘是怎么开展调查的呢？他首先想到1949年，战争还没有爆发，军事会议还没有保密，于是他花费大量精力研究一年来的新闻报道和政府公告，了解到 1949年和1950年美国空军的规模和准备基本一致。他又从1949年的记录中了解到美国有多少架飞机、新战斗机的型号、后备战斗机的数量，从而预测出战争期间每个型号战斗机的需求量。格林斯潘又找来各种飞机制造厂的技术报告和工程手册进行仔细研读，弄清了每个型号战斗机需要的原材料。综合两方面的调查，格林斯潘算出了美国政府对原材料的总需求量。

由于他计算出的数字非常接近当时美国政府保密文件里的数字，这给投资者带来了丰厚的回报。格林斯潘也引起了人们的关注。

（案例来源：改编自肖华．捷径有时候就是一条弯路．青春潮，2008 年第 4 期）

【讨论】格林斯潘的成名作对你有何启示？你觉得作为一名成功的市场调查者应具备哪些素质？

子任务 1　熟悉市场调查策划

市场调查工作需要调查人员按照一定的程序协同进行，每一步骤的完成都要为调查工作下一步骤的顺利开展创造有利条件，从而最大限度地节省调查时间及费用。只有市场调查方案策划周密，市场调查的各个环节才能有条不紊地进行，调查工作才能按预期设计的要求保质、保量地完成。

1.1　市场调查策划的内涵

市场调查策划，就是根据调查研究的目的和调查对象的性质，在进行实际调查之前，对整个调查工作的各个方面及全过程进行的通盘考虑和总体安排，以做出相应的调查实施方案，制定合理的工作程序。

市场调查的范围可大可小，但无论是大范围还是小规模的调查工作，都会涉及相互联系的各个方面和各个阶段。这里所讲的调查工作的各个方面是对调查工作的横向设计，就是要考虑到调查所要涉及的各个组成项目。例如，对某市商业企业竞争能力进行调查，就应将该市所有或抽查出来的商业企业的经营品种、质量、价格、服务、信誉等方面作为一个整体，对各种相互区别又有密切联系的调查项目进行整体考虑，避免调查内容上出现重复和遗漏。

市场调查策划所指的全部过程，是指调查工作所需要经历的各个阶段和环节，即调查资料的收集、记录、整理和分析等。只有对此预先作出统一的考虑和安排，才能保证调查有秩序有步骤地顺利进行，减少调查误差，提高市场调查工作质量。而依据市场调查策划形成的书面文件就是市场调查方案，它详细地描述了获得信息和分析信息所必须遵循的程序，包括调查目的、对象、内容、方法、步骤、时间安排等，这一程序是顺利和高效地完成营销调查课题的前提和保证。

1.2　市场调查策划的特点

1. 可操作性

这是决定市场调查方案实践价值的关键要素，也是任何一个实用性方案的基本要求。如果不可操作，市场调查方案就失去了它存在的价值。

2．全面性

市场调查策划本身就具有全局性与规划性的特点，它必须像指挥棒一样统领全局、直指调查目标，保证调查目标的实现，因此全面性是其又一个显著特征。

3．规划性

市场调查策划本身正是对应整个调查统筹规划而出台的，是对整个调查工作各个环节的统一考虑和安排。

4．最优性

调查方案的最后定稿是多方反复协调磋商，多次修改和完善的结果，这样可以保证调查方案的效果最好而费用较少。有时客户还会要求专业调查机构同时拿出两个以上的方案供其最后选择定案。

1.3　市场调查策划的作用

市场调查是市场预测和决策的前提、基础和依据，而市场调查策划是全部市场调查工作的起点，是行动纲领，是提高整个市场调查工作质量的必要保障。

为了在调查过程中统一思想、统一认识、统一内容、统一方法、统一步调，圆满完成调查任务，就必须制订出一个科学、严密、可行的工作计划并组织措施，以使所有参加调查工作的人员都步调一致、有章可循。市场调查策划是顺利完成市场调查工作的首要环节，其重要作用主要表现在以下四个方面。

（1）市场调查策划是调查项目委托人与承担者之间的合同或协议。由于主要的一些内容已明确写入报告，例如调查目的、报告方法等，使得有关方面都能保持一致的看法，有利于避免或减小后期出现误解的可能性。

（2）市场调查策划是市场研究者对市场从大量定性认识到大量定量认识的联接。任何调查工作都是先从问题的定性认识开始的，例如在具体调查之前，首先要对该单位的经营活动状况、特点等有一个详细的了解，然后要明确调查什么和怎样调查，调查谁，解决什么问题，应该如何解决等，所有这些考虑都是研究者的定性认识，在此基础上设计相应的指标以及收集、整理资料的方法，然后再去实施。所以说，市场调查策划是从定性认识到定量认识的过渡。

（3）市场调查策划在市场调查工作中起着统筹兼顾、统一协调的作用。现代市场调查是一项复杂的系统工程，具有系统性的特点。由于影响市场调查质量的因素很多，而各因素之间有时是互斥的，所以，要处理好调查过程中方方面面的问题，才能使调查工作有序地进行下去。例如，以抽样调查样本量的确定来说，抽样样本数越多，样本指标的代表性就越强，但是调查的花费大、调查的时间长。所以，在方案设计中就应该兼顾把握多方面的因素，提高调查工作的经济效益。

（4）市场调查策划能够适应现代市场调查发展的需要。现代市场调查已从单纯的资料收集活动变成将被调查对象作为一个整体来反映的调查活动，与此相适应，市场调查过程相应地被视为市场调查方案策划——市场调查方案设计——资料收集——资料整理和资料分析的一个完整的工作流程，而市场调查方案策划正是这一系统工程的第一步。

【拓展阅读】

丰田公司的美国家庭调研

一次，一个美国家庭住进了一位日本人。奇怪的是，这位日本人每天都在做笔记，记录美国人居家生活的各种细节，包括吃什么食物、看什么电视节目等。一个月后，这位日本人走了。

不久，丰田公司推出了针对美国家庭需求而设计的物美价廉的旅行车，该车大受欢迎。例如，美国男士（尤其是年轻人）喜欢喝玻璃瓶装饮料而非纸盒饮料，日本设计师就专门在车内设计了能冷藏且能安全放置玻璃瓶的柜子。直到此时，丰田公司才在报上刊登了其对美国家庭的研究报告，并向那户人家道歉，同时表示感谢。

（资料来源：周宏敏. 市场调研案例教程. 北京：北京大学出版社，2008）

子任务 2 市场调查立题与方案的编制

调查方案是进行市场调查工作的框架和蓝图。在调查者明确了问题之后，如何进行具体的操作，必须通过调查方案的设计来加以落实。在市场调查方案的设计中应规定具体的实施细节和实施方法。

2.1 市场调查立题

2.1.1 立题的定义

明确调查课题即立题，是指确定一项调查研究所要解决的具体问题和主要问题下的分支问题。一般来讲企业提出的课题可能针对性不强，常常比较抽象或过于宽泛，这可能是由于其认识水平有限或者是在没有经过专业性思考的情况下提出的。在这种情况下，就要将调查问题进行逐层次的分解，即将其分为若干的分支问题来支撑核心问题，从而确定调查课题。调查课题必须被清晰地确定，否则就无法制定市场调查策划的方案。

2.1.2 市场调查课题的类型

按照不同的划分标准，可以将市场调查课题分为不同的类型。

1. 按照课题的性质划分

按照市场调查课题的性质，可以将市场调查的课题分为理论性调查课题和应用性调查课题。理论性调查课题一般来讲应用范围比较广，但理论研究型的课题和实际工作的联系不太密切。对数据分析模型的研究、对消费者心理倾向的研究等尽管对营销工作没有直接的作用，但是其研究成果可以被广泛地应用到很多相关领域。相对而言，应用型市场调查课题和社会经济联系十分紧密，可以直接为企业提供现实问题的解决方案，例如产品市场占有率调查、市场需求调查和广告效果调查等。

2. 按课题的作用划分

按照市场调查课题的作用，可将其分为探索预测性调查课题、描述性调查课题和解释性调查课题。企业需要对新的市场领域或者新时期的市场某领域的情况进行了解时，提出的课题一般为探索预测性课题，例如消费者网络购物趋势调查。而描述性课题则不同，其倾向于对事物的总体特征进行客观、真实的反映，例如产品市场占有率调查。解释性市场调查课题是指结论已经形成，通过对事物总体特征的不同方面进行研究、分析，对结论进行有依据的解释，例如对产品销售额连续下降的原因调查。

2.1.3 市场调查课题确定的程序

市场调查课题的确定和后续工作的每个步骤都紧密地联系在一起，所以市场调查课题的确定也要分析许多相关因素。市场调查课题的确定大致可以按照如下程序进行。

1. 市场调查课题的背景分析

对调查课题的确定涉及多方面的因素。在确定市场调查课题的过程中要对所有相关因素有所了解，例如调查所属行业背景、决策目标、消费者行为、政治法律环境等。对相关背景进行分析是十分必要的。从宏观的角度来看，要了解和课题相关的背景，另外要考虑营销能力、科学技术水平和其他一些资源的情况，如资金与时间。

2．确定课题的相关工作

为了准确地确定市场调查课题，在了解了相关的背景信息后，调查人员还需做进一步的筹备工作。

（1）和市场调查的决策者进行沟通、交流。通过和决策者进行交流，可以更好地了解其调查目的。市场调查人员可以把自己对课题的理解和决策者进行充分沟通，避免出现误差。

（2）由于市场调查人员不可能是各行各业的专家，可能对许多行业或领域的了解也比较有限，所以向相关行业的专家请教是十分必要的。但应注意一点，向专家请教的过程是针对课题确定相关的问题而不是寻找调查课题相关的结论。一般情况下，对技术含量比较高或专业性较强的行业，向专家请教的必要性更高。

（3）调查人员需重视对二手资料的分析，通过对二手资料的分析（如政府、企业、专业机构的数据和报告等），更好地确定市场调查课题。如果通过对二手资料的研究分析可以满足调查需要，就没有必要重新做调查。但是在进行二手资料分析的时候要注意时效性，因为二手资料提供的信息和数据可能由于时间关系已经失去了意义。

3．市场调查课题的确定

在确定调查课题的时候，需要注意区分管理决策课题与市场调查课题。由于认识水平等原因，课题在初级阶段可能针对性不强，比较抽象或过于宽泛，这时需要调查方案设计人员把管理决策问题转化为市场调查课题。例如，管理决策问题——需要改变促销方式吗？市场调查课题——现有促销方式的效果如何？确定调查课题时，要注意调查课题既不能过于宽泛，也不能过于狭窄。至于如何把握好度，需要市场调查方案的制定者根据具体情况具体分析。

上述是确定市场调查课题的程序。在市场调查课题确定以后，就可以进行具体的市场调查方案的制订。

2.2　市场调查方案的编制

2.2.1　市场调查方案的主要内容

市场调查方案是对整个市场调查过程的设计，即市场调查方案的编制应包括整个调查工作的全部内容，是对市场调查工作各个方面和全部过程的通盘考虑。调查方案是否科学、可行和有效关系到整个调查工作的成败。市场调查方案的主要内容包括确定调查目的、调查对象和单位、调查内容和调查表、调查方式和方法、调查项目的费用和预算、调查资料的整理和分析方法以及调查工作的组织等（如图 2-1 所示）。

```
┌─────────────────────────────────────────┐
│         第一步：确定调查目的              │
└─────────────────────────────────────────┘
                    ↓
┌─────────────────────────────────────────┐
│       第二步：确定调查对象和单位          │
└─────────────────────────────────────────┘
                    ↓
┌─────────────────────────────────────────┐
│      第三步：确定调查内容和调查表         │
└─────────────────────────────────────────┘
                    ↓
┌─────────────────────────────────────────┐
│        第四步：明确调查方式和方法         │
└─────────────────────────────────────────┘
                    ↓
┌─────────────────────────────────────────┐
│      第五步：确定调查项目的费用和预算     │
└─────────────────────────────────────────┘
                    ↓
┌─────────────────────────────────────────┐
│    第六步：确定调查资料的整理和分析方法   │
└─────────────────────────────────────────┘
                    ↓
┌─────────────────────────────────────────┐
│        第七步：确定调查工作的组织         │
└─────────────────────────────────────────┘
```

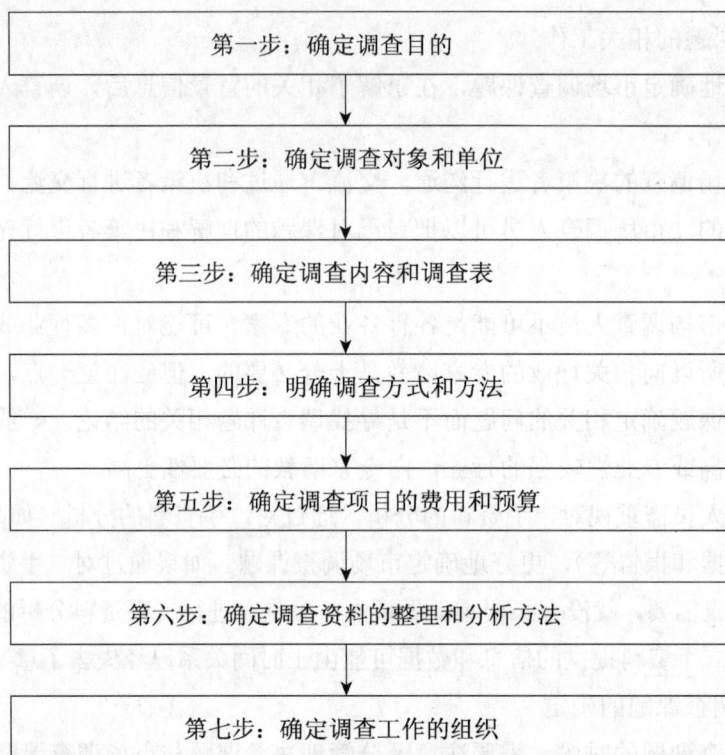

图 2-1　市场调查方案的主要内容

1. 确定调查目的

市场调查目的是市场调查策划首先需要确定的内容。确定调查目的，就是指在市场调查中要解决什么问题、取得哪些材料。调查目的决定调查对象和单位、调查内容和方法。衡量市场调查方案是否科学，主要看调查方案是否能够体现调查目的和要求。每次组织市场调查，都必须有很强的针对性，目的要十分明确：为什么要进行这次市场调查？通过市场调查解决什么问题？收集哪些资料？有什么用途？对这些问题都必须有明确答复，否则不能称为市场调查目的明确。如果市场调查目的不明确，在进行实际调查中势必出现盲目性和混乱状态，如对不该调查的项目进行了调查，对不该收集的资料进行了收集，既浪费了人力、物力、财力，又达不到市场调查目的，无法完成市场调查的任务。因此，市场调查目的的确定十分重要，是关系到市场调查是否有用和成功的第一步。

2. 确定调查对象和单位

在明确了市场调查目的之后，接下来的工作就是要确定调查对象和调查单位，其目的在于解决向谁调查及由谁来具体提供相关资料的问题。确定调查对象是指依据市场调查的任务和目的，确定本次调查的范围及涉及的调查对象总体。它是由一定数量的具有相同性质的若干个调查单位组成的。调查单位指的是所要调查的社会经济现象总体中的个体，是我们在调查中要进行调查研究的各个调查项目的具体的承担者。

由此可见，确定调查的对象和单位，就是根据调查目的，确定想调查何种人、何种团体，细分下来包括人口、社会特征、心理特征和生活方式、个性、动机、知识、行为、态度和观念，以此判断这些人是否是合适的被调查人选。

3．确定调查内容和调查表

（1）将调查项目转化为调查内容

调查项目转化为调查内容是指将调查课题具体到可操作的状态。将调查项目转化为调查内容是较专业的问题。

（2）将调查内容转化为调查表

如何根据调查内容设计调查问卷，这一问题在"任务 6"中会有专门介绍。

4．确定调查方式和方法

调查方式和方法的选择至关重要，如果选择的不适当就会直接影响到调查结果的精确度。另外，调查方式和方法的选择必然受到经费预算的限制，在具体的工作中预算甚至起到决定性的作用。

调查方法有普查、典型调查、重点调查、抽样调查等。采用何种调查方式，主要视其调查目的而定。为了准确、及时、全面地收集市场调查资料，应注意多种调查方式的综合应用。如抽样方案的设计涉及根本数、取样的比例分配、取样的范围等问题，并应初步设计好市场调查计划进度表。

表 2-1　市场调查计划进度表

工作与活动内容	时间	参与单位	主要负责人及成员	备注

5．确定调查项目的费用和预算

调查的费用因调查课题的不同而不同。预算应当包括带有明细的调查工作项目费用计划，例如劳务费、礼品费、交通费等。通常调查前期——计划准备阶段的费用安排应占到总预算的 20%左右，具体实施调查阶段的费用安排可占到 40%左右，而后期分析报告阶段的费用安排也将占总费用的 40%。要注意考虑各个不同阶段的费用支出情况，避免出现由于预算不充分或者分配上出现问题而影响调查工作进行的情况。

通常而言，调查项目的费用包括调查员劳务费、被访问者礼品费、交通费、材料费、资料印刷费、办公费、一定的利润等。而调查机构选择调查项目的预算编制，则包括调查经费的来源以及经费开支预算。

6. 确定调查资料的整理和分析方法

通过市场调查收集的一手资料一般零星、分散、不系统，对这些资料无法进行分析研究，无法认识其本质和规律。因此，必须对原始资料进行加工、整理，使之成为系统的、条理化的、全面反映总体特征的资料。目前这种工作大多采用计算机进行，所以还应确定采用何种软件，使用何种统计技术等。

调查资料的分析方法主要有定性分析和定量分析，每种分析方法都有自身的特点和适用性，在调查方案中应事先确定，应根据市场调查的目的和要求选择适当的分析方法。

7. 确定调查工作的组织

市场调查是一项有计划、有组织的调查活动，为了保证市场调查有计划、有秩序地进行，取得预期成果，必须有一定的组织保障。应根据市场调查目的和任务要求，建立专门的市场调查组织领导机构，配置相应的工作人员，组织、指挥、协调市场调查工作，检查调查工作进度，确保完成调查任务。选择合适的市场调查人员，这是完成市场调查任务的关键。调查人员的素质高低直接关系到市场调查工作的成败与否。因此，一定要选择业务素质高、敬业精神强、热爱市场调查工作和有一定市场调查经验的人承担市场调查工作，同时应注意对市场调查人员进行培训。对市场调查人员要规定必要的调查期限，强调调查工作的协作配合，提高调查工作的效率。

2.2.2　市场调查方案的撰写

1. 市场调查方案撰写的基本要求

市场调查方案是市场调查工作的行动指南，直接关系到市场调查工作的成败，其撰写是否科学规范，对做好市场调查工作十分关键。因此，在市场调查方案的撰写过程中，编写人员须做到以下几点。

（1）调查方案的撰写必须客观、真实

市场调查具有很强的针对性和目的性，每一次市场调查都是为了解决一些特定的市场问题。撰写市场调查方案一定要围绕市场调查目的，解决市场问题，不能主观臆断、闭门造车，随意撰写调查方案。

（2）调查方案内容力求全面、完整，以便为调查工作提供全方位指导

市场调查方案的内容应包括调查目的、调查对象和调查单位、调查项目、调查表、调查时间和期限、调查方式和方法、调查资料的整理和分析方法、调查经费预算、调查工作的组织等。调查方案通过对它们的具体化，为整个市场调查工作提供全方位的指导，使所有调查人员目的明确、对象清楚、有章可循，能够按统一的内容、方法和步骤开展市场调查工作，顺利地完成市场调查任务。

（3）市场调查方案的撰写要做到科学性与经济性的统一

撰写市场调查方案要考虑科学性与经济性的统一，既要达到市场调查的目的，完成市场调查任务，取得圆满的调查效果，又要尽量节约调查费用，力求花较少的调查费用取得较好的调查效果。

2．市场调查方案的格式

市场调查方案不仅要提供给调查委托方审议检查，以作为双方的执行协议；还要作为市场调查者执行的纲领和依据。一个完整的市场调查方案，其格式一般包括以下六个部分，且顺序普遍如下。

（1）前言部分：简明扼要地介绍整个调查项目出台的原因及背景。

（2）市场调查项目的目标和意义：要较详细地介绍调查项目的目标，并具体提出主要的理论假说，阐明其实用价值或者理论上的意义。

（3）项目调查的内容和范围界定：指明课题调查的主要内容，阐明必须收集的信息资料，并列出主要的调查问题和相关的理论假说，明确界定此次调查的对象和范围。

（4）调查研究将采用的方法介绍：指明所采用的研究方法的主要特征，抽样方案的步骤和主要内容，所取样本量的大小和要达到的精确度指标，最终数据采集的方法和调查方式，调查问卷设计方面的考虑和问卷的形式，数据处理和分析的方法等。

（5）课题的进度和有关经费开支预算：方案应该有一定的弹性和余地，以应付可能的意外事件之影响。

（6）附件部分：明确列出课题负责人及主要参加者的名单，并可简单明了地介绍一下团队成员的专长和分工情况，抽样方案的技术说明和细节说明（如调查问卷设计中有关的技术参数、数据处理方法、所采用的软件等）。

3．撰写市场调查方案时应注意的问题

（1）一份完整的市场调查方案应涉及上述六个方面的内容，不能有遗漏，否则就是不完整的。

（2）具体格式方面，没有强制规定，中间内容的适当合并或进一步的细分也是可以的。总之，应根据具体的案例背景加以灵活处理。

（3）应该特别指出的是，市场调查方案的书面表达是非常重要的一项工作，通常而言，方案的起草与撰写应由项目或课题的负责人来完成。

【拓展阅读】
调查方案的内容和撰写

一、调查方案的主要内容

1．确定调查目的

2. 确定调查的对象和调查单位

调查对象是指依据调查的任务和目的，确定本次调查的范围及需要调查的那些现象的总体。而调查单位是指所要调查的现象总体所组成的个体，也就是调查对象中所要调查的具体单位，即我们在调查中要进行调查研究的一个个具体的承担者。

3. 调查内容和调查表

（1）调查主题如何转化为调查内容

调查主题转化为调查内容是指把已经确定了的调查主题进行概念化和具体化。

（2）调查内容如何转化为调查表

如何把调查内容设计为调查表，这一问题会在"任务6"中专门介绍。

4. 调查方式和方法

5. 调查项目定价与预算

6. 数据分析方案

7. 其他内容

包括确定调查时间，安排调查进度，确定提交报告的方式，调查人员的选择、培训和组织等。

二、调查方案的撰写

1. 调查方案的格式

包括前言、调查的目的和意义、调查的内容和范围、调查采用的方式和方法、调查进度安排和有关经费开支预算、附件等部分。

2. 撰写调查方案应注意的问题

（1）一份完整的调查方案，上述1～6部分的内容均应涉及，不能有遗漏，否则就是不完整的。

（2）调查方案的制定必须建立在对调查课题的背景的深刻认识上。

（3）调查方案要尽量做到科学性与经济性的结合。

（4）调查方案的格式方面可以灵活，不一定要采用固定格式。

（5）调查方案的书面报告是非常重要的，一般来说，调查方案的起草与撰写应由课题的负责人来完成。

三、调查方案的可行性研究

1. 调查方案可行性研究的方法

（1）逻辑分析法

逻辑分析法是指从逻辑的层面对调查方案进行把关，考察其是否符合逻辑和情理。

（2）经验判断法

经验判断法是指通过组织一些具有丰富市场调查经验的人士，对设计出来的市场调查方案进行初步研究和判断，以说明调查方案的合理性和可行性。

（3）试点调查法

试点调查法是通过在小范围内选择部分单位进行试点调查，对调查方案进行实地检验，以说明调查方案的可行性的方法。

2. 调查方案的模拟实施

调查方案的模拟实施是只对那些调查内容很重要、调查规模又很大的调查项目才采用模拟调查，并不是所有的调查方案都需要进模拟调查。模拟调查的形式很多，如客户论证会和专家评审会等。

3. 调查方案的总体评价

评价调查方案可以从不同角度来衡量。但是，一般情况下，对调查方案进行评价应包括四个方面的内容，即调查方案是否体现调查目的和要求，调查方案是否具有可操作性，调查方案是否科学和完整，调查方案是否能使调查质量高、效果好。

📁 **典型案例**

调查分析师走俏职场

随着调查机构的增多，一个以往不被人熟知的职业正悄然走进人们的生活。昨天，北京地区首批调查分析师诞生了。

目前社会上从事市场调查和分析的人员多是从其他行业转行而来，素质良莠不齐。从企业招聘情况来看，大量市场调查员职位出现空缺。

有统计数据显示，目前世界 500 强企业中，90% 都建立了信息调查分析部门。其中微软约 17%、可口可乐约 5%、摩托罗拉约 11% 的利润源可以归功于市场调查分析。中国商业技师协会认为，国外的市场调查和分析有特别的专业分工，调查策划、调查实施、数据分析是细化的，相关从业人员年收入能突破 10 万元。统计部门有关负责人告诉记者，调查分析师在未来几年内缺口高达 100 万人。

（资料来源：改编自傅洋. 北京市场调查分析师缺口将达 100 万人. 北京晚报，2006 年 12 月 18 日）

子任务3 市场调查方案的可行性分析与评价

市场调查方案需要经过可行性分析和评价，通过以后才能成为市场调查的计划书。尤其是在调查复杂的社会经济现象时，策划方案的设计通常不是惟一的，需要从多个调查方案中选取最优方案。同时，对选取方案还要进行必要的可行性研究，针对调查方案的内容进行检验和修改，以防决策失误导致全盘的失败。可行性研究是科学决策的必要阶段，是科学设计调查方案的必要环节。对市场调查工作而言，事先对方案进行科学的可行性研究是非常必要的。

3.1 进行调查方案可行性分析的方法

针对市场调查方案进行可行性研究的方法有很多，常见的有经验判断法、逻辑分析法、试点调查法等。

3.1.1 经验判断法

经验判断法是指通过组织一些具有丰富市场经验的从业者或者相关领域的专家，对初步设计出来的市场调查方案凭借经验进行初步研究和判断，以确定该方案是否具备合理性和可行性。例如，我国国家统计局在对我国全年农作物收成作预测时，常采用抽样的方法在一些重要产地做重点调查，这一方法亦属于经验判断范畴。经验判断法可以节约人力和物力资源，并能在较短的时间内作出快速的预测。但这种方法也存在局限性，这主要是因为人的认识是有限的，而事物的发展变化常有例外。

3.1.2 逻辑分析法

逻辑分析法是指从逻辑的层面对调查方案进行把关，考察其是否符合逻辑和常理。例如，对于农村老年人进行网络问卷调查，这就有悖于常理和逻辑，也是缺乏实际意义的。但是，如有一个调查项目，即在某重点高中搞一次学生对教师的教学质量的评价调查，在选取样本时我们应该如何操作？假设该中学有学生 2 100 人，其中高一学生 720 人，高二学生 700 人，高三学生 680 人，只准备选取样本 210 人进行问卷调查。那么，我们若按各年级学生在总人数中所占的比例进行样本分配，显然是符合逻辑的。照此思路，我们将有如下样本分配方法：

$$高一学生取样数 = 720 \div 2\ 100 \times 210 = 72（人）$$

$$高二学生取样数 = 700 \div 2\ 100 \times 210 = 70（人）$$

$$高三学生取样数 = 680 \div 2\ 100 \times 210 = 68（人）$$

3.1.3 试点调查法

试点调查法就是通过在小范围内选择部分单位进行实验性调查，对调查方案进行实地检验，以确定市场调查方案的可行性。试点调查具备如下两个比较突出的作用。

（1）调查的目的在于对调查方案进行实地检验。我们的调查方案是否切实可行，可通过试点进行实地检验，检查调查目标的制定是否恰当，调查指标的设置是否正确，哪些考核项目应该增加，哪些考核项目应该减少，哪些地方应该修补和补充。试点工作完成后，需及时地提出具体建议，对原方案进行修补和补充，以便使制定的调查方案科学、合理，能更好地适应实际情况。

（2）调查还可以被理解成是实战前的演习，它可以让我们在调查方案实施之前及时了解哪些调查工作是合理的，哪些是薄弱环节。

运用试点调查进行调查方案的可行性研究，还应注意如下几个常见问题。

（1）选择适当的调查对象。应尽量选择规模小，具有代表性的试点单位。必要时我们还可以采用少数单位先行试点，然后再扩大试点的范围和区域，循序渐进，最后全面铺开。

（2）建立一支精干的调查队伍，这是做好调查研究工作的先决条件。团队成员应包括调查的负责人、调查方案的设计者和调查骨干，这将为搞好试点调查工作提供组织保证。

（3）调查方式应保持适当的灵活性，不应太死板。可以多准备几种调查方式，以便经过对比，从中选择适当的方式。

（4）调查工作结束后，应及时做好总结工作，认真分析试点调查的结果，找出影响调查的各种主客观因素并精心分析。试点工作也可理解为，在时间要求并不那么紧迫的前提下，或者说在对方案的实施把握不大时所做的一种小范围测试，这样万一有失误也不会损失过大。

3.2　调查方案的总体评价

市场调查方案的总体评价涉及以下四个方面：方案设计是否体现了调查目的和要求；方案是否科学、完整并有可操作性；方案能否使调查质量有所提高；方案的设计能否通过调查工作的实践检验。

子任务 4　实训项目

4.1　课内实训

实训内容：根据"课外实战演练"内容及要求，完成"关于市场营销专业学生就业岗位与人才需求调查"的市场调查计划书。

实训要求

1．提高学生的沟通能力、文字表达能力，培养学生与人交流的能力和团队合作精神；

2．通过项目策划训练，要求学生掌握工作的计划性，同时培养学生在项目开展过程中不仅要关注工作内容本身，还要关注费用、时间进度及人员分工等问题，使实训更接近企业工作的要求；

3．通过充分讨论，促使学生达到群策群力、共同进步的目的。

实训步骤

1．分组（自由组合，4～6人为宜）；

2．探讨开展调查的各项程序，分不同的行业选取代表性的企业进行调查，经过充分讨论后，确定被调查企业和调查方法及调查内容，包括确定被调查企业的类型与数量、访问的时间与方式、问卷或访谈大纲的设计等工作；

3．完成一份完整的市场调查策划书。

注意事项

1．建议在学完本任务后进行，并提前要求学生做好相关的文案准备；

2．实训课时及地点：2课时/机房实训室。

4.2　课外实战演练

演练内容：根据上述市场调查策划书的安排，执行相关的市场调查工作，并完成"关于市场营销专业学生就业岗位与人才需求调查"的市场调查报告。

演练目的：了解市场营销专业的用人需求和岗位技能要求的同时，训练学生进行市场调查的执行力并提高学生的市场调查报告撰写水平。

演练要求：熟悉以下背景材料：为了了解企业对于市场营销专业学生的就业需求及对相关岗位的知识、能力、素质需求，某学院准备做一次"关于市场营销专业学生就业岗位与人才需求的调查"。

演练步骤

1．根据分组和市场调查策划书安排开展企业调查；

2．数据整理与录入；

3．撰写市场调查报告。

注意事项

1．建议在学完本任务后进行；

2．应事先联系好相关的被调查企业和选择适合该企业的调查方式；

3．注意礼仪和交通安全。

小结

市场调查策划就是在市场调查运行之前，根据调查研究的目的，有的放矢地对调查工作的各个方面和全部过程进行通盘考虑和总体安排，以制定相应的调查实施方案和合理的工作程序。市场调查方案的主要内容包括确定调查目的、调查对象和单位、调查内容和调查表、调查方式和方法、调查项目的费用与预算、调查资料整理和分析方法以及调查工作的组织等。

在实施市场调查策划时，要实现几个转化，即将调查目的转化为调查目标、将调查目标转化为调查内容、将调查内容转化为调查表等。市场调查方案的格式一般包括六部分，即前言部分；市场调查项目的目的和意义；项目调查的内容和范围界定；调查研究将采用的方法介绍；课题的研究进度和有关经费开支预算；附件部分。

针对市场调查方案进行可行性研究的方法有很多，常见的有经验判断法、逻辑分析法、试点调查法等。市场调查方案的总体评价将涉及以下三方面，即方案设计是否体现了调查目的和要求；调查方案是否科学、完整并有可操作性；调查方案能否使调查质量有所提高；调查方案的设计能否通过调查工作的实践检验。

学生天地

1. 案例分析

某电信公司为了扩大市场容量，更多地占有客户资源，培养忠诚用户，维护品牌形象，开展了高校校园手机租赁业务，在大学生消费者中深入打响了品牌渗透与客户培养的新一轮营销战役。然而此项业务在校园市场中开展得很不顺利，究竟是为什么呢？公司委托某一调查公司针对这一特殊的市场进行了分析研究。

调查过程的开始应是界定调查目的与主题。经过慎重研究，确定了以下调查目标。

（1）了解高校市场的消费特征。

（2）分析当前针对该目标群体所采取的营销策略。

（3）分析这一消费群体所偏好的促销方式。

以上调查目标是否合适？请说明理由。

2. 设计调查问卷

某集团准备进入某市的家庭及单位大瓶装纯净水的用水市场，为了了解该市的用水情况，需确定该市居民与单位对大瓶装纯净水的消费需求、消费行为和消费意向。请为该企业设计一份调查问卷。

3. 设计市场调查方案

A童鞋有限公司是一家成长型的中小企业，经过前期的市场调研，该公司研发设计了一款新型的"一底多面"儿童凉鞋。为了更好地开拓童鞋市场，公司准备寻找合作企业共同开拓市场。为了寻找到有丰富的市场资源及开拓经验的合作伙伴，公司决定针对企业和经销商进行一次深入调查，以便寻找到有意向的合作单位。如果你是公司负责调查策划的人员，请设计一份完整并可行的市场调查方案。

任务3　市场调查资料收集方法

学习目标

1. 知识目标

◎ 区别原始资料与二手资料，掌握原始资料和二手资料的获取方法；

◎ 掌握案头调查法的含义，了解其应用；

◎ 掌握访问调查法的基本内容、访问技巧及操作流程；

◎ 掌握观察调查法的基本内容及观察的具体方法；

◎ 掌握实验调查法的基本内容和方法。

2. 技能目标

◎ 培养学生获取原始资料、正确获取和分辨二手资料的能力；使学生能够根据实际情况，选用正确的资料收集方式。

◎ 培养学生进行实地访问调查的能力，如能根据调查主题、访问对象，灵活运用访问技巧，顺利完成访问任务。

◎ 培养学生运用观察调查法发现问题、收集调查数据的能力。

◎ 培养学生有目的地设计实验，并通过对实验结果进行对比分析，达到调查的目的。

开篇案例

二手资料"抢手"，众生欲重金求购

每年硕考结束，被考生们淘汰的二手考研资料便成了抢手货，有些学生甚至以几百元一科的"重金"在校内、网络上求购二手资料。

据了解，在谈及重金求购旧书的原因时，许多买者认为，学长们留下来的二手考研资料比新书的价值更大，因为上面有不少考研生标记的复习重点及随手写下的笔记或心得。重金"悬赏"购书，是为了能收集到最全面的复习资料。

有的学生还做起了热门大学热门专业的考研资料专业卖家，利用自身在读的便利优势，收集导师的上课笔记、考研辅导班的内部资料等，以高价的方式将复印件卖给报考者，通常一张粗糙、笔迹潦草的 A4 复印件的价格也能卖到几元以上。

【讨论】该案例中的二手资料为何如此抢手？如何判断二手资料的价值？

子任务 1　熟悉原始资料和二手资料

市场调查需要收集和用到各类资料，资料的种类不同所采用的收集方法也不同。调查资料一般分为原始的和二手资料。二手资料一般只作为调查课题的方向性参考，调查人员更应该积极着手实地调查，以便掌握第一手原始资料，这对自己的调查课题更具说服力和实际价值。

一般而言，在开始任何市场调查以前，我们都会收集相关可用的内外部资料，如果没有相关资料可以使用，或者相关资料对我们的调查主题价值不大时，我们就必须动手收集原始资料。

1.1　原始资料

1．原始资料的概念

原始资料是市场调查人员通过实地调查获取的一手资料，具有直观、具体、零碎等特点。原始资料的收集是市场调查中一项复杂、辛苦的工作，往往需要耗费一定的人力、物力，涉及调查人员对调查对象的直接感受与接触，又影响调查结果。

一般来说，为取得原始资料，主要采用访问法、观察法以及实验法等，有时还需要多种方法的混合使用。具体采取何种方法，需结合市场调查的主题与目的而定。

2．选择原始资料收集方法的考虑因素

原始资料的收集方法关系到市场调查的效率与成本，同时更关系到市场调查的效果。在选择原始资料收集方法时，需要综合考虑以下几个方面的因素。

（1）原始资料的必要性与有效性

根据调查目的，判断是否有必要获取一手资料，所收集的资料是否是此次调查目的所需要的，即资料的有效性。如有的市场调查目的仅为趋势预测、定性分析或探测性调查，可从一些相关二手资料中发现及推测出想要的结果，而没必要从头做调查。

（2）收集原始资料的成本

从理论上而言，原始资料比二手资料更具可靠性。但任何调查都需要时间与成本，成本往往是调查人员在选择原始资料收集方法时需要考虑的重要因素之一。

1.2　二手资料

1．二手资料的概念

二手资料又称已有资料、次级资料，是指其他人或机构组织收集、整理的各种现成的相关资料，如年鉴、报告、文件、期刊、文集、数据库、报表等。

2．二手资料的优缺点

二手资料相对来说成本低，并能很快地获取，而且有些二手资料是不可能由任何一个调查公司提供的，如由国家统计局普查结果所提供的数据。二手资料可以帮助我们更好地定义和明确调查问题，初步探测性地回答一些调查问题，检验某些方案及假设等，因此，先考查及借鉴相关的二手资料是进一步考虑进行实际调研收集原始资料的先决条件。

尽管二手资料对调查很有帮助，但调研者在使用二手资料时应当谨慎，因为二手资料存在一定的局限性和缺点。由于二手资料是为其他目的而不是为当下调查问题而收集的，资料的相关性和准确性可能都不够，在资料的收集范围、数据测量和分类的标准等方面也存在着不同。而且，有些二手资料时效性差，容易过时。因此，在使用二手资料之前，有必要先对其进行评价。

3．二手资料的来源

二手资料的来源一般分为内部和外部已有资料，可以通过查找、索取、购买等方式获得。

（1）内部二手资料

内部二手资料主要指那些来源于机构内部的数据，或是由本机构记录的数据。主要有以下几类：

- 营销资料——不同产品、时期、顾客、分销渠道的销售记录及市场占有率等；
- 业务资料——订货单、进货单、发货单、销售记录等；
- 统计资料——统计报表、企业销售、库存等数据资料；
- 财务资料——财务报表、会计核算、产品价格、成本等资料；
- 顾客资料——顾客档案、服务记录、退货信息等。

（2）外部二手资料

外部的二手资料主要指其他机构而非调研人员所在机构收集或记录的资料数据。常见的外部二手资料来源于以下几大类。

- 出版物——书籍、报刊等出版物，如名录、指南、索引、导读、统计资料、行业杂志等；
- 计算机数据库——文献数据库、数据类数据库、指南性数据库、计算机检索服务、案例研究和论文数据库等；
- 互联网——国家统计局网站、商务部网站、世界贸易组织网站、国际货币基金组织网站、零点指标数据网、美国商务部普查局网站、美国商务部经济分析局网站等。

原始资料与二手资料的优缺点比较见表 3-1。

表 3-1　原始资料与二手资料的优缺点比较

	优点	缺点
原始资料	可靠性强、来源可控制、真实性强	费时、费力、费钱，仅靠自身力量收集很难
二手资料	收集容易、花费少、来源广，收集快捷、节省时间	适用性差、需进一步加工处理、精确度不高

【拓展阅读】

辛迪加数据

辛迪加数据指的是一种具有高度专业化，从一般数据库中所获得的外部次级资料。信息供应商把信息卖给多个信息需要者，这样使得每一个需要者获得信息的成本更为合理。

辛迪加数据的一个优点是可以分摊信息的成本，其另一个优点是信息需要者可以非常快地获得所需的信息，原因在于信息供应商总在不间断地收集有关的营销信息。

辛迪加数据的主要应用在于测量消费者的态度以及进行民意调查，确定不同的细分市场，进行长期的市场跟踪。

点评：如今有许多专业的数据库，调查人员可以借助于各类专业数据库查找所需的资料与信息。

子任务 2　案头调查法及其应用

2.1　案头调查法的含义及其特点

案头调查（Desk Research）是对已经存在并已为某种目的而收集起来的信息进行的调查活动，也就是对二手资料进行收集、筛选，并据以判断问题是否已局部或全部解决。案头调查法是相对于实地调查法而言的，通常是市场调研的第一步，为开始进一步调查先行收集已经存在的市场数据。它能为实地调查法提供背景资料，是实地调查法的基础；可取得实地调查无法获取的某些资料，如竞争对手的原始信息资料；可鉴定、证明实地调查资料的可信度，并可以进行趋势分析和对总体进行推算。

案头调查法具有获取资料速度快、费用省、可举一反三、针对性差、准确性客观性低等特点。

2.2 案头调查的信息来源

成功地进行案头调查的关键是发现并确定资料的来源。资料的来源很多，除了上一节介绍的企业内外部资料来源以外，还可以借助一些政府或机构组织，甚至行业协会的力量进行资料的收集。

1．政府资料

各国政府均相互审理常驻机构，其中一项重要职责就是促进相互商务往来，从事市场信息和系统资料的收集和传播工作。通过我驻外的商务机构和外国驻华的商务机构，可系统地收集到各国的市场情报，如贸易统计资料、进出口商名录等。

2．国际组织所公布的资料

如联合国国际贸易中心提供的特种产品的研究、各国的市场概况以及各国"促进进口办公室"名单和服务范围等方面的资料。

3．行业协会、商会所公布的资料

行业协会定期收集、甚至出版一些有关本行业的产品信息；商会能为调查人员提供会员名称表、会员基本情况等资料。我国的对外贸易促进委员会和各专业性商会经常发布贸易信息并组织对外展览等活动。

此外，案头来源还有银行、调研机构、消费者组织、图书馆等，这些都是在实际工作中需要不断扩大的信息来源。

2.3 案头调查的常见方法

案头调查的资料信息可以通过以下几种方法获得。

1．数据购买

主要是从咨询公司或者从行业协会取得数据，这些数据是由协会处理后打包出售的。

2．报刊杂志

比较专业的一些刊物或者是相对权威的刊物，比如工程机械领域的《今日工程机械》等。从报刊杂志取得数据一方面可以据此判断整个行业趋势，另外也可学习其他人的思考方法、报告方法。

3．专业网络资源

如研究宏观经济的"彭博资讯"、IMF 网站、经济学人网站，研究行业的 KHL 网站、慧聪的工程机械板块等，最后是竞争对手的网站。

案头调查相当重要（特别是对于国际调查），其对于实地调查前的详细计划有很大的帮助和指导性作用，但费用较高。如果案头调查做得详细，并根据案头调查的结果做出了详细的实地调查计划和前期准备工作，就会减少实地调查的盲目性，节约时间、费用并创造价值。

2.4　案头调查的步骤

实施一项调查活动的过程中，面对如此多的材料，能否将其充分利用达到解决问题和调查的目的是成功调查的重要标志，这就涉及进行案头调查的程序和步骤。

1．由泛到精、由粗到细地收集资料

确定具体调查项目后，应遵循从一般线索到特殊线索收集情报。调查人员从寻找提供市场总体概况的第一类资料到收集相关信息，再到收集详细精确程度较高的第二类资料和情报，如此类推，查找工作由广泛到精确，由粗略到细致。例如，某调查者需要分析某产品电视广告播出的反应情况，他从一般资料来源开始，调查该地区电视拥有率、收视状况，再从中随机抽取消费者，通过问卷向他们询问广告的播出效果。

2．评价与筛选现成资料

在信息爆炸的时代，案头资料越来越多，但不一定都与调查主题有关，调查人员应根据调查主题的需要来对眼前的资料进行评价与筛选，选择与主旨相关的部分，剔除与课题无关的资料和不完整的情报。评价可从以下几个方面进行考虑。

（1）时间——资料所涉及的时期是否适当？时效性如何？

（2）内容——现有的资料是否全面、精确地满足调查主题的要求？

（3）水平——资料的专业程度和水平如何？

（4）准确——资料的精确性如何？是否可信？

（5）便捷——资料的获得成本大小和获取速度如何？

从以上这些方面进行综合评价是这一阶段的评价标准，当然实际情况千变万化，可灵活应用。

3．撰写案头报告

报告是所有调查工作过程和调查成果赖以表达的载体，是对此次调研工作的总结。撰写案头调查报告应注意内容要有针对性，简单明了；报告的分析要有理有据，数据确凿，图表精确，有说服力；结论明确，体现调查报告的意义和价值；报告呈递应具时效性，不影响决策。

通过这些步骤，案头调查过程基本结束，但在实际工作中通过案头调查往往只能收集到一些模糊的资料，这时案头调查就不能满足要求，有必要进行实地调研。

📂**典型案例**

Wi-Fi 的市场调查

易观国际基于自己对电信市场，特别是移动通信市场的多年积累，通过案头调研，结合对大量业界专业人士的探访，完成了关于 Wi-Fi 的技术发展现状、国外运营商 Wi-Fi 发展现状、国内 Wi-Fi 发展所面临的问题和趋势、Wi-Fi 和几种流行的宽带接入技术的对比、国内外主要 Wi-Fi 厂商研发市场情况的报告，对 Wi-Fi 业务的发展前景进行了深入分析，对于不同应用市场的商机给出了一些前瞻性的预测和建议。

点评：案头调查的结果可以让调查者对调查主题的方向性和趋势性进行一个前期的把握，能为后一步的实地调查节约时间、费用并创造价值。

子任务 3   访问调查法

访问调查法是指通过询问的方式向被调查者了解情况，获取原始资料的一种方法。采用访问法进行调查，对所要调查、了解的问题，一般都事先列出，按照调查表的要求询问，所以又称调查表法。根据调查人员与被调查者接触方式的不同，又可将访问法分为人员访问、电话访问、邮寄访问。

3.1 人员访问

人员访问是通过调查者与被调查者面对面交谈以获取市场信息的一种调查方法。询问时可按事先拟定的提纲顺序进行，也可以采取自由交谈方式。一般来说，人员访问调查分为街头访问和入户调查两种情况。

3.1.1 人员访问调查的优点

由于人员访问采取面对面的交谈方式，也使人员访问具有独特的优点。

（1）访问流程可以具体和标准化。

（2）调查者操作具有较好的灵活性。调查者和被调查者双方面对面交流，可以随机应变并发现一些新的问题，尤其是争议较大的问题，此时调查者可以采取灵活委婉的方式，迂回提问，逐层深入。

（3）可结合一些辅助资料（如样品、图样等）进行访问，增加了直观性。

（4）双方参与度高，调查质量较好。在访问过程中调查者在场，这样既可以对访问的环境和被调查者的表情、态度进行观察，又可以对被调查者回答问题的质量加以控制，从而使得调查资料的准确性和真实性大大提高。

3.1.2　人员访问的缺点

人员访问调查同时也存在着一些缺点和局限性，主要表现如下。

（1）人员访问的成本较高，成本主要包括时间成本，调查者的培训费、交通费、工资以及问卷和调查提纲的制作费等。

（2）对调查人员的素质要求较高。调查结果的质量很大程度上取决于调查者本人的访问技巧和应变能力。

（3）匿名性差。对一些敏感性问题，面对面访问时容易使被调查者处于尴尬境地。

（4）访问周期较长。在大规模市场调查中，这种收集资料的方式较少见。

3.1.3　人员访问的重点和难点

由于人员访问是在调查者与被调查者的人际沟通中实现的，所以使用此种方法访问人员是第一要素。访问人员需要掌握一定的技巧和方法，同样的调查内容，同样的成本支出，同样的被调查者，方法技巧不同，调查结果可能大不一样，这就需要调查者悉心研究、妥善处理。

【拓展阅读】

访问人员培训内容

访问员是一个颇为重要的角色，在入户访问、街上拉截访问等常见的人员面访过程中，他们的服饰穿着、语气表情、询问方式都会影响到调查能否成功进行。要想获得成功的访问，就必须掌握一定的技巧。

一、获得合作

访问员的首要任务是获得被访者的合作，被访者往往来自不同阶层、不同年龄，他们一般并不认识访问员，他们往往会根据访问员的服饰、发型、性格、年龄、声调、口音等来决定是否采取合作态度。因此，访问员必须保持端正的仪容、用语得体、态度谦和礼貌，给人以亲切感，使被访人员较易放心地接受访问。

1. 自我介绍

访问员应使被访者感到他（她）是可信的，通过出示介绍信、工作牌、姓名等，使得访问显得更具私人性，表明研究是真实的，不是推销产品。以下是一个自我介绍的例子。

"您好！我叫××，是××大学的学生，我们正在进行一项有关消费品的研究，您被抽为代表之一，我需要占用您一些时间，向您了解对有关问题的看法，希望给予合作。"

2. 访问礼品

调查者可适当带些小礼品，作为被调查者配合访问后得到的赠品鼓励。访问人员可以在访问开始时委婉地暗示："我们将耽误您一点时间，届时备有小礼品或纪念品以示谢意，希望得到您的配合。"但切不可过分渲染礼品，以免让对方觉得难堪，反而拒绝接受访问；或者使对方为了获取礼品，迎合访问，不说实话，从而影响到访问的实际效果。

3. 应付拒绝或不情愿接受访问的技巧

访问人员应当具备应付拒绝或不情愿接受访问的技巧，要确定拒绝或不情愿的原因并加以克服。例如被访者借口说现在很忙，访问人员可以采取不厌其烦再次请求造访的方式，问："晚上您在吗？我很愿意晚上再来。"另外，调查人员也可进一步解释调查目的和意义，说明被调查者所提供的答案可供改善目前的产品及促进社会发展等，并向被访者作出保密承诺。如果被访者实在不愿接受访问，访问人员应礼貌地说："谢谢，打扰了"，保持良好的公众形象。

二、提问的技巧

访问人员掌握表达问题的艺术是非常重要的，因为这方面的偏差可能是访问调查误差的一个重要来源。提问的主要方法是：（1）沿用问卷中的用词来询问；（2）慢慢地清晰读出每个问题；（3）按照问卷中问题的次序发问；（4）详细地询问问卷中的每个问题；（5）重复被误解的问题。

当被访者不理解问题的意思时，他们通常会要求调查者作出澄清，如果访问要求中没有对此作出特别的解释，访问人员不得随意解释。如果访问人员用自己的定义或随便作出解释，将很有可能造成访问偏差，因为每个访问人员对题目的理解和解释可能并不一样，有些解释还可能是错误的。遇到此类问题，建议访问人员重复问题或回答"正如您想的那样好了"。

在整个访问过程中，访问者还要避免被访者离题，要及时调整应答者的思路，使其不要离题太远，但又不能影响应答者的情绪。访问人员可以这样说："关于这个问题，我们等一下再讨论，让我们先回到这道题……"

三、记录回答的技巧

对于封闭性的题目，一般只要在反映应答者回答的代码前打钩或画圈即可。但是对于开放式问题的回答的记录，则需要每一个访问人员使用同样的记录技巧，以免在这一环节出现错误或误差。记录开放式问题的规则有：（1）在访问期间记录回答；（2）尽量还原和使用应答者的语言；（3）不要摘录或解释应答者的回答；（4）记录包括与问题的目标有关的一切事物；（5）记录访问者的所有追问。

四、结束访问

避免仓促离开是一种礼貌的表现，对被访者感兴趣的相关问题，诸如调研目的、调查结果的处理流程等，应给予耐心的解释，也为下一次有可能的回访打下良好的人际基础。

点评：访问人员的素质和技巧在访问调查中起到很关键的作用，调查组织应该在实施调查前对访问人员进行培训并讲解问卷答题要求。

3.2　电话访问

电话访问是通过电话中介与选定的被调查者交谈以获取信息的一种方法。由于彼此不直接接触，而是借助于电话这一中介工具进行，因而是一种间接的调查方法。电话访问又可分为传统电话访问和计算机辅助电话调查。

1．传统电话访问

传统电话访问的使用工具是电话和记录用的纸笔。调查员经过培训，按照调查设计所规定的随机拨号方法拨打电话号码，当电话接通时按照事先准备好的问卷向经过筛选后的被调查者逐题提问，并及时迅速地将回答的答案记录下来。被调查者样本的选取方式如下。

（1）利用现有的电话号码簿作为抽样框，借助随机数字表，随机拨打电话号码；或按照等距抽样方法，从电话号码簿中抽取号码进行拨打。

（2）依据调查地区的具体情况和抽样方案先确定拨打电话号码的前几位（通过拨打电话号码的前几位，也可以确定调查的地区，如区号），然后按照随机原则，确定号码的后几位数。

2．计算机辅助电话调查

计算机辅助电话调查是指每一位调查员坐在一台计算机前，当被调查者电话接通以后，问题和选项立即会呈现在计算机屏幕上，调查员只要根据屏幕的提示进行操作和提问，并将被调查者的选择直接录入计算机中即可。

3．电话访问的优缺点

电话访问的突出优点是：（1）取得信息资料的速度最快；（2）节省调查时间和经费；（3）被调查者没有因调查者在场导致的心理压力，因而能畅所欲言；（4）辐射范围广，对于那些不易见到面的被调查者，采用此法有可能取得成功。

其局限性主要表现在：（1）由于电话访问调查受通话时间的限制，题目通常过于简单、明确，调查内容的深度远不及其他调查方法。（2）由于电话访问是通过电话进行，调查者不在现场，因而很难判断所获信息的准确性和有效性。（3）只靠听觉容易产生误差。有一些调查项目需要得到被调查者对一些图片、广告或设计等的反应，由于视觉无法发挥作用，电话访问无法达到效果。（4）电话访问只能触及到有电话的对象这一总体，不利于资料收集的全面性和完整性。

尽管电话访问存在着诸多缺陷，但对那些调查项目单一，问题相对简单、明确，并需及时得到调查结果的调查项目而言，仍不失为一种理想的访问方式。

4. 电话访问应注意的问题

电话这种中介有其优缺点，因而要成功地进行电话访问，必须注意以下几方面问题。

（1）设计好适合于电话访问的问卷。这种问卷不同于普通问卷调查表，由于受通话时间和记忆规律的约束，大多采用两项选择法对被调查者进行访问。一题答案选择项太多的话，不利于被访者记忆。

（2）挑选和培训好电话访问员。电话访问员的要求主要是口齿清楚、语气亲切、语调平和。

（3）拒答率的克服问题。电话访问极易导致无反应问题，所以电话访问对于调查样本的抽取及访问时间的选择尤为重要。可根据调查对象、内容及被调查者的生活习惯选择合适的访问时间，例如访问年轻人有关消费者偏好问题，最好选择在工作日的晚上，而对老年人购买习惯的访问，则可以选择白天。

【拓展阅读】

电话访问员的三要素

一、积极询问

一个优秀的电话访问员需要通过积极主动的询问来获知问题答案并发现新问题。询问要求电话访问员具备一定的技巧，怎么问、如何问才能够引导被访者说出心中的想法，是得到有用数据的关键。针对有性格差异的对象采取不同的询问方式，有重点地进行询问，才能事半功倍。要尽量以简短、有启发性的询问来引导被访者回答，可用"是非题"的形式让客户回答"是"或"否"。询问技巧往往能体现一种素质，要具备这种素质需要电话访问员在日常的工作中不断总结，积累经验，逐步形成与被访者沟通无阻碍的能力。

二、专注聆听

在通话过程中，切忌被访者话没说完就将其打断。专注地听完被访者的回答和意见是电话访问员与被访者建立友好关系的第一步。专注聆听，使得被访者受重视的心理得到满足，最先实现的效果是被访者不再对访问员排斥。另外，当被访者在回答对某事的看法时候，如果情绪出现较大波动，说话偏激时，电话访问员的素质在此时就会充分地凸显出来，这对交流成功至关重要。当电话访问员愿意并且乐意做受访者的听众，尊重他所说的客观事实，不计较他的语言态度，等他宣泄完毕和恢复理智时，再对他心平气和地继续进行访问，那么受访者对访问员的抵触心理可能就此缓解甚至打消，反而有可能积极配合反映一些问卷上没有却十分重要的情况。

三、微笑应答

微笑是对被访者的尊重，不要以为对方看不到你就不知道你的态度，这大错特错。一般来说，在无法面对面的情况下发自内心的微笑更容易被对方所感知。如果说微笑服务需要的是电话访问员的耐心、专心、热心等心理上的素质，那么应答就是电话访问员的技术、经验等业务知识的综合表现。由于通话时间的限制，要求电话访问员能够快速反应，及时调整问话方式与方法，并在访问过程中边听边记录下被访者的回答。

点评：由于电话访问员只能凭声音完成调查，所以对其语音、语速、说话技巧的要求很高，对电话访问员需要进行培训与挑选。

3.3　邮寄访问

邮寄访问是指将事先设计好的调查问卷通过邮政系统寄给被调查者，由被调查者根据要求填写后再寄回，是市场调查中一种比较特殊的调查方法。

1. 邮寄访问的优缺点

邮寄访问的突出优点主要表现在以下几个方面。

（1）费用较低。与其他访问方法相比，邮寄调查是原始资料调查中最为便宜、最为方便、代价最小的资料收集方法。

（2）调查空间范围大。邮寄调查可以不受被调查者所在地域的限制，只要通邮的地区都可以采用。

（3）邮寄调查可以给予被调查者相对宽裕的时间作答，问卷篇幅可以较长，并且便于被调查者深入思考或从他人那里寻求帮助，避免被调查者可能受到调查人员的倾向性意见的影响。

（4）邮寄调查的匿名性较好，对于一些人们不愿公开讨论的敏感性问题，邮寄调查法无疑是一种较好的方式。

邮寄访问同样也存在着许多自身无法避免的缺点，其主要表现在以下几个方面。

（1）问卷回收率低，容易影响样本的代表性。

（2）问卷回收期长，时效性差。由于各种主客观原因，问卷滞留在被调查者手中的时间较长，当问卷收回，往往已经失去了其分析研究的价值。

（3）缺乏对调查对象的控制。由于问卷或许是由指定地址之外的其他人填写，可能会出现错误的答复或不真实信息。

2．提高邮寄访问问卷回收率的方法

提高邮寄调查问卷回收率是邮寄调查的重点和难点，具体方法如下。

（1）请权威机构主办。由受人尊重的权威机构主办的市场调查往往能大大提高问卷的回收率。在国内，由政府机构主办和支持的市场调查受到重视的可能性和收集资料的容易程度大大高于其他机构。

（2）随问卷附上回邮信封和邮票等。

（3）附带一点礼品，比如给予一定的中奖机会、赠送一些购物优惠券、给受访者会员待遇等。

（4）加强问卷跟踪及监督管理。在问卷发出后，可发跟踪信、寄明信片、打跟踪电话等。

子任务 4　观察调查法

与访问调查不同，观察调查法主要观察人们的行为、态度和情感。它不通过提问或者交流，而是通过系统记录人、物体或者事件的行为模式从而进行调查。当事件发生时，运用观察技巧的市场调查员应见证并记录信息，或者根据以前的记录编辑整理数据。

4.1　使用观察调查法所需具备的条件

若要成功使用观察法，并使之成为市场调查中数据收集的工具，则必须具备如下条件。

（1）所需要的信息必须是能观察到并能够从观察的行为中推断出来的；

（2）所观察的行为必须是重复的、频繁的或者是可预测的；

（3）调查的行为是短期的，并可获得结果的。

4.2　观察调查法的种类

1．按观察所设定的环境可分为自然观察和策划观察

（1）自然观察法

自然观察法是指调查员在一个真实生活情境下（超市、商场、展示地点等）观察

被调查者的行为和举止。

（2）策划观察法

策划观察法是指调查员在一个事先设计好并接近自然的模拟环境中观察被调查对象的行为和举止。所设置的场景越接近自然，被观察者的行为就越接近真实。

2．按观察所采取的方式可分为伪装观察和非伪装观察

（1）伪装观察法

伪装观察法就是在不为被观察人、物或者事件所知的情况下监视他们的行为过程。伪装观察的主要优势是可以观察个人的真实反应，但是，如果伪装者观察监视的是受访者的隐私或不愿向调研者披露的行为，将会出现严重的法律、伦理问题，所以需要注意。

（2）非伪装观察法

非伪装观察法是指当被观察者知道自己被观察时所开展的观察。

3．按观察者扮演的角色可分为人工观察和机器观察

（1）人工观察法

完全由人来进行观察。

（2）机器观察法

在一些特定的环境中，可用机器观察取代人员观察。机器有时能比人员更经济、更精确和更容易地完成工作。市场调查人员可以借助于摄像机、收视计数器、监测器、计算机等设备来观察或记录被调查者的行为，以提高调查的准确性。

4．按观察者对观察环境施加影响的程度分为结构性观察和非结构性观察

（1）结构性观察法

指明确设定调研数据要求，并可以分解为独立的、清楚定义的一组类型的观察方式。

（2）非结构性观察法

可以不预先制订计划、制作观察提纲或观察卡，只凭观察人员随看、随听、随记。这种方法对调研人员的要求很高，只有受过良好训练的调查者才能胜任。此法一般只适用于探索性观察。

5．按观察时间周期分为连续观察和非连续观察

（1）连续观察法

指在比较长的一段时间内，对被观察对象连续做多次、反复的观察调查。适用于对动态性事件的观察，可以定期进行，也可以不定期进行。

（2）非连续观察

指只是在较短时间内做一次性观察调查，一般只适用于过程性、非动态性的观察。

4.3 观察调查法的优缺点

1. 观察法的优点

（1）直接性

由于观察者和被观察者直接接触，观察到的结果、所获得的信息资料具有真实可靠性，是第一手资料。

（2）情景性

观察一般在自然状态下实施，对被观察者不产生影响，有利于排除语言或人际交往可能引起的误差因素，能获得生动朴素的资料，具有一定的客观性。

（3）及时性

观察及时，能够捕捉到正在发生的现象，因此获得的信息资料及时、新鲜。

（4）纵贯性

对被观察者可以作较长时间的反复观察和跟踪观察，对被观察对象的行为动态演变可以进行分析。

2. 观察法的缺点

（1）只能反映客观事实的发生过程，而不能说明其发生的原因和动机。

（2）只能观察到一些表面现象和行为，不能反映私下的行为。

（3）难免带有观察者的主观性和片面性，缺乏系统性。

（4）通常需要大量观察人员，调查时间长、费用高。

4.4 人员观察的方式

通过人员进行观察调查，通常可采用的方式有以下几种。

1. 神秘购物法

由受过培训的调查人员假扮成顾客，对企业的服务、产品质量及推广情况、业务操作、员工诚信等进行匿名调查。

2. 顾客观察法

调查员在商场秘密观察、跟踪和记录普通顾客的行踪及举动，以总结出企业经营所需的信息。

3. 单向镜法

调查人员通过单向镜观察被调查者的反应及行为表现。

4. 痕迹观察法

观察人员不直接观察被调查者的行为，而是观察被调查者留下的行为痕迹。如某产品的报纸广告上附有回执条，凭回执条可以购买优惠价商品，那么根据回条情况就可以知道这则广告的注意率和信任度了。

子任务 5 实验调查法

实验调查法也称试验调查法，是指实验者有目的、有意识地通过改变或控制一个或几个影响因素的实践活动，来观察在这些因素影响下的调查事物的变动情况，认识现象的本质和发展变化规律，通常又称为因果关系调查。实验调查的基本要素是实验者、实验对象、实验环境、实验活动、实验检测。

5.1 实验调查法的步骤

实验调查的一般程序是：以实验假设为起点设计实验方案——选择实验对象和实验环境——对实验对象前检测——通过实验激发改变实验对象所处的社会环境——对实验对象后检测——通过对前检测和后检测的对比对实验效果作出评价。

5.2 实验设计及其种类

5.2.1 无控制组的事前事后对比实验

这是一种最简单的实验调查法，它是在不设置控制组（对照组）的情况下，考察实验组在引入实验因素前后状况的变化，从而来测定实验因素对实验对象（调查对象）的影响（见表 3-2）。

表 3-2 无控制组的事前事后对比实验模式

组别 / 项目	实验组	控制组（对照组）
事前测定值	X_1	/
事后测定值	X_2	/

实验效果 E 可表达为：

$$E = X_2 - X_1$$

上述实验效果 E 是一个绝对量，其值的大小与实验组原有规模有关。为了能更真实地度量实验效果，可用实验效果的相对指标来反映，相对实验效果 RE 可表达为：

$$RE = (X_2 - X_1)/X_1 \times 100\%$$

📂 典型案例

　　某洗发水生产商为了提高洗发水的销量，对原洗发水进行了包装更换，并对该洗发水在改变包装的前一个月和后一个月的销量进行了对比检测，得到的实验结果见表 3-3。试问：改变包装的做法效果如何？

表 3-3　实验前后销量对比

产品	实验前销量（X_1）	实验后销量（X_2）	实验结果（$X_2 - X_1$）
洗发水	250	300	50

$E = X_2 - X_1 = 300 - 250 = 50$

$RE = （X_2 - X_1）/ X_1 × 100\% = （300 - 250）/250 × 100\% = 20\%$

由此可见，改变洗发水的包装能促进销量增加 20%。

5.2.2　有控制组的事后实验

　　这是一种横向比较实验，它同时设立实验组和控制组，实验组按设定的实验条件（即引入实验因素）进行实验；作为对照的控制组，实验前后均不受实验因素影响，按常规状况活动，通过比较实验组与控制组来考察实验效果。这种实验模式如表 3-4 所示。

表 3-4　有控制组的事后实验模式

项目　　　　组别	实验组	控制组
事前测定值	/	/
事后测定值	X_2	Y_2

实验效果 E 可表达为：

$$E = X_2 - Y_2$$

相对实验效果 RE 可表达为：

$$RE = （X_2 - Y_2）/Y_2 × 100\%$$

📂 **典型案例**

　　某牛奶厂家研发了一种适合儿童的新型牛奶，拟采用促销方式打入各城区超市。为清楚知道促销对销量的支持力度，该厂家选择在人口和购买力及其他经济环境较为相似的甲、乙两大城区进行实验，其中甲城区为控制组，不进行促销活动。实验结果见表 3-5。

表 3-5　牛奶厂实验统计表

组别	地区	牛奶销量	实验效果（$X_2 - Y_2$）
控制组（Y_2）	甲城区	450	/
实验组（X_2）	乙城区	600	150

　　$E = X_2 - Y_2 = 600 - 450 = 150$

　　$RE = （X_2 - Y_2）/Y_2 \times 100\% = （600 - 450）/450 \times 100\% = 33.3\%$

　　上述结果表明：采用促销可使新型牛奶的销量比没搞促销的增加 33.3%。

　　这种有控制组的事后实验最明显的优点是，它克服了前述的无控制组的事前事后实验所存在的非实验因素影响。这是一种横向对比实验，在同一时间里，诸如自然季节、商业季节、心理因素等非实验因素基本相同，在实验对比中可以抵销。这种实验法的不足是，选择控制组难度较大，实验效果的准确性直接取决于控制组与实验组的可比性，两者之间客观条件越接近，实验效果的准确性就越高；反之，实验效果的准确性就越低。从客观的角度讲，控制组与实验组之间总存在一定的差别，因此，在评价实验效果时，要考虑到两组条件的差别对实验效果产生的影响。

5.2.3　有控制组的事前事后对比实验

　　此种实验法是上述两种实验法的结合，即在实验中分别设立控制组和实验组，实验组引入实验变量，控制组不引入实验变量，同时考察控制组与实验组在实验前后不同时期的变化所进行的对比实验。具体实验模式如表 3-6 所示。

表 3-6　有控制组的事前事后对比实验模式

组别　　项目	实验组	控制组
事前测定值	X_1	Y_1
事后测定值	X_2	Y_2

实验效果 E 可表达为：

$$E = （X_2-X_1）-X_1（Y_2-Y_1）/Y_1 \tag{3-1}$$

式中，$（X_2-X_1）$是实验组的某一变量（如销售量等）在实验前后的变化量，它不仅反映了实验因素产生的影响，而且包含了其他非实验因素（如季节不同所致）产生的影响。$（Y_2-Y_1）$表示控制组受非实验因素影响的绝对变化量，其相对变化量可表示为：$（Y_2-Y_1）/Y_1$，它表示某一变量受非实验因素影响后每单位上产生的变化量，即反映了非实验因素的影响程度。由于非实验因素对同一变量的影响程度是相同的，因而这一相对变化量也同样反映非实验因素对实验组的影响，此时，非实验因素对实验组所产生的绝对变化量可表达为：$X_1（Y_2-Y_1）/Y_1$。因此，式 3-1 所表示的实验效果是指消除非实验因素影响，而仅受实验因素影响的净实验效果。

相对实验效果 RE 可表达为：

$$RE = E/X_1 \times 100\% \tag{3-2}$$

📁 **典型案例**

某副食品厂选择其中两家分店进行促销效果实验，控制组不进行促销活动，照价销售，实验组进行促销活动。实验对比期为一个月，实验前后的销量见表 3-7。

表 3-7　实验前后销量对比表

组别	实验组	控制组
实验前销量（千克）	300（X_1）	290（Y_1）
实验后销量（千克）	400（X_2）	360（Y_2）

实验效果为：

$E = （X_2-X_1）-X_1（Y_2-Y_1）/Y_1$

　　$= （400-300）-300（360-290）/290 = 27.6（千克）$

相对实验效果为：

$RE = E/X_1 \times 100\%$

　　$= 27.6/300 \times 100\% = 9.2\%$

上述结果表明，该公司通过改革该种商品包装后，可使销量增加 9.2%。

有控制组的事前事后实验由于其实验过程既包含了纵向对比，又包含了横向对比，故这种实验法既能自动消除非实验因素对实验效果的影响，又能避免在有控制组事后实验中存在的选择比较对象（即控制组）的难题，是一种比较好的实验方法。但这种

实验法在实际应用过程中操作较为复杂，工作量大。

5.3 实验调查法的优缺点

实验调查法的优点在于，一是比较灵活，它可以有控制有选择地分析某些变量之间是否存在着因果关系，以及这种因果关系之间的相互影响程度；二是比较科学，它通过实地考察实验，获得调查对象的静态和动态资料，不受调查人员主观偏见的影响，因而具有相当的科学性。

与其他调查法相比，实验调查法也存在着不足，一是用实验调查法获取调查资料需较长时间，费用也比较高；二是难以选择一个主客观条件均相同或相似的控制组，从而使实验法获得的结果可能不是十分准确。

子任务 6 实训项目

6.1 课内实训

实训内容：运用电话调查的方式，针对阿里巴巴的免费会员做服务回访调查。请设计三种以上的电话调查简要方案，包括开场白、客户满意度、尚未满足的需求等。

实训目的：掌握市场调查相关知识与技能，培养语言表达能力。

实训要求

1. 提高学生的沟通与交流的能力；

2. 掌握电话调查的技能，灵活运用电话调查。

实训步骤

1. 分组（自由组合，4～6人为宜）；

2. 根据实训内容及要求，进行小组讨论，撰写电话调查方案的内容，完成后推选一位同学进行汇报；

3. 所有小组汇报完毕后，由师生一起评选最优的电话调查方案。

注意事项

1. 建议在学完本章后进行，并提前让学生做好相关的文案准备；

2. 实训课时及地点：2课时/教室内。

6.2 课外实战演练

演练内容：选择学校附近的一家卖场或超市，选取几类最近有新品上市的产品，观察各类新产品的销售情况，以时间为序做好记录。

演练目的：正确运用观察调查法。

演练要求

1. 分组行动，确定项目负责人；

2. 事先确定调查的产品类别，了解新产品上市情况，做到心中有数，当然过程中需要灵活处理，需要时做必要的调整；

3. 提高学生的沟通能力、调查能力，培养学生与人交流的能力及团队合作精神；

4. 注意交通安全。

演练时间：周末半天。

小结

本任务主要的内容是调查资料的收集。市场调查的资料收集方法众多，调查人员需要结合调查主题和目的、考虑本组织的实际情况、结合自身的人力、物力、财力分配，选取合适的调查方法。通过学习，使学生熟悉并掌握各类调查方法的操作技能。二手资料与案头调查法往往是许多调查的初探与前期工作，先通过案头调查收集与调查主题相关的二手资料，能对后面的实际调查工作起到定性分析、趋势预测的作用。但是光有二手资料还不足以达到调查的目的，还需要更多的具体、详细的数据，因而作为调查人员还需要熟练掌握各类实地调查法，如访问调查法、观察调查法和实验调查法。

学生天地

1. 对常用的几大调查法进行比较，并填写完成表3-8。

表3-8　调查方法比较

方法项目	面谈法	电话法	邮寄法	观察法
回收率				
灵活性				
准确性				
速度				
费用				
调查范围				
复杂程度				

2. 某食品厂为了提高糖果的销售量，认为应改变原有的陈旧包装，并为此设计了新的包装图案。为了检验新包装的效果，以决定是否在未来推广新包装，厂家取 A、

B、C、D、E 五种糖果作为实验对象，对这五种糖果在改变包装的前一个月和后一个月的销售量进行了检测，得到的实验结果见表 3-9，请分析包装改革的效果。

表 3-9　糖果销售量对比

糖果品种	实验前销量（X_1）	实验后销量（X_2）	实验结果（X_2-X_1）
A	300	340	40
B	280	300	20
C	380	410	30
D	440	490	50
E	340	380	40
合计	1 740	1 920	180

3. 某热水器厂生产了一种新型低水压燃气热水器，拟采用广告促销。广告公司为该厂设计了两种不同风格的广告文稿征求厂家的意见，为了选择较为理想的广告，厂家欲在小范围内作市场实验。厂家选择人口和购买力及其他经济环境较为相似的甲、乙、丙三地，分别在乙、丙两地的报刊上刊登不同广告文稿，甲地为控制组，不登广告，定某天为实验日。实验结果见表 3-10，试分析广告效果。

表 3-10　新型低水压燃气热水器销售实验

组别	地区	热水器销量（只）	实验效果（只）（X_2-Y_2）
控制组	甲（Y_2）	140	/
实验组一	乙（X_{21}）	200	60
实验组二	丙（X_{22}）	280	140

4. 某一副食品公司在所属的六家副食品商店进行某种食品包装改革效果的实验，控制组用原包装，实验组在实验期用新包装，实验前后对比期为三个月，实验前后的销量见表 3-11。分析包装改革的效果。

表 3-11　某种食品包装改革效果实验

组别	实验组（3 家）	控制组（3 家）
实验前销量（千克）	30 000（X_1）	29 500（Y_1）
实验后销量（千克）	40 000（X_2）	36 500（Y_2）

任务4 网络市场调查

学习目标

1. 知识目标

◎ 了解网络市场调查的含义及其在现代信息化时代的应用；

◎ 掌握网络调查的具体方法、操作流程、数据信息处理；

◎ 掌握网络调查平台的选择。

2. 技能目标

◎ 培养学生掌握网络市场调查的内容、方法；

◎ 使学生懂得如何选择、利用好各类网络市场调查平台，并学会使用网上数据处理平台。

开篇案例

"酷"调研一触即发

一项由雅虎（中国）和"荷氏"联手开展的"酷调研"以"一触即发，释放真酷"为主题，从 2001 年 9 月 15 日开始，在雅虎中国的专题网页和全国 29 所高校同时举行，历时一个月，于 10 月 15 日截止，共收到有效答卷 3 396 份，圆满结束。

这项关于"酷"的大型调研活动以高中生、大学生和年轻白领为主要调查对象。作为流行词汇，"酷"一词已经在城市青年中如火如荼地风行了好长一段时间了。它不仅是时尚人群的口头禅，也是诸多厂家的产品卖点。可以说，"酷"这个特定语词已经成为一个深入年轻人的生活和内心的社会理念，但究竟什么是"酷"的精神实质，似乎还没有人给过确定的答案。这项由雅虎中国与"荷氏"联手展开的大型"酷"调研，就是请年轻人自己给"酷"一个明晰的定义，调研涉及"什么是酷"、"酷的表现形式"、"酷的心理特征"等范畴，力求获得关于"酷一代"的清晰轮廓。

本次调研的目的是打开品牌知名度，并发送了 30 万份新产品试用装。在调研中利用雅虎在青年中的品牌优势和吸引力，将线上和线下资源有机结合，形成立体宣传攻势，面向全国的青少年消费者征集对"酷"的看法，问题涉及青少年生活的方方面面，并将荷氏的产品自然地加入到整个过程。

【讨论】谈谈案例中网络调研成功的原因。其对中小企业的市场调研工作有怎样的启示?

子任务 1 了解网络市场调查

网络调查是一种随着网络事业的发展和网民比例的不断上升而兴起的最新调查方式,其不仅代表着一种趋势,也代表着一种潮流,其作用将愈来愈凸显。

1.1 网络市场调查的概念

基于互联网而系统地进行信息的收集、整理、分析和研究的方式称为网络市场调查。网络市场调查为企业的网络营销决策提供数据支持和分析依据。

1.2 网络市场调查的优缺点

利用网络进行市场调查有其强大的优势。

(1)辐射范围广。调查对象可以是全世界的互联网用户,只要他(她)对某研究课题感兴趣,他(她)就会支持这个调查。

(2)网上访问速度快,信息反馈及时。

(3)匿名性很好。人们对于一些不愿在公开场合讨论的敏感性问题,在网上可能会畅所欲言。

(4)成本低廉。

当然,网络调查也有缺点,主要表现如下。

(1)样本对象的局限性。网上访问大多局限于网民,这就可能因样本对象的阶层性或局限性问题带来调查误差。

(2)所获信息的准确性和真实性难以判断。例如,调查女性对护肤品的意见,不排除"热心"该问题的男士出来讨论。

(3)网络调查需要一定的网络制作水平。如表 4-1 所示,网络市场调查与传统市场调查相比,各有优缺点。

表 4-1 网络市场调查与传统市场调查比较

对象\项目	网络市场调查	传统市场调查
调查范围	可以跨国家,不受地域限制	本国或单个国家
样本选择	可从特定的群体中抽样	随机抽样
数据传递	在线实时传递	纸质批量传递

（续）

对象 项目	网络市场调查	传统市场调查
数据收集	实时处理	成批处理
数据分析、报告提交频率	持续、实时提供	调查工作完成后提供
数据存储	随时可升级的数据库	不易检索的平面文档
调查管理	在线、离线皆可	离线的方法

1.3 网络市场调查的分类

1．调查者有意识的行为——网上民意测验

网上民意测验的目的是向商家提供与消费者相关的资料，例如消费者对商家及其产品、服务的了解程度、接受程度、喜爱程度，以及意向和行为等，调查可以通过电子邮件或网站进行。

2．调查者无意识的行为——网络跟踪

网络跟踪是一种在被调查者并不知情的情况下收集数据信息的方法，一般采用网络跟踪器。网络跟踪器是一种文本文件，文件包含一种独特的使用者确认器。当使用者访问网站的时候，站点的服务器会在用户的浏览器中放置一个网络跟踪器。随着用户在网站中的逐页浏览，网络跟踪器中的识别信息就会被返回给服务器。这样，服务器就可以跟踪用户在网站上的活动了。例如，某位家长搜索某个站点为孩子查找关于增高产品的信息，那么，厂商从相关的网络跟踪器中得到这些信息，就能针对该家长发放各种增高品的广告。

子任务 2 网络市场调查方法及信息处理

网络市场调查的常见方法从总体上可分为两大类：直接调查法和间接调查法。

2.1 网络直接调查法

网络直接调查法用于网上一手资料的收集过程。网络直接调查具有实时跟踪调查过程、调查结果可随时监控、节省调查费用和人力、时效性和效率性高等优点。网络直接调查的费用主要集中在建立调查问卷网页的链接方面。不足之处则是对于看不见的网络另一头的调查对象来说，我们无法核实调查对象是否真实满足调查样本的要求，可能会出现样本重复、调查数据失真的现象。例如，调查"对保养品的看法"，样本要求是女性，但也可能会引起对此话题感兴趣的男性在网络另一端填写。

网络直接调查法又可分为电子邮件问卷法、在线焦点小组访谈法、在线论坛调查法、网站上设置调查专项法。

1．电子邮件问卷法

此法以比较完整的 E-mail 地址清单为样本框，使用随机抽样的方法发送 E-mail 邮件，然后再用电子邮件催请回答，被访问者回答完毕将问卷回复给调研机构。有专门的程序用于进行问卷准备、列制 E-mail 地址和收集数据。

E-mail 问卷制作方便，分发迅速。由于出现在被访问者的私人信箱中，因此能够得到注意。这种调查方法具有定量分析的价值，一般用于网络用户的行为模式、产品消费规模、消费者心理特征、网络广告效果等研究。

2．在线焦点小组访谈法

该法又称为视讯会议法，是在约定时间内利用网上会议视讯系统征集被调查者举行网上座谈会，在主持人的引导下讨论调查问题。该方法适合于有深度或探索性方面的研究，一般用于定性调查。该方法速度快、成本低、无地域界限。

3．在线论坛调查法

现在许多网站都有专为网络用户提供的全免费交流服务，即在线论坛。对于网络调查人员来说，可以就某个具体的调查主题在网站上先进行在线直播论坛的预告，跟网民约定具体时间，用户按时登录即可进行相关信息的互动在线交流和讨论。通过在线论坛，调查人员可以即时获得网络用户对某一话题或产品的看法。

4．在网站上设置调查专项法

指在访问率高或自己的网站上设置调查专项网页，由该网页受众中对所调查问题感兴趣的群体主动去在线填写问卷的调查法。调查专项所在网页的访问率越高，说明更大范围的上网人士对此感兴趣的可能性越大，因而为使样本数量足够多，一般设计成调查问卷的网页都倾向于跟热门站点进行链接。由于网上调查数据可以直接保存到数据库中，调查对象在填写完问卷后一般都能查看到之前填写过的群体统计结果。

2.2　网络间接调查法

网络间接调查法用于网上二手数据的收集。互联网上蕴藏着大量有价值的商业信息，其中不乏众多的企业、政府部门网站上发布的需求或招商信息，网络间接调查所要做的工作就是在网上收集、加工和处理、分析这些二手数据，使其成为有价值的信息。

网上间接调查法主要有三种：利用搜索引擎、访问专业信息网站、利用相关的网上数据库查找。此外,还可以利用新闻组进行调查,新闻组既可以用于收集一手资料,也可以用于收集二手资料。

2.2.1　利用搜索引擎

搜索引擎的功能是在网上主动搜索 Web 服务器的信息,并将其自动索引,其索引内容存储于可供查询的大型数据库中。每个搜索引擎都提供一个良好的界面,当用户在查询栏里输入所要查找信息的关键字,并按下搜索按钮后,搜索引擎将在索引数据库中查找包含该关键字的所有信息,给出查询结果,并提供链接。搜索引擎的分类有以下几种。

1. 全文搜索引擎

全文搜索引擎,国外代表有 Google,国内则有著名的百度搜索。它们从互联网提取各个网站的信息(以网页文字为主),建立起数据库,并能检索与用户查询条件相匹配的记录,按一定的排列顺序反馈结果。

2. 目录索引

目录索引是按目录分类的网站链接列表。用户完全可以按照分类目录找到所需的信息,不依靠关键词进行查询。目录索引中最具代表性的如 Yahoo、新浪分类目录搜索。

3. 元搜索引擎

元搜索引擎在接受用户查询请求后,同时在多个搜索引擎上搜索,并将结果反馈给用户。著名的元搜索引擎有 InfoSpace、Dogpile、Vivisimo 等,中文元搜索引擎中具代表性的是搜星搜索引擎。在搜索结果排列方面,有的直接按来源排列搜索结果,如Dogpile;有的则按自定的规则将结果重新排列组合,如 Vivisimo。

4. 垂直搜索引擎

垂直搜索引擎为 2006 年后逐步兴起的一类搜索引擎。不同于通用的网页搜索引擎,垂直搜索专注于特定的搜索领域和搜索需求(例如机票搜索、旅游搜索、生活搜索、小说搜索、视频搜索等),在其特定的搜索领域有更好的用户体验。相比通用搜索动辄数千台检索服务器,垂直搜索需要的硬件成本低、用户需求特定、查询的方式多样。

2.2.2　访问专业信息网站

通常这些专业信息网站都是由政府、业务范围相近的企业或网络服务机构开设的,如中国商品交易市场网、中国粮食贸易网等。著名的阿里巴巴、搜狐商机这类专门的商品交易中介网,也提供了大量的二手资料。

2.2.3　利用相关的网上数据库

网上数据库分付费的和免费的两种。在国外,调查用的数据库一般都是付费的。

我国的数据检索系统现在都推出了 Web 版，用户通过互联网可以直接查询（如"中国期刊网"）；不足之处是现有的数据库大多数都是文献信息型数据库。

2.2.4　利用新闻组

新闻组（Usenet/Newsgroup）的功能类似于发布关于某一话题和兴趣的公告牌，当用户读到其他人留下的信息时，会停下来对其他人的问题作出回应。一般来说，新闻组会对信息进行管理，以使讨论限定在一定范围内，同时消除相互攻击的内容。新闻组的用户还可以自由地同世界各地访问该新闻组的任何人进行交流，还可以在新闻组中进行图像和数据文件的交换，类似通过电子邮件交换一样。

登录新闻组的方法，一般只须常用的 Outlook Express 即可，很方便。例如想登录新凡新闻组，可以这样设置：

A．打开 Outlook Express；

B．点"工具"、"账户"、"新闻"、"添加"、"新闻"；

C．在出来的对话框中填入你的昵称（国外新闻组最好用英文昵称）；

D．在"电子邮件地址"栏中填入你的电子邮件地址（最好是真实的）；

E．在"新闻服务器"一栏中打入"news.newsfan.net"；

F．之后开始登录，在出来的一堆组名中，你可选中感兴趣的组，点一下右边的"订阅"按钮（见图 4-1）或直接点"转到"进行详细查看（见图 4-2）。

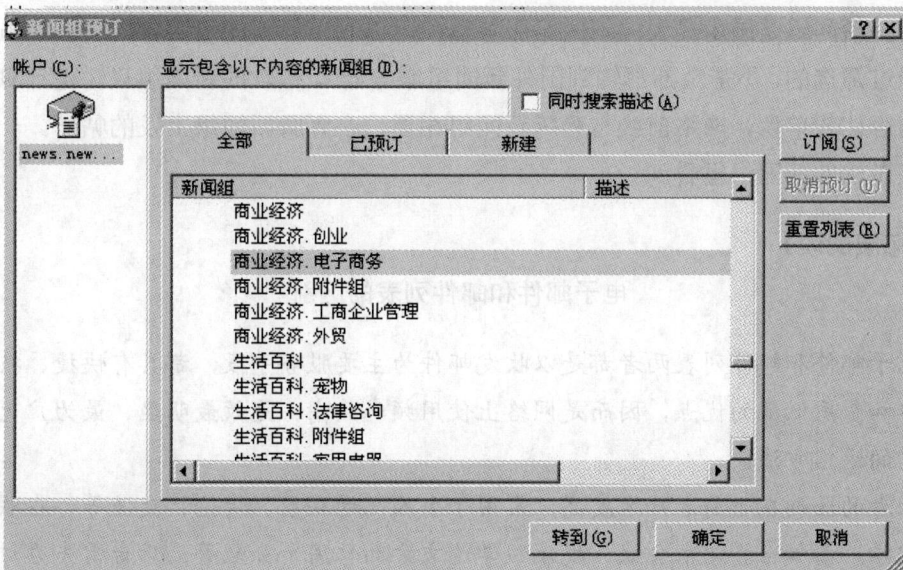

图 4-1

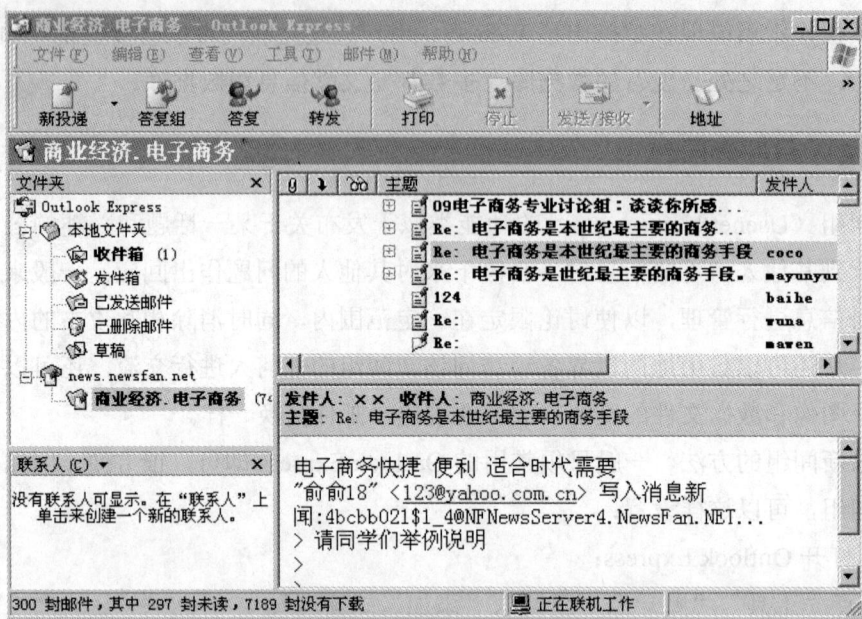

图 4-2

新闻组与 www 服务不同，www 服务是免费的，任何能够上网的用户都能浏览网页，而大多数的新闻组则是一种内部服务，即一个公司、一个学校的局域网内有一台服务器，根据本地情况设置讨论区，并且只对内部机器开放，从外面无法连接。国内外对外开放的新闻组较少，但用途极大。

奔腾新闻组是国内最大的新闻组服务器，可以和国外新闻组服务器转信（虽然转信是经过筛选的，不是全部都转到国外新闻组服务器）。微软的新闻组只讨论计算机技术，内容比较单调，网络前线与奔腾新闻组相通，在奔腾新闻组上发的帖子，一会就可以在微软的新闻组里看到。

【拓展阅读】

电子邮件和邮件列表的区别

电子邮件和邮件列表两者都是以收发邮件为主要服务手段，都具有快捷、技术要求简单和费用低廉的优点，因而是网络上使用频率最高、见效最明显、最为广大用户所喜爱的通信方法。

两者的区别在于前者知名度高，常用于个人间的联系、讨论、交流等，在联系到国外就学、参加世界学术会议、发表科学论文方面作用十分显著；后者需先办订阅手续才能使用，主要用于一组人之间的交谈、争论、讨论等，当从事某个课题研究时，采用邮件列表来和大量的国内外同行磋商、了解该课题在世界各地的发展现状是非常方便和高效的。

邮件列表和 Usenet 新闻组的区别

邮件列表和 Usenet 新闻组虽然都与各种专题讨论组有关，但两者是有区别的。

（1）邮件列表完全以电子邮件形式进行。订阅了某邮件列表后，根据该列表的繁忙程度，用户的个人信箱中有时一天能收到该组发出的几封邮件，有时能收到几十封邮件。如果两周不打开信箱，里面可能已有上百封邮件。尽管是被动阅览信件，但由于同一组关心的是相同的问题，所以看起来非常省时。而 Usenet 类似于以终端仿真方式访问新闻组网络中心，直接挑选自己喜欢的文章，再决定是否传回本机，属于主动挑选文章，但较费时间。

（2）邮件列表的使用方法比 Usenet 简单得多，邮件列表的使用方法基本同电子邮件，而使用 Usenet 则需要学习许多命令。

2.3　网络调查系统的使用

网络调查系统有专门为网络调查设计的问卷链接及传输软件。这种软件设计为无须使用程序的方式，包括整体问卷设计、网络服务器、数据库和数据传输程序。问卷由简易的可视问卷编辑器产生，自动传送到互联网服务器上，通过网站，使用者可以随时在屏幕上对回答数据进行整体统计或图表统计。由于使用了网络专业工具软件，费用低，而且网络费用和硬件费用由中心服务系统提供，很多网站都提供了在线的网络调查系统，如网络调研及用户反馈系统（www.isurveylink.com）、态度 8 调查网（www.taidu8.com）、问道网（www.askform.cn）、问卷星（www.sojump.com）等。

调查人员注册登录在线网络调查系统后，只需要根据自己的意愿输入几个关键性的参数，系统即可自动生成调查表。拿问道网的调查表生成系统举例，进入该系统"创建新调查问卷"的界面，可根据调查的需要在文本框中输入相关的内容，如本次调查的名称以及是否可重复提交、是否公开等权限，然后按"提交"按钮，弹出"问卷具体问题详细设计"界面，在这里调查人员可以对每一道问题做具体设计。

网络调查系统具有强大的功能。

（1）调查人员可以借助网络远程操作整个调查活动的过程、问卷的管理与发布。

（2）可以限制重复答题，很大程度上保证了调查结果的准确度。

（3）可以自动检查问卷的完整性，调查者可以设置必须填写的选项，若被调查者漏填，系统会给出提示。

（4）调查人员可以随时在线浏览与管理每份问卷，剔除无效问卷，提高数据收集的准确率。

（5）问卷回收与汇总自动化、网络化。

（6）调查统计结果自动生成，并可根据需要即时生成各类型的统计图表，如饼形图或柱状图等。

利用这种现代的网络调查系统，调查人员可以很轻松地进行网络调查。网络调查系统调查流程见图4-3。

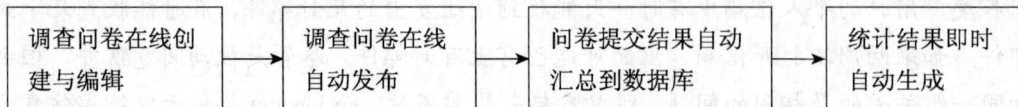

| 调查问卷在线创建与编辑 | → | 调查问卷在线自动发布 | → | 问卷提交结果自动汇总到数据库 | → | 统计结果即时自动生成 |

图 4-3　网络调查系统调查流程

子任务 3　网络市场调查平台的选择

互联网具有便捷、经济的特性，能更好、更快地为企业的市场调查提供全面支持。企业除了自己策划、实施、管理网络市场调查项目，还可以通过多种途径和渠道去获得相关的网络调查信息。常见的网络市场调查平台有以下几大类。

3.1　盈利性调查组织平台

盈利性调查组织的网上调查服务，可由面向全体用户免费开放的公众调查信息浏览服务、面向收费会员的调查信息数据库查询服务、面向特需客户的收费委托调查业务服务三个应用服务层次构成。目前，从事网络调查的公司或机构主要有以下四类。

1．互联网研究与管理机构

如中国互联网络信息中心（CNNIC），是中国科学院下属的国内进行互联网规范管理的机构，每年都会进行"中国互联网络发展状况统计"、"中国互联网络信息资源数量调查"等网上市场调查活动。CNNIC 的网上市场调查属于公益性质，具有较高的权威性和普遍性，其调查数据是包括网络行业在内的各行各业的企业、个人和机构从事互联网活动的重要决策参考依据。

2．专业咨询与调查公司

网上市场调查是专业咨询与调查公司开展市场调查业务的重要途径之一。调查公司往往根据业务需要，通过网上市场调查获取信息，同时配以入户调查、街头拦访、电话调查、固定样本跟踪调查、座谈会调查等调研方法得出综合结论。

3．各类大中型网络内容服务商

许多网站为了解用户心理和消费习惯等内容，以便于改进工作策略与方法，经常开展网上调查活动。此外，配合网络广告的发布，广告主也会要求广告商通过专项网上调查的形式，配合产品宣传，以有奖调查的形式开展网上促销活动。

4．专业网络营销服务商

网上市场调查虽然是网络营销的基本职能，但国内网络营销的水平还不够高，大多数网络营销商的网络营销服务还集中在网站推广这一领域。虽然如此，也有部分网络营销服务商致力于为企业客户提供网络营销整体解决方案，其中包括网上市场调查服务。专业网络营销服务商的介入，将快速拓展网上调查的市场，使得网上市场调查应用更为普及。

3.2　政府机构和社会团体开展的非盈利性调查研究项目

政府机构和社会团体开展的网上调查工作，可以包括统计调查、市场调查、民意调查和研究项目调查等。各地统计局网上会经常公布一些专项调查数据。

子任务4　实训项目

4.1　课内实训

实训内容

熟悉各类网络调查平台，设计一个网络调查主题，并收集网络二手资料。

实训目的

掌握利用网络收集信息的技能，培养学生收集、筛选、判断二手资料价值的能力，提高学生利用网络收集二手资料的实际能力。

实训要求

1．培养学生的沟通和团队协作能力；

2．通过项目训练，要求学生掌握利用网络收集二手资料的技能，掌握如何确定网络调查主题、如何初选、如何去伪存真等细节。

实训步骤

1．分组；

2．确定网络调查主题；

3．探讨与选择去哪些网络调查平台查找信息；

4．对收集来的网络二手资料进行筛选、判断、汇总整理；

5．小组间相互做调查结果汇报。

实训课时

2学时。

4.2　课外实战演练

演练内容：调查大学生网络购物情况。

演练目的：学会如何进行网络问卷设计、发布和数据整理。

演练要求

1. 确定调查主题, 起草问卷问题;

2. 选择一个网络调查系统平台, 在线设置生成一份网络调查问卷;

3. 在线发布网络调查问卷;

4. 随时监控、管理问卷发布情况;

5. 经过一段时间的问卷网上发布后回收问卷, 生成需要的统计图表, 并形成一份调查报告。

小结

网络市场调查利用互联网系统地收集、整理、分析和研究各种信息, 为企业开展活动提供依据, 具有及时性和共享性、便捷性和低费用、交互性和充分性、调研结果的可靠性和客观性等传统市场调查所不具备的优点。本任务的教学目的主要是教会学生如何选择网络调查平台进行网络信息的查找, 如何在浩瀚的互联网信息中筛选、判断有用信息, 如何借助网络调查系统生成网络调查问卷并在线发布与回收; 通过科学地设计调查问卷、有效监控在线服务、有针对性地跟踪目标对象等策略开展网络市场调查; 掌握网络市场直接与间接两大类调查法。

学生天地

1. 在中国互联网络信息中心网站 (www.cnnic.net.cn) 下载第 27 次、第 28 次、第 29 次中国互联网络发展状况调查报告, 填写下面的表格, 比较各次报告的数据变化, 分析发展的趋势。作业以 Word 文档形式提交。

项目	第 27 次报告	第 28 次报告	第 29 次报告
网民人数			
性别（男女比）			
平均年龄			
平均收入			
文化程度			
职业			

2. 利用 Outlook Express 发布一个新闻组参与讨论"应届毕业生就业情况"。

3. 选择一个免费的网络调查系统平台 (如问卷星等), 通过设计生成网络调查问卷, 调查"网络阅读情况", 作业提交网络问卷页面和一份调查报告。

任务5 抽样技术

◇ 学习目标 ◇

1. 知识目标

◎ 掌握抽样调查的概念、特点及适用范围。

◎ 掌握总体、样本的概念。

◎ 理解概率抽样的种类及相关定义。

◎ 掌握非概率抽样的种类及相关定义。

2. 技能目标

◎ 培养学生使用抽样调查技术的意识，使其能够了解抽样调查技术的优点。

◎ 培养学生确定样本容量的能力。

◎ 培养学生使用概率抽样技术的能力。

◎ 培养学生使用非概率抽样技术的能力。

◇ 开篇案例 ◇

大学生通信市场调研

随着社会信息化进程的加快，高新科技产品成为消费热点，手机作为其代表之一，大学生作为其潜在的消费群体，两者受到越来越多的关注。粗略观察得知，大学生手机族的消费动力处于一个较高水平，大学生的移动通信产品占有率高达百分之九十多。越来越多的手机厂商把目光投向了校园这一潜在的巨大市场。为了了解手机在大学生中的普及情况、使用效果以及消费情况，掌握手机在大学的销售情况和市场前景，调研项目组确定以大学生通信市场调研为主题，了解在校大学生对通信产品的使用情况，对各产品的市场满意度、占有率进行调研。

【讨论】面对这个调研项目，调研项目组应当如何选定开展调查工作的最好方法呢？

子任务 1 熟悉抽样技术

1.1 抽样调查的含义和特点

1.1.1 抽样调查的含义

现在，企业正处在一个激烈的市场竞争时代，企业经营者必须及时把握瞬息万变的市场局势，进而迅速作出决策。而市场调查结果是决策的依据，这就要求我们在实施市场调查的时候不能花费过多的时间，必须超越竞争对手作出最快的市场反应。那么，在众多的调查对象当中，要想以最少的时间、人力、物力、财力获得最准确的调查结果，最好的办法是从中抽取少量的样本，然后对这些样本进行调查，抽取少量的样本调查结果代表总体的情况，这就是抽样调查的方式。

抽样调查是市场调查中使用程度较高的一种调查方式，它是按照一定的程序和原则，从所研究的对象的总体中抽出一部分样本进行调查或观察，并在一定的条件下，运用数理统计的原理和方法，对总体的数量特征进行估计和推断。抽样调查是国际上公认的和普遍采用的科学的调查方法，其理论基础是概率论。抽样调查中所抽取的样本代表总体的程度，决定了抽样调查的准确性和可靠性，因此，抽样是市场调查过程中一个十分重要的环节。与抽样调查相对的是普查，即调查对象是整个总体。在实际调查中抽样方法多种多样，大体上有两大类：概率抽样和非概率抽样，具体如图 5-1 所示。

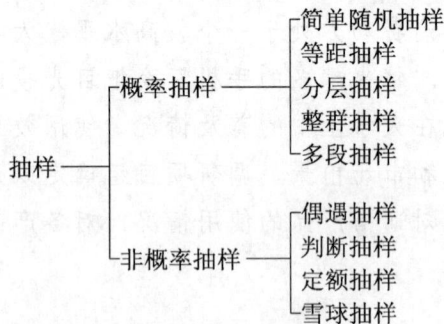

```
                              ┌── 简单随机抽样
                              ├── 等距抽样
                     概率抽样 ──┼── 分层抽样
                              ├── 整群抽样
                              └── 多段抽样
          抽样 ──┤
                              ┌── 偶遇抽样
                    非概率抽样 ─┼── 判断抽样
                              ├── 定额抽样
                              └── 雪球抽样
```

图 5-1 抽样的类型

1.1.2 抽样调查的特点

抽样调查作为一种非全面调查方法，同全面调查相比，具有一系列特点，即使同其他各种非全面调查比较，它仍呈现出明显的特色。

1．按照随机原则抽选调查单位

按随机原则抽选调查单位是抽样调查的一大特色。同属非全面调查的典型调查和重点调查，在调查单位的具体选定过程中，都不同程度地受到调查组织者的主观意识的影响，由此使得典型调查和重点调查的科学性受到影响。而抽样调查按随机原则抽选调查单位，则完全排除了主观意识的干扰，使调查单位的选择建立在较为客观的基础之上，从而确立了它的科学性。因此，按随机原则抽样既是抽样调查的特色所在，同时又是其取得成功的基本保证。

2．用样本资料推断总体资料

用样本推断总体是抽样调查的一个重要作用，实质上这也是进行抽样调查的最终目的之所在。能够用样本资料推断总体资料的重要意义在于，我们可以通过对部分单位的调查，以少量的投入，即可取得以前只能用普查才能取得的同样的效果，得到所希望了解的现象总体的全面资料，从而节约大量的调查费用，这也是抽样调查得以广泛应用的重要原因之一。

3．调查的时效性强

抽样调查的速度快、周期短、精度高。由于只调查一部分单位的情况，因此其调查登记及汇总处理的工作量较之全面调查要小得多，所需时间也大大缩短，这为调查速度的加快创造了十分有利的条件，由此调查的时效性得以加强。同时，在调查单位减少后，由于工作量相应地减少，则可以较严格地挑选和培训调查员，调查和数据处理的质量比较容易控制，因此可能取得更准确的结果，更能满足统计调查的及时性和准确性要求。

4．抽样误差可以计算和控制

在抽样推断之前可以计算和控制抽样误差。随着抽样推断理论的不断发展，误差分布理论日趋成熟，与此同时，抽样误差计算和控制的方法也逐步得以完善，而且关于抽样调查的误差问题的讨论，也扩展到了对具有更为广泛意义的非抽样误差的深入研究，这是抽样调查的又一重要特色。

5．抽样方法灵活、技术性强

各种不同的抽样技术可以分别适用于不同现象的抽样过程，也可在同一现象的抽样中结合运用，从而保证获得最好的抽样效果。可以毫不夸张地讲，凡是可以运用全面调查的场合，都可以使用抽样调查，凡不能使用全面调查的场合，一般也能利用抽样调查方法进行调查研究。同其他调查方式相比，抽样调查的技术性更强。因此，一般需要有统计学方面的专家作指导，并且要求统计专家不仅要有适当的抽样理论方面的知识，还应有抽样的实践经验。

【拓展阅读】

抽样调查方法的创始人——乔治·盖洛普

乔治·盖洛普是美国数学家，抽样调查方法的创始人、民意调查的组织者，他几乎是民意调查活动的代名词。

1932 年，盖洛普的岳母作为民主党的候选人在艾奥州竞选州务卿。盖洛普运用他创立的方法进行了科学的民意调查，他预测说，他的岳母会获得选举的胜利，选举的结果证明了盖洛普的预测是准确的。这次民意调查成为了政治史上第一次科学的民意调查，受此激励，盖洛普在 1935 年成立了盖洛普民意调查研究所，这是世界上第一个民意测验机构。1936 年，盖洛普公司由于正确地预测罗斯福总统将再次当选而声名远播。在之后的 60 年，它从一个小小的研究所成长为一个国际性的组织。

1.2　市场抽样调查的程序

市场抽样调查，特别是随机抽样，有比较严格的程序，只有按一定程序进行调查，才能保证调查顺利完成，取得应有效果。

抽样调查一般分为以下几个步骤。

1．确定调查总体

确定调查总体是根据市场抽样调查的目的、要求，明确调查对象的内涵、外延及具体的总体单位数量，并对总体进行必要的分析。抽样调查虽然仅对一部分单位进行调查，但它的最终目的并不是描述所调查的这一部分单位的特征，而是从部分单位所显示的特征推断其所属总体的特征，其目的是研究总体的特征与规律性。

例如，对某地区居民购买力进行抽样调查，那么首先要明确居民购买力的内涵；还要明确是城市居民，还是城乡居民；进而明确总体的数量是多少，若以户为单位进行调查，就要掌握该地居民总户数。在此基础上，还要对总体情况进行必要的分析，如该地区居民购买力是否存在明显的水平差别，是否形成了不同的层次，如果存在，可以考虑用分类随机抽样抽取样本，这样用样本特征推断总体时才更准确。

2．设计和抽取样本

设计样本包括两项具体工作：一是确定样本数目的大小或样本容量的多少，即样本所要包含的部分总体单位的个数；二是选择具体的抽样方式，抽样方式有许多种，必须根据调查目的和调查总体的具体情况选择适当方式。对样本进行周密设计后，就可以进行抽样，组成所要调查的样本。

3．收集样本资料，计算样本指标

收集样本资料是非常具体的工作，它可以根据样本各单位的实际情况，选择一种或一种以上收集方法，对样本各单位进行实际调查。收集到样本资料后，还要对资料作整理和分析，最后计算出样本的指标。

4．用样本指标推断调查总体指标

统计推断是抽样调查的最后一步工作，是对总体认识的过程，也是抽样调查的目的。在用样本指标推断总体指标时，要计算抽样误差，同时依据概率论的有关理论，对推断的可靠程度加以控制。

1.3　抽样调查与普查的关系

1．对全面资料进行评估和修正

任何调查都可能存在误差，全面调查也不例外。由于全面调查涉及面广、工作量大、参加人员多、汇总传递环节多，调查结果容易出现差错。但是，其差错到底有多大，全面调查自身无法回答这一问题。因此，可在全面调查之后再进行一次抽样调查，根据抽样调查结果对全面调查结果进行检查和修正，从而提高全面调查的质量。

2．抽样调查是普查的补充

对有关国计民生的重要现象，需要采用普查的方法，了解总体中每个单位的基本情况，如我国进行过的人口普查、土地资源普查等。但每一次普查都需要很大的财力投入，不可能经常进行，这时可以在两次普查之间采用抽样调查的方法，对于该种现象的变化情况进行估计，如前面提到的我国的人口普查。

3．利用抽样调查作深层次分析

针对普查的范围广、接受调查的单位多、调查的项目不可能太多的情况，根据研究的需要，可以在普查的基础上，针对某个问题，采用抽样调查的方法，获取更多的详尽资料，进行深层次的分析。普查涉及的单位多，数据量大，整理汇总工作需要的时间长，为了尽快地获得总体某些特征的数据，可以采用抽样调查方法，提前得到这些主要目标量的估计。

4．普查为抽样框提供资料

普查或其他全面调查资料（如某些统计报表）可以为抽样调查所需的抽样框提供资料或者辅助信息，也可以为样本轮换等提供基础资料。

1.4　抽样调查中的几个基本概念

1.4.1　总体和样本

1. 总体

也称全及总体，指根据研究目的确定的所要研究的同类事物的全体，它是由所研究范围内具有某种共同性质的全体单位组成的集合体。

2. 样本

又称子样，它是从全部总体中随机抽取出来，代表这一总体的那部分单位组成的集合体。

1.4.2　总体指标

总体指标就是调查的目标量，也就是总体的有关参数。这些总体参数在抽样调查中是可以通过有关样本指标来估计的。

1.4.3　样本容量和样本个数

1. 样本容量

是指一个样本所包含的单位数。

2. 样本个数

又称为样本可能数目，是指从一个总体中可以抽取的样本个数。

1.4.4　重复抽样和不重复抽样

1. 重复抽样

又称有放回的抽样，是指从全及总体 N 个单位中随机抽取一个容量为 n 的样本，每次抽中的单位经登录其有关标志表现后又放回总体中重新参加下一次的抽选。每次从总体中抽取一个单位，可看作是一次试验，连续进行 n 次试验就构成了一个样本。因此，重置抽样的样本，是经 n 次相互独立的连续试验形成的。每次试验均是在相同的条件下，完全按照随机原则进行的。

2. 不重复抽样

又称无放回的抽样，是指从全及总体 N 个单位中随机抽取一个容量为 n 的样本，每次抽中的单位登录其有关标志表现后不再放回总体中参加下一次的抽选。经过连续 n 次不重置抽选单位构成样本，实质上相当于一次性同时从总体中抽中 n 个单位构成样本。上一次的抽选结果会直接影响到下一次抽选，因此，不重复抽样的样本，是经

n 次相互联系的连续试验形成的。

1.4.5 概率抽样与非概率抽样

1. 概率抽样

也称为随机抽样，是指按照随机原则抽取样本。其基本的组织方式有：简单随机抽样、分层抽样、等距抽样和整群抽样。

2. 非概率抽样

也称为非随机抽样，是指从研究目的出发，根据调查员的经验或判断，从总体中有意识地抽取若干单位构成样本。其组织方式有重点调查、典型调查、配额调查、方便抽样等。这种抽样容易产生系统偏差。

1.4.6 抽样单元和抽样框

抽样单元是指对总体进行划分后得到的每一部分。在抽样时，必须掌握所有抽样单元的有关资料，如名单、地图等，这称为抽样框。抽样框是包含全部抽样单位的名单框架，主要形式有单抽样框、区域抽样框、时间表抽样框。

1.4.7 抽样误差和非抽样误差

统计调查的误差，是指调查所得结果与总体真实数值之间的差异。抽样误差是指用样本估计总体产生的误差。抽样误差一般用估计量的均方差或方差来表示。非抽样误差是指在抽样调查中由于人为差错所造成的误差。这类误差应采取一定的管理措施加以控制。

在抽样调查中，误差的来源有登记性误差和代表性误差两大类。

登记性误差又称调查误差或工作误差，是指在调查过程中，由于各种主观或客观的原因而引起的误差。例如，由于指标含义不清、口径不同造成的误差；由于被调查者提供不实的资料，以及在登记、计算、抄写上有差错等出现的误差。这种登记误差不论是在抽样调查还是在其他形式的调查中都有可能产生。调查的范围越广、规模越大、内容越复杂，产生登记性误差的可能性就越大。

代表性误差是指在抽样调查中，样本各单位的结构情况不足以代表总体的状况，而用部分去推断总体所产生的误差。代表性误差的发生源于以下两种情况：一种是由于违反了抽样调查的随机原则。例如，有意识多选好的单位或较差的单位进行调查而造成的系统性误差。另一种情况是指遵循了随机原则，可能抽到各种不同的样本而产生的随机性误差。随机性误差在抽样推断中是不可避免的，是偶然的代表性误差。

1.5 抽样调查的适用范围

抽样调查主要适用于以下几种情况。

（1）对一些不可能或不必要进行全面调查的社会经济现象，最适宜采用抽样调查方式解决。例如，对有破坏性和损耗性质的商品进行质量检测；对一些无限总体的调查，如对森林木材积累量的调查等。

（2）在经费、人力、物力和时间有限的情况下，采用抽样调查方式，可节省开支、争取时效，用较少的人力、物力和时间，达到满意的调查效果。

（3）运用抽样调查对全面调查进行验证。全面调查涉及面广、工作量大，花费时间和经费多，组织起来比较困难，但调查质量如何，需要验证，此时不可能重新采用全面调查方式。例如，工业普查前后需要几年时间才能完成，为了节省时间和经费，常用抽样调查进行检查和修正。

（4）对某种总体的假设进行验证，判断这种假设的真伪以决定行为的取舍，也经常采用抽样调查。

📁 **典型案例**

> 为了了解你所在地区老年人的健康状况，你准备怎样收集数据？
>
> 下面分别是小明、小颖、小华三位同学的调查结果。
>
> 小明：在公园里调查了 1 000 名老年人，他们一年中生病的次数见表 5-1。
>
> 表 5-1
>
> | 生病次数 | 人数 |
> | --- | --- |
> | 1～2 次 | 831 |
> | 3～6 次 | 146 |
> | 7 次以上 | 23 |
>
> 小颖：在医院调查了 1 000 名老年病人，他们一年中生病的次数见表 5-2。
>
> 表 5-2
>
> | 生病次数 | 人数 |
> | --- | --- |
> | 1～2 次 | 56 |
> | 3～6 次 | 233 |
> | 7 次以上 | 711 |

小华：调查了 10 名老年邻居，他们一年中生病的次数见表 5-3。

表 5-3

生病次数	人数
1～2 次	4
3～6 次	5
7 次以上	1

问题

（1）分析小明与小颖所得数据的差别是由什么原因造成的。

（2）你同意他们三个人的做法吗？说明你的理由。

（3）抽样调查应注意什么？

（4）为了了解该地区老年人的健康状况，你认为收集数据时应该把握哪些要点？

点评

（1）小明与小颖的调查对象不同导致数据有较大差异。

（2）小明调查的对象选自公园里的老年人。常去公园里活动的老年人，平时一定注意身体的保健，一定注意修身、养性、加强体育锻炼，所以身体通常较健康。另外，公园建在城市里，农村中的老年人去公园的较少，这 1 000 名老人文化程度不同，职业不同，居住地域不同，对各个层次的老人是否都有所选取，选取人数的比例是否合理，是否具有代表性与广泛性，这都是我们在收集数据中应该考虑的。所以，小明收集的数据缺乏代表性和广泛性。

小颖收集的数据来自在医院看病的 1 000 名老年人，这部分人相对体质较弱，用这些数据得到的调查结果不准确，因为收集的数据缺乏代表性和广泛性。

小华仅仅调查了 10 位老年人，因为样本太少了，所以不能据此推断某地区老年人的健康状况。

（3）抽样时要注意样本的代表性和广泛性。在现实生活中，当我们所要考察的总体中包含的个体数很多（有时总体中个数较多且总体由明显差异的几个部分组成）时，我们应注意抽出的样本必须有较强的代表性，每个部分都应抽取到，而且应注意各部分的比例。广泛性是指总体中的每个个体均有被选的可能。

（4）首先需要明确下列基本概念：①调查目的是了解某地区老年人的健康状况（一年中生病的次数）；②总体是该地区所有老年人一年中生病的次数；③个体是该地区符合条件的每一位老年人一年中生病的次数；④样本：抽取 1 000 名老年人一年中生病的次数是总体中抽取的一个样本，样本容量是 1 000。

其次，抽样调查只考察总体中的一部分个体，因此它的优点是调查的范围小，节省时间、人力、物力，但其调查结果往往不如普查得到的结果准确。为了获得较为准确的调查结果，抽样时要注意样本的代表性与广泛性。

子任务2　总体及样本容量的确定

总体是指所要调查对象的全体。样本是从总体中按照一定抽样规则抽取出来需要直接观察的那部分个体。例如，调查某城市中某品牌奶粉的使用情况，可以按抽样调查理论从该城市的全体居民中抽取部分居民进行调查，那么全体居民就是总体，抽取的那部分就是样本。

2.1　确定总体，选择样本类型

任何调研的成功，都依赖于收集资料所选的样本。调查者要能够确定调查的对象代表全体目标对象，因此，界定总体是十分重要的，需要事先对总体进行清楚、简洁的说明，提供信息或与所需信息有关的个体或实体（如公司）具有的特征。根据实际情况确定调查样本的类型也是必须作出的选择。

2.1.1　确定调查总体需要考虑的因素

1．地域因素

抽查的地域是指顾客活动的范围，可能是一个城镇、一个城市、整个国家或者许多国家。

2．人口统计因素

考虑到调研目标和产品目标市场，不同群体的观点与反应是至关重要的。18 岁以上的顾客、18~34 岁的顾客，或是家庭年收入超过 2 万元的职业女性，调查群体不同，导致的调查结果是不一样的。

3．产品或服务使用情况

同质总体通常还根据产品或服务的使用要求来定义，一般通过一定时间内消费者是否使用和使用频率来描述。如在一个星期内，你是否会在网上购物？近一年内，你是否打算购买汽车？等等。

4．认知度

对于调查问题的了解程度是必须关注的，如果定义的总体中，多数人群不了解、不关注调查的问题，或与调研的问题没有任何关系，将会影响调研的结果。

另外，为了确定总体，通常情况下，还需要确定那些应排除在外的被访问者的特征。例如，大部分商业市场调查就因为一些所谓的安全性问题而排除某些个体。通常，调查问卷上的第一个问题就是询问被采访对象或其家庭成员是否从事市场调查、广告或生产与调查内容有关产品的工作，如果被采访对象指出他们从事其中某项工作，那么就不必要去采访他了，这就是所说的安全性问题。这样的被采访对象也许是竞争对手或为竞争对手服务的。

2.1.2　选择样本类型

是否按照随机原则抽取样本，是概率抽样与非概率抽样的根本性区别。概率抽样按照随机原则抽取样本，排除了选择样本时主观因素的影响，样本对于总体的代表性较高，而且由于估计量的某种分布是已知的，使得抽样推断具有了科学性。非概率抽样由于根据主观判断或方便原则进行，因此调查容易实施，成本较低，但是样本的代表性较差，抽样推断缺乏客观性。

尽管样本有概率样本和非概率样本两类，但大多数市场调研都是非概率类型，其原因如下。

（1）定义的总体分散，无法具体掌握。

（2）通常只需要大体上的估计资料。

（3）能够以较低的成本取得更大的样本。

（4）能够正确估计偏差大小的性质。

市场调研的组织者通常都愿意以某些可信度与误差度交换，避免在发展真正的随机样本上花费大量的人力与物力。

2.2　确定样本量的大小

2.2.1　确定样本量考虑的因素

样本量是不是越大越好呢？当然不是。调查是要消耗大量人力、财力和时间的，并且，从统计学上讲，当样本量达到一定程度以后，再增加样本，对于提高调查效果的作用就不大了，反而会增加经费和时间。

那么是不是随便确定一个样本量就可以呢？当然也不行。样本量的大小受许多因素制约，如调研的性质、总体指标的变异程度、调研精度、样本设计、回答率、项目经费和时间等。一般来说，需要针对不同的情况考虑样本量的问题。

（1）市场潜力等设计量比较严格的调查所需样本量较大，而产品测试、产品定价、广告效果等这些人们彼此间差异不是特别大或对量的要求不严格的调查所需样本量较小。

（2）探索性研究样本量一般较小，而描述性研究就需要较大的样本。

（3）收集有关许多变量的数据，样本量就要大一些；如果需要采用多元统计方法对数据进行复杂的高级分析，样本量就应当更大；如果需要特别详细的分析，如做许多分类等，也需要大样本。

（4）针对子样本分析比只限于对总样本分析所需样本量要大得多。

（5）总体指标的差异化越大，需要的样本量就越高。

（6）调研的精度越高，样本量越大。

（7）随机抽样比非随机抽样数目少一些。

需要特别说明的是，在任何样本量确定的过程中，都必须考虑被调查样本的子群数。也就是说，当被调查样本群子群数比较多的时候，样本量就必须相应扩大。如某一项调查，400 个样本量是基本满足要求的，但如果将这些样本量划分为男和女各占50%的话，每个子群只有 200 个样本。如果进一步按年龄组细分的话，假设是两个年龄组，那每一个子群只有 100 个样本，这样的样本量就不能满足最初设计的要求了，因此按照子群要求设计样本量是最合理的。

在实际中确定样本量时，不考虑时间和费用这两个极为重要的因素是不可思议的。最终确定的样本量必须与可获得的经费预算和允许的时限保持一致。最终样本量的确定需要在精度、费用、时限和操作的可行性等相互冲突的限制条件之间进行协调。它还可能需要重新审查初始样本量、数据需求、精度水平、调查计划的要素和现场操作因素，并作必要的调整。

通常，统计调查机构和客户遵循最有效使用费用的原则（例如缩短访问时间）。另外，某一项调查为满足调查要求必须有一个最低的预算指标，如果低于这个指标的预算，不能满足调查最低精度的话，建议放弃这项调查任务。如一些客户会经常要求调查公司完成200、300、400 等特定的样本量。这种确定样本量的方法一方面可能考虑了调查误差，另一方面也可能是凭着以前的调查经验。在这种情况下，如果调研人员认为样本量的设计不能满足精度要求的时候，应建议按所需增加样本量，否则调查的结果会出现偏差。

2.2.2　有关样本量的经验估计

建立统计学上精确而可靠的结果所要求的样本规模依赖于误差度、可信度两个参数，表 5-4 给出了不同允许误差水平与可信度下所需的最少样本量。

表 5-4　不同允许误差水平与可信度下所需的最少样本量

允许误差范围	在 90%置信度下	在 95%置信度下	在 99%置信度下
±0.01	6 773	9 614	16 589
±0.02	1 693	2 403	4 147
±0.03	753	1 068	1 843
±0.04	423	601	1 037
±0.05	271	385	664
±0.06	188	267	461
±0.07	138	196	339
±0.08	106	150	259
±0.09	84	119	205
±0.1	68	96	166

表 5-4 中给出的数据计算方法只考虑了某个调查的问题，如果调查面对多个问题会产生既定误差率之外的问题；表中的样本数是针对总样本量来说的，没有考虑子样本的问题；并且假定是随机抽取的样本，这点在非概率抽样中是难以保证的。

实际中，调研决策更多地集中于成本与收益的比较分析，样本规模的确定可以考虑表中给出的数据，参照经验数据确定。

（1）如果是大型城市（省市一级）的地区性研究，样本数在 500～1 000 之间可能比较合适；而对于中小城市，样本量在 200～300 之间可能比较合适；如果是多省市或者全国性的研究，样本量在 1 000～3 000 之间比较合适。

（2）对于分组研究的问题，每组样本量应该不少于 50 个。

（3）通过试验设计所作的研究，可以采用较小的样本量。如产品试用（留置）调查，在经费有限的情况下，可以将每组的样本量降低至 30 个左右，最好每组在 50 个以上，每组超过 100 个可能是一种资源浪费。

（4）在较小范围的地区或区域进行有代表性的抽样调查，样本量约为 200 人。

（5）专业的询问，大概只需要几个人即可。

📁 典型案例

　　某企业共有 2 000 名员工，现在想了解全体员工对新闻、体育、动画、综艺、电视剧五类电视节目的喜爱情况。现随机抽出 200 名员工进行调查。请指明这个问题的总体、个体、样本与样本容量。

　　点评：总体是"2 000 名员工对新闻、体育、动画、综艺、电视剧五类电视节目的喜爱情况"；个体是"每位员工对新闻、体育、动画、综艺、电视剧五类电视节目的喜爱情况"；样本是"抽出的 200 名员工对新闻、体育、动画、综艺、电视剧五类电视节目的喜爱情况"；样本容量是 200。

子任务 3　概率抽样技术

　　概率抽样方式是指按照随机原则，科学地组织抽样调查工作。按照其性质和研究目的的不同，概率抽样方式又可分成五种基本的形式：简单随机抽样、等距抽样、分层抽样、整群抽样和多阶段抽样，下面分别对五种形式的概念、特点、内容等加以介绍。

3.1　抽样方法

3.1.1　简单随机抽样

　　简单随机抽样是以基本单位作为抽样单位，从总体的 N 个单位中直接抽取 n 个单位作为样本，每次抽取时，使总体中任一单位被抽中的概率相等的抽样方法。实际中多采用不放回简单随机抽样的方式。首先将总体 N 个单位从 1 到 N 编号，每个单位对应一个号码，如果抽到某号码，则对应单位入样，对于 n 个单位组成的样本，可以按照抽签法、随机数法抽取样本。

1. 简单随机样本的抽取方法

（1）抽签法。当总体单位数较小时，可以用均匀同质材料制作 N 个标签，充分混合后，按照下面的方法抽取：一次抽取 n 个标签，或者采取不放回的方式一次抽取一个标签、抽取 n 次。则 n 个标签上所示号码对应的总体单位入样。这种方法适用于总体单位数目较少的情况。

（2）计算机产生伪随机数法。利用计算机编制产生随机数的程序，由于这些程序具有循环周期，因此应当使循环周期尽可能长一些，保证数字产生的随机性。通过计算机跳号，可以产生 n 个随机数字。如利用 Excel 软件中的 rand（　）函数产生随机数。

[例 5-1] 省教育厅派专家组进驻某校检查学生考试试卷，专家组拟对总体进行抽样调查，对学校某班的全体同学随机抽取 25 名作为调查样本。为了保证结果的非人为性，利用 Excel 得出抽查的结果。

步骤 1　打开原始数据表格，制作本实例的原始数据。无特殊要求，只要满足行或列中为同一属性数值即可。实例中显示的是学生学号。

步骤 2　选择"工具"——"数据分析"——"抽样"后，出现对话框（见图 5-2），依次选择如下内容。

输入区域：把原始总体数据放在此区域中，数据类型不限，数值型或者文本型均可。

抽样方法：有间隔和随机两种。间隔抽样需要输入周期间隔，输入区域中位于间隔点处的数值，每一个间隔点处的数值将被复制到输出列中，当到达输入区域的末尾时，抽样将停止（在本例题中没有采用）。随机抽样是指直接输入样本数，电脑自行进行抽样，不用受间隔的规律限制。

样本数：在此输入需要在输出列中显示需要抽取总体中数据的个数。每个数值是从输入区域中的随机位置上抽取出来的，请注意：任何数值都可以被多次抽取！所以抽样所得数据实际上会有可能小于所需数量。本文末尾给出了一种处理方法。

输出区域：在对话框"输入区域"空格对输出表的单元格"E6"进行绝对引用"E6"，所有数据均将写在"E6"单元格及其下方的单列里。如果选择的是"周期"，则输出表中数值的个数等于输入区域中数值的个数除以"间隔"。如果选择的是"随机"，则输出表中数值的个数等于"样本数"。

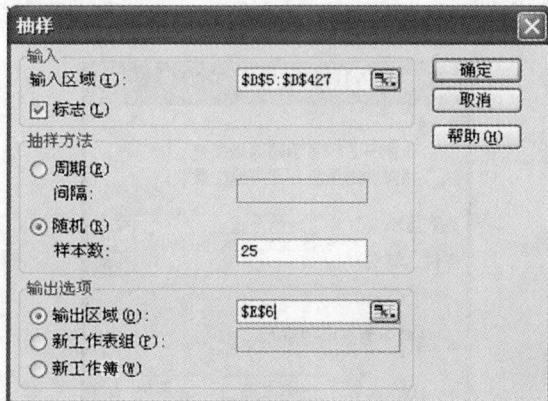

图 5-2

步骤3 然后单击"确定"就可以显示结果了（见图5-3，这是电脑自行随机抽样的结果）。

图 5-3

需要说明的情况：由于随机抽样时总体中的每个数据都可以被多次抽取，所以在样本中的数据一般都会有重复现象，解决此问题有待于程序的完善。可以使用"筛选"功能对所得数据进行筛选。选中样本数据列，依次执行"数据"——"筛选"——"高级筛选"（如图5-4所示）。

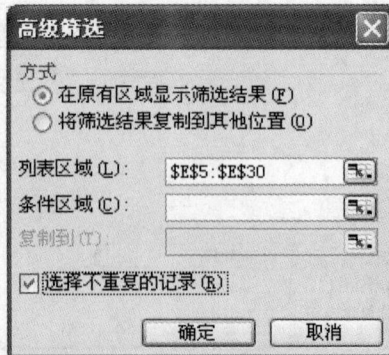

图 5-4

最后的样本结果如图 5-5 所示，请您根据经验适当调整在数据样本选取时的数量设置，以使最终所得样本数量不少于所需数量。

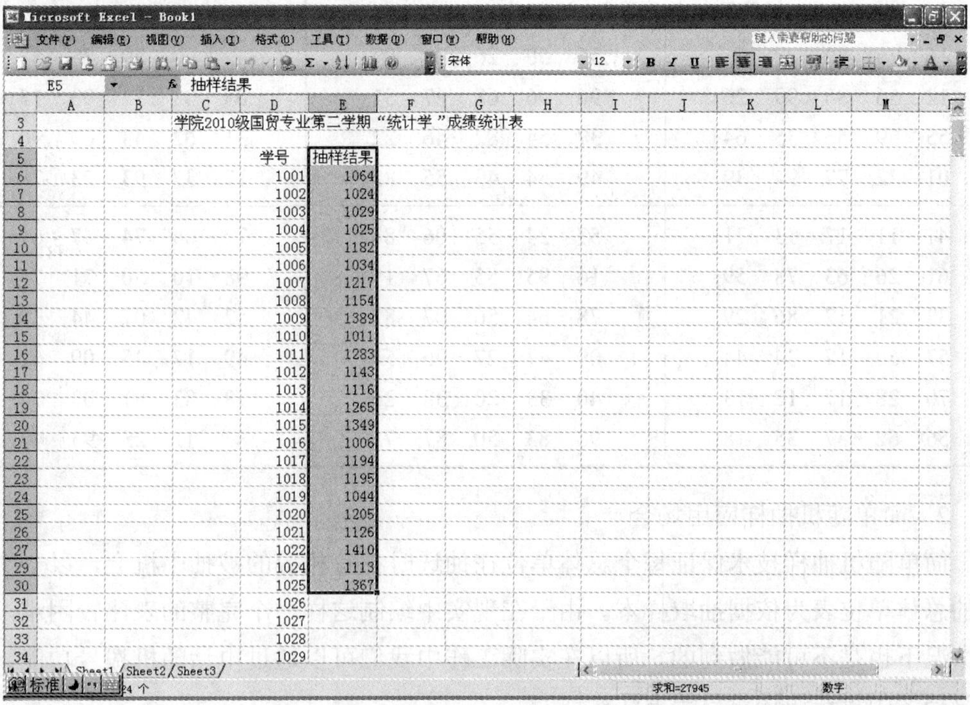

图 5-5

（3）随机数表法。由数字 0～9 组成随机数表，每个数字都有同样机会被选中。以随机数表中任一行或一列的数字作为开始数，接着可从上而下，或从左至右，或按一定间隔顺序取数，凡编号范围内的数字号码即为被抽取的样本。如果不是重复抽样，碰上重复数字应舍掉，直到抽足预定样本数目为止。对于页号及起始点的产生方法，要保证其随机性，可随机翻开一本书，对应的页码为起始页号。或者随意抛掷一根火柴，火柴头所指的数字为起始页号。对于起始行号和起始列的选取也可采取同样的方法进行。

［例 5-2］从 94 家上市公司中抽取 12 家作为调查样本，根据下面的乱数表，可先将 94 家公司由 1 至 94 编号 $N=94$，然后以乱数表上任意一点一行（或一列）中一个数字作为起点数，从这个数字按上下或左右顺序读起，每出现两个数字，即为被抽中的单位码号。假定本例是从第四行左边第五个数字向右顺序读起，则所抽取单位是：68、27、31、05、03、72、93、15、55、59、56、35，此过程中的 96 因大于 94，舍去不用，这是因为在顺序抽取的过程中，遇到比编号大的数字，应该舍去。

表 5-5　随机数表（乱数表）

03	47	43	73	86	36	96	47	36	61	46	98	63	71	62
97	74	24	67	62	42	81	14	57	20	42	53	32	37	32
16	76	62	27	66	56	50	26	75	07	32	90	79	78	53
12	56	85	99	26	96	96	68	27	31	05	03	72	93	15
55	59	56	35	64	37	54	82	46	22	31	62	43	09	90
01	22	77	94	39	49	54	43	55	82	17	37	93	23	78
41	11	17	53	71	57	24	55	06	88	77	04	74	47	67
61	26	63	78	59	16	95	55	67	19	98	10	50	71	75
33	21	12	86	29	78	64	56	07	82	52	42	07	44	38
57	60	17	34	44	09	47	27	96	54	49	17	45	09	62
70	28	17	12	13	40	33	20	38	26	78	83	51	03	74
56	62	37	35	18	98	83	50	87	75	83	11	25	93	47

2．简单随机抽样应用场合

简单随机抽样技术保证每个总体单位在抽选时都有相等的被抽中机会，以一个完整的总体单位表为依据抽取样本。由于在现实中编制这样一个完整的表比较困难，多数情况下也是不可能做到的，所以在实际工作中我们可以通过电话随机拨号功能、从电脑档案中挑选访谈对象等方法实现。

简单随机抽样技术由于获取的样本分散，访谈费用一般比较高。当抽样数量多、覆盖面大时，数据收集过程将会既费时又费钱。在实际市场调研中，简单随机抽样往往不是切实可行的，因为我们不能对总体中所有要素进行确认和标识。

这种方法一般适用于调查总体中各单位之间差异较小的情况，或者调查对象不明、难以分组分类的情况。如果市场调查范围较大，总体内部各单位之间的差异程度较大，则要同其他随机抽样技术结合使用。在简单随机抽样技术条件下，抽样概率公式为：

抽样概率 = 样本单位数 ÷ 总体单位数

3.1.2　分层随机抽样技术

又称为分类随机抽样技术，是把调查总体按其属性不同分为若干互不重复的层次（或类型），然后在各层中独立地随机抽取样本。如果每层都是简单随机样本，则称为分层随机抽样，样本为分层随机样本。例如，调查人口，可按年龄、收入、职业、位置等标志划分不同的阶层，然后按照要求在各个阶层中进行随机抽样。

1．分层样本的抽取方法

（1）首先要选择一个合适的分层标志，把总体各单位分成两个或两个以上的相互独立的完全的组（如按性别分为男性、女性两组；按收入分为高收入、中收入、低收入三组）。对层进行具体划分时，通常考虑尽可能使层内单位具有相同的性质，可以按调查对象不同类型划分，便于对每一类目标量进行估计；尽可能使层内单位的标志值相近，层间单位差异尽可能大，可以提高抽样的估计精度；按类型和层内单位标志值相近的原则可以进行多重分层，实现同时估计类值及提高估计精度的目的。在实际中，也可以按行政管理机构设置分层，便于组织实施。例如，我们正在进行一次新产品销售调查，要预测销售额，通常要按经济收入进行分组，因为经济收入水平不同的人群购买新产品的可能性不一样。

（2）其次，将样本分配到各层，分配方式有三种。

第一种为比例分配，即按各个层中的单位数量占总体单位数量的比例分配各层的样本数量，主要考虑了各层单位数多少的差异，保证总体单位数较多的层、规模大的层抽取较多的样本。

［例 5-3］某地有居民 20 000 户，按经济收入高低进行分类，其中高收入的居民为 4 000 户，占总体的 20%，中收入的为 12 000 户，占总体的 60%，低收入的为 4 000 户，占总体的 20%。要从中抽选 200 户进行购买力调查，则各类型应抽取的样本单位数为：

高经济收入样本单位数目为：$200 \times 20\% = 40$（户）

中经济收入样本单位数目为：$200 \times 60\% = 120$（户）

低经济收入样本单位数目为：$200 \times 20\% = 40$（户）

第二种为尼曼（Neyman）分配，分配的条件是按各层总体单位数比重及各层标准差大小分配样本单位数，不仅可以保证总体单位数较多的层，即规模大的层抽取较多的样本，而且，充分考虑到各层样本的差异，标准差大的层样本差异大，抽取的样本量大，可以更加客观地反映总体特征，样本的代表性更好。

第三种为最优分配，在给定的费用条件下使估计量的方差达到最小，或在精度要求（常用方差表示）一定条件下使总费用最小，将样本分配至各层。等比例分层随机抽样技术在市场调查中采用较多，这种方法简便易行，分配合理，计算方便，适应于各类型之间差异不大的分类抽样调查。其计算公式为：

$$n_i = n \frac{N_i S_i}{\sum N_i S_i}$$

其中：n_i 代表各层应抽取样本单元数，n 代表样本单元总数，N_i 代表各层的单元数，S_i 代表各层的样本标准差。

［例 5-4］某地共有居民 4 000 户，按经济收入水平高低进行分层，其中高收入居民占总体的 20%，为 800 户；中收入居民占总体的 60%，为 2 400 户；低收入居民占

总体的 20%，为 800 户。某公司拟调查某种商品在该地区的销售前景。因该商品的消费与居民的收入水平有关，故以经济水平高、中、低分层并采用分层抽样法。抽取的样本单元数为 200 户，用分层最佳抽样法。设各层样本标准差分别为 150、100、50，可得如表 5-6 所示的数据。

表 5-6　各层单位数与各层样本标准差乘积计算表

各层次	各层单位数（户）N_i	各层样本标准差（户）S_i	乘积 N_iS_i
高收入	800	150	120 000
中收入	2 400	100	240 000
低收入	800	50	40 000
总计	4 000		400 000

高收入层抽取的样本单元数为：

$$200 \times \frac{120\ 000}{400\ 000} = 60 \ （户）$$

中收入层抽取的样本单元数为：

$$200 \times \frac{240\ 000}{400\ 000} = 120 \ （户）$$

低收入层抽取的样本单元数为：

$$200 \times \frac{40\ 000}{400\ 000} = 20 \ （户）$$

（3）第三步，抽取样本进行调查。当总体划分完后，从两个或两个以上的层中随机抽样，这时总体中每一个单位只居于某一个层，各层内可以采用不同的抽样方式。一般来说，可以采取分层随机抽样、层内简单随机抽样的方式抽取样本。

2．分层抽样的应用场合

分层抽样适合于调查标志在各单位的数量分布差异较大的总体（即总体情况复杂、单位较多、各单位之间差异较大的情况）。因为对这样的总体进行合理的分层后可将其差异较多地转化为层间差异，从而使层内差异大大减弱。

当总体有周期现象时，用分层比例抽样法可以减少抽样方差。通常，在满足下述条件时，分层在精度上会有很大的得益：总体是由一些大小差异很大的单位组成的；分层后，每层所包含的总体单位数是可知的，也即分层后各层的权重是确知的或可以精确估计的；要调查的主要变量（标志）与单位的大小是密切相关的；对单位的大小有很好的测量资料可用于分层，也即分层变量容易确定。

就分层随机抽样技术与简单随机抽样技术相比，人们往往选择分层随机抽样技术，因为分层随机抽样作用通常具有如下特点。

（1）抽样效率高。分层抽样能够充分地利用关于总体的各种已知信息进行分层，因此抽样的效果一般比简单随机抽样要好，但当对总体缺乏较多的了解时，则无法分层或不能保证分层的效果。由于分层抽样的误差只与层内差异有关，而与层间差异无关，因此，分层抽样可以提高估计量的精度。

（2）样本代表性好。由于分层抽样是在每层内独立地进行抽样，因此，使得分层样本能够比简单随机样本更加均匀地分布于总体之内，所以其代表性也更好些。另外，分层抽样的随机性具体体现在层内各单位的抽取过程之中，也即在各层内部的每一个单位都有相同的机会被抽中，而在层与层之间则是相互独立的。

（3）各层的抽样方法可以不同。分层抽样中，由于各层的抽样相互独立、互不影响，且各层间可能有显著的不同，因此，对不同层可以按照具体情况和条件分别采用不同的抽样和估计方法进行处理，从而提高估计的精确度。

（4）便于组织实施。分层抽样调查实施中的组织管理及数据收集和汇总处理可以分别在各层内独立地进行，层内抽样方法可以不同，因此，较之简单随机抽样更方便，而且便于抽样工作调查与组织实施。如进行全国范围内大型抽样调查，按行政区划分或按行业分层后，便于调动各级主管部门的积极性，分头编制抽样框，并实施抽样的组织和调查工作。并且，各层可以根据层内特点，采用不同的抽样方法。

（5）可以推算总体及各层的参数。分层抽样中除了可以推断总体参数外，还可以推断各不同层的数量特征，并进一步作对比分析；适合实际需要，可以提供子总体指标和总体指标，从而满足不同方面的需要，也能帮助人们对总体作更全面、更深入的了解，但对各层的估计缺乏精度保证。例如对某市的企业进行抽样调查，要求给出各行业的指标及全市的相关指标，这时就可以按行业分层，所得样本数据可以用于估计全市的指标、各行业的指标等。

3.1.3　等距抽样技术

等距抽样是将 N 个总体单位按一定顺序排列，先随机抽取一个单位作为样本的第一个单位，即起始单位，然后按某种确定的规则抽取其他样本单位的一种抽样方法。由于这种抽样方法看来似乎很"机械"，所以有时也称为机械抽样。另外，由于等距抽样提供了随机且独立的挑选样本单位的方式，并区别于简单随机抽样，有时也称为伪随机抽样，在实际中应用非常广泛。

1．等距抽样的样本抽取方法

等距抽样经常作为简单随机抽样的代替物使用。由于其简单，所以应用相当普遍。等距抽样得到的样本几乎与简单随机抽样得到的样本相同，操作步骤如下。

（1）第一步，使用这种方式，必须先按一定标志把总体中的个体依顺序排列，然后根据总体单位数和样本单位数计算出抽样距离（即相同的间隔），然后按相同的距离或间隔抽选样本单位。抽样间隔公式如下。

抽样间隔 = 总体单位数（N）/样本单位数（n）

[例 5-5]某地区有零售店 110 户，采用等距离抽样方法抽选 11 户进行调查。

第一步，将总体调查对象（110 户零售店）进行编号，即从 1 号至 110 号。

第二步，确定抽样间隔。已知调查总体 $N = 110$，样本数 $n = 11$（户），故抽样间隔 = 110/11 = 10（户）。

第三步，确定起抽号数。用 10 张卡片（即抽样间隔）从 1 号至 10 号编号，然后从中随机抽取一张作为起抽数号。如果抽出的是 2 号，2 号则为起抽号数。

第四步，确定被抽取单位。从起抽号开始，按照抽样间隔选择样本。本例从 2 号起每隔 10 号抽选一个，直至抽足 11 个为止。计算方法是：

2

$2 + 10 = 12$

$2 + 10 \times 2 = 22$

…

$2 + 10 \times 10 = 102$

即所抽的单位是编号为 2、12、22、32、42、52、62、72、82、92、102 的 11 个零售店。

等距离抽样，方法简单，省却了一个个抽样的麻烦，适用于大规模调查。还能使样本均匀地分散在调查总体中，不会集中于某些层次，增加了样本的代表性。

按照无关标志排序，指用来对总体单位进行排序的标志，与所要调查研究的标志是不同性质的，二者没有任何必然的关系。如研究人口的收入状况时，按身份证号码、门牌号码排序非常方便，一般说来，这些号码与调查项目没有关系，因此可以认为总体单位的次序排列是随机的。在无关标志排序的条件下，虽然是等距抽样，但它与随机数字表上抽样在性质上并无不同，故按无关标志排序的等距抽样，在实质上等同于简单随机抽样。

按有关标志排序，指用来对总体单位规定排列次序的辅助标志与调查标志具有共同性质或密切关系。这种排序标志在我国抽样调查实践中有广泛应用，例如农产量调查，以本年平均亩产作为调查变量，以往年已知平均亩产作为排序标志。利用这些辅助标志排序，特别是利用与调查变量具有相同性质的辅助变量排序，有利于提高等距抽样的抽样效果。如果总体只有一个线性趋势，则等距抽样的方差同每层抽一个单位的分层随机抽样的方差都比简单随机抽样的方差小。

按自然位置排序，指根据各单位原有的自然位置进行排序。例如，入户调查根据街道门牌号码按一定间隔抽取；工业生产质量检验每隔一定时间抽取生产线上的产品；工厂中的工人名单按原有的工资名册顺序抽取等。这种自然状态的排列有时与调查标识有一定的联系，但又不完全一致，主要是为了抽样方便。

（2）第二步，确定抽样起点。在划分好间隔的总体中，从第一段总体单位中随机确定抽样起点，可以采用简单随机抽样或其他方式。如每隔 50 个总体单位抽取一个样本，则可以在 1～50 号之间利用随机数法确定一个号码作为起始点。

（3）第三步，按照相等的间隔顺序抽取样本。如果总体单位数恰好是样本量 n 和间隔 k 的乘积，则可以直接按照间隔抽样。如果不是这样，需要在用间隔 K 选样之前，用同等概率选出一些号码，然后将这些复制号码加到清单的最后，将总体单位数减少或增加到恰好为 nK。

在实际中，经常采用循环等距抽样的方法，把清单看成是循环的，这样最后一个单位后面就紧接着第一个单位。从 1 到 K 中挑选一个随机起点，在其基础上加间隔 K，当清单最后选完了之后，再从头开始继续，直到恰好有 n 个元素被选出为止，任何一个方便的间隔 K 都会导致一个以概率 $\dfrac{n}{N}$ 选出的 n 个元素的同等概率抽样。一般来说，选择与比值 $\dfrac{N}{n}$ 最接近的整数作为 K 值最合适。这个方法有很大的灵活性，并可以应用于许多场合，可以用它来把一个间隔应用于多个层；它对于在多阶段抽样中对很多群使用同一间隔尤其有用。

2．等距抽样应用场合

当总体信息名录不容易找到，或者总体数量大、编制信息名录工作量大的时候，等距抽样会使得样本的抽取简便易行，简化抽样手续。因为等距抽样所需的只是总体单位的顺序排列，只要随机确定一个（或少数几个）起始单位，整个样本就自然确定，在某些场合下甚至可以不需要抽样框。例如对某市的机动车辆进行调查，确定抽样比为 1%，则可在 00～99 中随机抽取一个整数（如 63），只要对车辆牌照号末两位为 63 的车辆都进行调查即可。

样本单位在总体中分布比较均匀时，利用等距抽样技术有利于提高估计精度。如果调查者对总体的结构有一定了解，可以利用已有信息对总体单位进行排列，即按有关标志对总体单位排序，这样采用有序系统抽样就可以有效地提高估计的精度。

另外，当调查人员不熟悉抽样专业技术时这种方法容易被非专业人员所掌握，而且还因其较易保留抽样过程的原始记录，便于监督和检查，因此在一些大规模抽样调查中，经常采用等距抽样以代替简单随机抽样。

3.1.4 整群抽样技术

整群抽样是将总体划分为若干群，然后以群为抽样单位，从总体中随机抽取一部分群，对中选群中的所有基本单位进行调查的一种抽样技术。实际上，抽选的单位是一些总体单位组成的群体，而我们把由若干个基本单位所组成的集合称为群，每个基本单位只能够惟一地被划归为一个抽样单位，并且抽样单位的产生是随机的。

1. 整群抽样的样本抽取方法

第一步，选择群单位，将总体划分为若干个群。

整群抽样只是在各群之间抽取一部分群进行调查，群间差异的大小直接影响到抽样误差的大小，而群内差异的大小则不影响抽样误差。"群实际上是扩大了的总体单位"，这就决定了分群的原则应该是：尽量扩大群内差异，缩小群间差异。整群抽样中的"群"大致可分为两类，一类是根据行政或地域形成的群体，如学校、企业或街道，对此采用整群抽样是为了方便调查、节省费用；另一类群则是调查人员人为确定的，如将一大块面积划分为若干块较小面积的群，这时，就需要考虑如何划分群，以使在相同调查费用下使得抽样误差最小。表 5-7 列举了可能作为群单位的实例。

表 5-7　群单位的实例

总　量	变　量	基本单位	群或抽样单位
（1）A 市	住户特征	寓所	街区
（2）B 市	购买衣物	人	寓所或街区
（3）机场	旅游信息	离开旅客人数	航班
（4）大学	就业计划	学生	班级
（5）乡村人口	社会态度	成人	村
（6）通过桥梁年交通流量	发车地和到达地	机动车	40 分钟间隔
（7）城市土地所有者档案	税务信息	土地所有者	档案分类账的页数
（8）健康保险档案	医疗数据	卡片	连续 10 张卡片一组

如何做出合乎要求的群是一个实际中要斟酌的问题，它要根据调查的情况和财力而定。基本单位由调查目的来确定，抽样者必须决定是否将它们作为惟一的抽样单位，还是另外设计群作为抽样单位。在某些研究中，住户被当作人的一个群体，但在另一些研究中，整个城市可能被当作一个基本单位。国家这一总体可以被分别看作是全部县、或城市和城镇、或区段和街区、或寓所单位的总和。

第二步，编制群单位的信息框，抽取样本群。整群抽样是对群进行随机抽样，抽到的群的所有单位全部入样，因此抽取群单位的时候并不需要总体单位的基本信息。调研人员只需要编制关于群单位的信息框就可以了。另外，在抽取群单位的时候通常可以采取简单抽样的方法。

[例5-6] 某高校学生会要调查该校在校生对学校广播站节目的评价，用整群抽样法抽样时，可以把全校每一个班级作为一个群，也可以按宿舍来划分，每一个宿舍作为一个群，因为在这个问题上，一般来说各班之间或各宿舍之间差异不会太大。假设该校有 1 500 名学生，200 个学生宿舍，从中抽取 15 个宿舍进行调查，抽样过程见图 5-6。

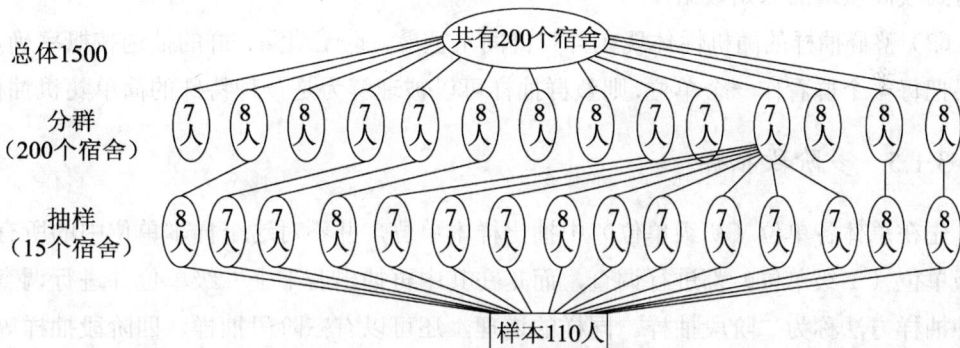

图 5-6 整群抽样法实例

从图 5-6 中看到，组织实施抽样时，只是需要宿舍的名单，而不需要每个学生的名单，这使得抽样工作大为简化。

2. 整群抽样的应用场合

当调查的总体规模比较大的时候，可以选择整群抽样的方法，将调查总体划分为若干个群体，这样获取的调查样本相对集中，可以降低调查的费用，简化样本抽取的过程。

当调查的总体中存在局部同质性的时候（如一般家庭成员中都有男性、女性，如果估计男女性别比例，以家庭作为群），采用整群抽样，会使估计的精度要比直接抽取个人估计的精度高。

整群抽样还有特殊的用途。有些现象的研究，如果直接调查作为基本单位的个体，很难说明问题，必须以一定范围所包括的基本单位为群体，进行整群抽样，这样才能满足调查的目的。如人口普查后的复查，要想估计出普查的差错率，只有通过对一定地理区域内的人口群体作全面调查才行。类似的诸如人口出生率、流动率等调查都需要采用整群抽样。

整群抽样与简单随机抽样相比具有以下的特点，在实际中人们通常会更多地考虑采用整群抽样。

（1）抽取群单位的信息框编制简化。在实践中，因为没有相应的资料，构造包含总体单位基本信息的抽样框通常是不可能的；有时虽然可以构造这样的抽样框，但工作量极大。而群单位的信息框通常会容易寻找。

（2）实施调查便利，节省费用。在总体基本单位分布很广的情形下，简单随机抽样会使样本分布过于分散，给调查带来不便，并使调查费用增大。而整群抽样调查单位的分布相对集中，调查人员能节省大量来往于调查单位间的时间和费用。而且，如果群是以行政单位划分的，调查时如能得到行政单位的配合，更有助于调查的实施，可得到较高质量的原始数据。

（3）整群抽样的随机性体现在群与群间不重叠，也无遗漏，群的抽选按概率确定。如果把每一个群看作一个单位，则整群抽样可以被理解为是一种特殊的简单随机抽样。

3.1.5 多阶段抽样

先在总体各单位（初级单位）中抽出样本单位，并不对这个样本单位中的所有下一级单位（二级单位）都进行调查，而是在其中再抽出若干个二级单位并进行调查，这种抽样方法称为二阶段抽样。同样的道理，还可以有三阶段抽样、四阶段抽样等。对于二阶段以上的抽样，统称为多阶段抽样。

在实际工作中，多阶段抽样通常和整群抽样结合使用，从方法上看，整群抽样是由一阶段抽样向多阶段抽样过渡的桥梁。在一阶段抽样中，如果抽出群后即对其中的所有单位进行调查，是单阶段整群抽样。如果抽出群单位后，进一步从中按低一级的单位抽取子样本（二阶段），即两阶段抽样。也可以进一步在样本的各单位中按更低一级的单位再抽取样本（三阶段），等等。最后一个阶段所抽出的单位可以是基本单位，也可以是群体（基本单位的集合）。

1. 多阶段抽样的样本抽取方法

考虑初级单位中二级单位规模相等的情形。对于初级单位大小不等的情形，可以通过分层，将大小近似的初级单位分到一层，则层内的二阶抽样就可以按初级单位大小相等的方式来处理。

第一阶段在总体 N 个初级单位中，以简单随机抽样抽取 n 个初级单位。

第二阶段在被抽中的初级单位包含的 M 个二级单位中，以简单随机抽样抽取 m 个二级单位，即最终接受调查的单位。

[例 5-7] 某个新开发的小区拥有相同户型的 15 个单元的楼盘，居民已经陆续搬入新居，每个单元住有 12 户居民，为调查居民家庭装潢情况，准备从 180 户居民户中

抽取 20 户进行调查。我们可以利用二阶抽样方法，这时，初级单位有 15 个，每个初级单位拥有二级单位 12 个。首先将单元从 1 到 15 编号，在 15 个单位中随机抽取部分单元。共抽取了 5 个单元，分别是 1、6、9、12、13 号；然后在被抽中单元中，分别独立随机抽取若干户居民并进行调查，即在这 5 个单元中，分别在 12 个居民户中随机抽取 4 户，如表 5-8 所示：

表 5-8 多阶段抽样的样本抽取示例

编号	单 元	房 号											
1	一栋 A 座	1	2^*	3^*	4^*	5	6	7	8	9	10^*	11	12
2	一栋 B 座	1	2	3	4	5	6	7	8	9	10	11	12
3	一栋 C 座	1	2	3	4	5	6	7	8	9	10	11	12
4	二栋 A 座	1	2	3	4	5	6	7	8	9	10	11	12
5	二栋 B 座	1	2	3	4	5	6	7	8	9	10	11	12
6	二栋 C 座	1^*	2	3	4	5	6^*	7	8	9^*	10	11^*	12
7	三栋 A 座	1	2	3	4	5	6	7	8	9	10	11	12
8	三栋 B 座	1	2	3	4	5	6	7	8	9	10	11	12
9	三栋 C 座	1	2	3	4	5^*	6	7^*	8^*	9	10^*	11	12
10	四栋 A 座	1	2	3	4	5	6	7	8	9	10	11	12
11	四栋 B 座	1	2	3	4	5	6	7	8	9	10	11	12
12	四栋 C 座	1	2	3	4	5^*	6	7^*	8^*	9	10	11^*	12
13	五栋 A 座	1	2	3	4^*	5	6^*	7^*	8	9	10	11^*	12
14	五栋 B 座	1	2	3	4	5	6	7	8	9	10	11	12
15	五栋 C 座	1	2	3	4	5	6	7	8	9	10	11	12

2．多阶段抽样的应用场合

适用于总体基本单位数目很大，分布很广的情况。此时，若采用简单随机抽样，编制全部总体单位的抽样框和现场实施随机抽样，都是相当困难的；若采用等距抽样，则为了提高抽样估计效率，需将全部总体单位有序排列并等距抽取，也是很困难的；若采用分层抽样，则为提高抽样估计效率，需掌握全部总体单位的有关资料，按照分层的原则进行分层，然后到各层都去抽样，这一分层和在大范围抽样的工作是很繁重的；若采用单级整群抽样，也需掌握总体单位的有关资料，按分群的原则分群，并在抽中的群内作全面调查，这一分群和在群内全面调查的工作也是很庞大的。如我国有一亿八千多万农户，做农村住户调查，若编制这样庞大的抽样框直接抽取农户；或按其特点分层，使层内方差较小；或进行分群，使群内方差较大等，其工作量之大都是难以想象的。

若采用多阶抽样，就可避免上述抽样技术中的麻烦。它可按现有的行政区划或地理区域划分各阶抽样单位，从而简化抽样框的编制，便于样本单位的抽取，使整个抽样调查的组织工作容易进行。例如，在农产量调查中，一般采用的是五阶抽样，即省抽县、县抽乡、乡抽村、村抽地块、地块抽样本点进行实割实测。因此，可以说多阶抽样既保持了单级整群抽样的优点，又克服了它的缺点。

3.2 抽样框的编制方法

抽样框的编制，一般情况下需要按其构成要素，针对抽样组织形式，考虑抽样单位特点进行构建。抽样框是抽样调查前在可能条件下做出的抽样单位一览表或一览图，即由抽样单位构成的名录。例如，如果以学校班级为抽样单位，则学校所有班级名册便是抽样框。抽样框既可以是一份包含所有抽样单位的名单，也可以是一张地图或其他适当的形式，如电话簿的列表、餐厅的菜单、包含公司所有客户名单的数据库或是电子数据库的目录等。

3.2.1 抽样框的构成要素

概率抽样要求从有限个单位的集合中抽取出部分单位的一个子集，并能得知这个子集被选中的概率。抽样框是实现这个要求的前提条件，因此，概率抽样离不开抽样框的设计。一个完整的抽样框必须包括的构成要素如下：抽样框单位的名称；抽样框单位与目标总体之间的联结规则；辅助信息，包括抽样单位的规模、抽样单位的地址以及区分不同抽样单位类型的其他识别标志。

在抽样调查中，抽样框起着非常重要的作用，抽样框的结构，框内所包括的信息，以及这些信息的质量，将决定调查中抽样设计的类型和估计的程序。如缺乏辅助信息的简单抽样框只能用于简单抽样设计。最简单的抽样框是一份仅能确认每个目标总体元素的名单，除此之外没有其他的信息，这样的抽样框只能用于非常简单的抽样设计，即简单随机抽样。

又如包含辅助信息的复杂抽样框可以用于较复杂的抽样设计，有助于提高抽样设计的效率。一些抽样方法，如分层抽样、与规模成比例的概率抽样，或一些特殊的估计方法，如比率估计、回归估计等，除了要求抽样框具有抽样单位的名单，还要求抽样框具有其他一些辅助信息。抽样框不仅决定抽样设计的类型和估计的方法，而且对估计的精度有直接的影响。不完善的抽样框会引起抽样估计的偏差，降低抽样估计的精度。

3.2.2 抽样框的编制

不同的抽样方法，对抽样框有不同的要求。因此，抽样框的结构、框内应包含的信息是由抽样方法决定的，抽样框要根据抽样方法的要求来编制。

如决定采用简单随机抽样方法，抽样框中只要有基本单位的名称、地址及编号就可以了。但这时可能面临一个非常棘手的问题，即抽样框中需要包含每一个总体单位的基本信息，这在市场调研中通常是不可能实现的。正因为这样，简单随机抽样技术不能被广泛应用。

如决定采用分层随机抽样，除了需要基本单位的名称、地址以外，还必须按照所选择的分层标志对总体进行分类，把基本单位归属于不同的类（层）中，并对各层的基本单位分别进行编号。这种方法由于在层内实行简单随机抽样，各层的抽样框的编制与简单随机抽样的要求相同。

如决定采用整群抽样，抽样框只需要编制设定的群单位的信息，而不必寻找总体单位的信息，例如以宿舍为群单位抽样，抽样框只需要包含全部宿舍的信息（楼号、宿舍号、宿舍的人数）。

如决定采用等距抽样，只需要将总体按照选定的标志排序，确定抽样间隔、确定起始单位号就可以了，并不需要编制特定的抽样框。

如决定采用多阶段抽样，在每一阶段中需要按照整群抽样的抽样框编制要求，按照设定的群单位编制抽样框。

3.2.3 抽样单位对抽样框的影响

抽样框中抽样单位与基本单位一致，称为元素抽样框，它适合于以基本单位作为抽样单位的抽样方法，如简单随机抽样、分层随机抽样、等距抽样等。

抽样框中抽样单位是基本单位的集合，称为群抽样框，它适合于以群作为抽样单位的各种抽样方法，如整群抽样、分层整群抽样、等距整群抽样等。当群是由在地域上相连的基本单位组成时（例如居住在同一条街道中的居民组成一群，或者一个行政区域内的企业组成一群等），由这样的群构成的抽样框称为区域抽样框。

抽样框中的各个单位是随机排列的，单位序号与所研究的标志值之间没有线性相关关系，这样的抽样框是无序抽样框。抽样框中的各个单位是按照与所研究的目标有关的标志排列的，其单位序号与所研究标志值之间有较高的线性相关关系，这样的抽样框是有序抽样框。在等距抽样中，使用无序抽样框，总体单位按照无关标志排队，则可以采用简单随机抽样的方法进行估计。

抽样框中的单位既不是调查单位，也不是调查单位的集合，这样的抽样框是替代抽样框。替代抽样框的好处是容易取得抽样框资料，可以大大节约抽样设计的费用，其弊端是抽样框与目标总体常常不一致，容易导致抽样框误差。例如进行居民购买力调查，以电话号码簿作为抽样框，就是替代抽样框。以电话号码簿作为抽样框抽取样本调查居民的购买力,有可能导致居民身份的界定不清、遗漏调查对象等问题。如果编制居民户抽样框,寻找到完备的居民户名单和地址的工作量是巨大的。

把抽样单位的名称按照一定顺序排列起来形成的抽样框是名单抽样框,它适合于以人或机构单位作为抽样单位的抽样调查;把抽样单位的地理位置按照自然顺序排列起来,形成一张标有抽样单位地理位置和区域的"地图",从中抽取样本单位,这样的抽样框是地图抽样框,它适合于以区域单位作为抽样单位的抽样调查;以时间单位作为抽样单位编制的抽样框是时序抽样框,它主要应用于工业产品的质量检验与控制。

3.2.4 抽样框的设计原则

(1)完备性原则。目标总体中的每个抽样单位必须以一个号码出现,而且只能以一个号码出现;同时,每个号码必须对应目标总体中的一个抽样单位,而且只能对应目标总体中的一个抽样单位。

(2)可行性原则。这个原则包括两个方面,一是以什么作为抽样单位能够比较便利地收集到抽样单位的名单,二是以什么作为抽样单位便于样本的抽取。例如,调查某地个体商业户的营业状况,有户和村两种抽样单位可供选择,如果没有该地各个个体商业户名单的话,以户作为抽样单位就存在一定困难。虽然可以通过全面调查的方式取得该地区个体商业户的名单,但这样做需要支付较多的费用,某种程度上丧失了抽样调查的意义,而以村作为抽样单位则是很方便的。

(3)正态性原则。由于实际工作中遇到的总体一般都不是正态分布,而是属于偏态分布,根据中心极限定理,对于这类分布,要保证估计量的正态分布,必须以较大的样本容量为代价。从这一观点看,抽样单位不宜太大,即抽样单位中所含个体数目不宜太多。因为在最终调查单位一定的条件下,抽样单位越大,受费用的约束,样本容量就越小。当抽样单位大到一定程度,进而使样本容量小到一定程度时,估计量的正态分布就难以保证。

(4)效率性原则。抽样估计的效率是指在调查费用一定,从而最终调查单位数目一定的条件下,估计量方差的大小。估计量方差越小,估计的效率越高,抽样单位的大小与估计量的方差有关。对于等概率抽样,通常情况下,抽样单位越大,估计量的方差也要增大。这要区别两种情况:一种是个体单位在空间上较为集中,此时,从效率上考虑,在可实施的情况下,应尽量取小单位作为抽样单位;另一种情况是个体单位在空间上较为分散,此时,将相邻的个体单位组合成一个较大单位作为抽样单位,可以相对节约调查费用。在这种情况下,如果费用节约的速度快于方差增大的速度,可采用大单位作为抽样单位。否则,应取小单位作为抽样单位。

📁 **典型案例**

某公司准备调研某地家用电器产品的潜在用户，这种产品的消费同居民收入水平有关，因此以家庭收入为分层基础。假定该地居民户即总体单位数为 20 000 户，已确定调研样本数为 200 户。家庭收入分高、中、低三层，其中高收入家庭为 2 000 户，占总体单位数的比重为 10%；中等收入家庭为 6 000 户，占总体单位数的 30%；低等收入家庭为 12 000 户，占总体单位数的 60%。现又假定各层样本标准差为：高收入家庭是 300 元，中等收入家庭是 200 元，低等收入家庭是 50 元。要求根据最优分配抽样法，确定各收入层家庭应抽取的户数各为多少？

　　点评：为了便于观察，列表 5-9 如下。如果根据等比例分层抽样，那么，高收入家庭的分层样本数为 20 户（200×10%）；中等收入家庭的分层样本数为 60 户（200×30%）；低等收入家庭的分层样本数为 120 户（200×60%）。将用前后两种方法抽取的各层样本数做个对比，不难看出，相比于等比例分层抽样法，根据最优分配抽样法抽取样本，则高收入家庭的分层样本数增加了 30 户，中等收入家庭的分层样本数增加了 40 户；低等收入家庭的分层样本数则减少了 70 户。由于购买家用电器同家庭收入水平是成正比例变动的，所以，增加高、中档层的样本数，相应减少低档层的样本数，将有利于提高抽样的准确性。

表 5-9　调研单位数与样本标准差乘积计算表

家庭收入分层	各层调研单位数（潜在用户数）	各层的样本标准差	乘积	样本单位数
高	2 000	300	600 000	200×600 000÷2 400 000＝50
中	6 000	200	1 200 000	200×1 200 000÷2400 000＝100
低	12 000	50	600 000	200×600 000÷2 400 000＝50
合计	20 000	—	2 400 000	—

子任务 4　非概率抽样技术

　　非概率抽样是指在抽样时不按照随机原则，而是按照某个人为的标准抽取。为什么要采用非概率抽样呢？主要有以下几个原因：（1）受各种条件限制，无法进行随机抽样；（2）尽快地获得调查结果，提高时效性；（3）调查人员有丰富的调查经验，且总体各单位间的离散程度不大。

非随机抽样主要有四种方式，即便利抽样、判断抽样、配额抽样和裙带抽样。

4.1 便利抽样

便利抽样又称为偶遇抽样、任意抽样，是指研究者根据现实情况，以对自己方便的形式抽取到偶遇的人作为对象，或者仅仅选择那些离得最近或最容易找到的人作为对象。常见的街头随访或拦截访问、邮寄式调查、杂志内问卷调查以及网上调查都属于便利抽样的方式。

便利抽样是所有抽样技术中花费最小的（包括经费和时间）。抽样单元是可以接近、容易测量并且是合作的。应该注意其与随机抽样的差别。从表面看，这种方法与随机抽样相似，都排除了主观因素的影响，纯粹依靠客观机遇来抽取对象。但一个根本的差别在于这种抽样方法没有保证总体中的每一个成员都具有同等的被抽中的概率。那些最先被碰到的、最容易见到的、最方便找到的对象被抽中的机会比其他对象大得多。正是这一点使我们不能依赖便利抽样得到的样本来推论总体。

- 调研者在路上或其他地方如快餐店或便利店等拦下行人进行访问就是一种便利抽样。

- 一些大城市想做流动人口消费品购买力调研，往往无法采取随机抽样法，而是在车站、码头、机场、旅馆或大商场等处，碰到外地旅客就随便进行询问调查。

- 某市调研人员想了解该市市民对于规划的 A 商圈的停车位的满意程度，所以去访问在商圈附近逛街的市民。

4.2 判断抽样

判断抽样是指研究者依据自己的主观分析和判断，来选择那些适合研究目的的个体作为调查对象的一种抽样方法。判断抽样法适用于调查总体构成单位极不相同，调查单位总数比较少，样本数很小的情况。

判断抽样的主要优点在于可以充分发挥研究人员的主观能动作用，特别是当研究者对研究总体的情况比较熟悉，研究者的分析判断能力较强、研究方法与技巧十分熟练、研究的经验比较丰富时，采用这种方法往往十分方便。它适用于调研员基于选择标准抽取典型样本的任何情形。

使用这种抽样法应极力避免挑选极端的类型，而应选取“多数型”或“平均型”样本作为调查研究的对象，以期透过对典型样本的研究了解母体的状态。例如，从全体企业中抽选若干先进的、居中的、落后的企业作为样本，来考虑全体企业的经营状况。

　　判断抽样可以有两种具体做法。一种是由专家选择样本，一般采用平均型或多数型的样本为调查单位，通过对典型样本的研究由专家来判断总体的状态。所谓"平均型"，是在调查总体中挑选代表平均水平的单位作为样本，以此作为典型样本，再推断总体。所谓"多数型"，是在调查总体中挑选多数的单位作为样本来推断总体。

　　● 某企业要调查其自身产品与竞争对手产品的销售情况，根据主观判断选择了一些同时对销售双方产品有影响的、非常有代表性的零售商店作为样本。

　　● 调查中国钢铁行业的管理机制、运营机制及改革等状况，所挑选的样本单位一定得避开几家国有特大型钢铁企业，其原因是尽管它们的钢铁产量占全国钢铁产量的大半，但是它们的管理水平、运营能力等不能代表众多钢铁企业的现状。

　　另一种是利用统计判断选择样本，即利用调查总体的全面统计资料，按照一定标准选择样本。

　　● 调查中国钢铁行业的产品和产量现状，只要对几家国有特大型钢铁企业进行调查，就足以大致掌握我国钢铁工业的产品和产量情况了，因为这几家钢铁企业的钢铁产量占全国的大半，把握了它们的生产情况就可以把握总体的生产情况。

　　特别是当调查目的是了解、探索某一现象及事物产生异常的原因时，需要选择"极端型"的总体单位来查找问题的根源所在。

　　● 在问卷设计阶段，为检验问卷设计得是否得当，调研者会有意地选择一些观点差异悬殊的人作为判断样本，即调研者专找那些偏离总体平均水平者进行调查，以确定问题答案的选项。

　　可见，我们通常所说的重点调查和典型调查都是判断抽样的特例。

4.3　配额抽样

　　指根据一定标志对总体分层或分类后，从各层或各类中主观地选取一定比例的调查单位的方法。所谓"配额"是指对划分出的总体各类型都分配给一定的数量组成调查样本。也就是说，配额抽样是根据总体的结构特征来确定样本分配定额或分配比例，以取得一个与总体结构特征大体相似的样本，例如根据人口的性别与年龄构成确定不同的性别、年龄的样本量。

　　配额保证了在这些特征上样本的组成与总体的组成是一致的。一旦配额分配好了，选择样本单位的自由度就很大了。惟一的要求就是所选的样本单位要适合所控制的特性。因而，配额抽样较之判断抽样加强了对样本结构与总体结构在"量"的方面的质量控制，能够保证样本有较高的代表性。

　　配额抽样是非随机抽样技术中使用最频繁的方法，这种方法只要求调查者对总体的结构有明确的了解，能够根据不同的特征标记予以区分，并按照这种整体结构特征提出样本份额，而不需要知道总体的量。调研人员只要事先知道总体结构的配额，在这个配额内就可以自己挑选询问对象，同时若遇到拒答时，可随意另找人替补，不会影响抽样设计。所以若需要快速得到调查结果的话，配额抽样是不错的选择。

配额抽样尽管具有费用低、灵活性强、速度快等优点，但是存在定性标志（如人们的态度、观点等）无法分配的问题，另外由于调查者有极大的自由去选择样本个体，这种方法常因调查者的偏好及个人方便性而使样本丧失代表性，从而降低调查的估计准确度。

就配额抽样来说，通常分为独立控制配额抽样和非独立控制配额抽样两大类。

4.3.1 独立控制配额抽样

独立控制配额抽样是对调查对象只规定具有一种控制特征的样本抽取数目并规定配额，其具体应用方法如下：按被调查对象抽取数目和某个控制特征规定配额，而不是规定具有两种或两种以上控制特征的样本抽取数目及规定配额。如按被调查对象的控制特征分为年龄、性别、收入三种，确定样本总数为 180 个，按独立控制特征配额抽样则样本分配数额如表 5-10 所示：

表 5-10 独立控制特征配额抽样

年龄（岁）		性别		收入	
18～29	30	男	90	高	36
30～40	50			中	54
41～55	60	女	90	低	90
55 以上	40				
合计	180	合计	180	合计	180

从表 5-10 中可以看出，虽然有年龄、性别、收入三个控制特征，但各特征是独立控制配额抽取样本数目的，不要求相互牵制，也不规定三种控制特征之间有任何关系。如在年龄组 18～29 岁的有 30 人，这 30 人中间男、女各多少，高收入、中收入及低收入又有多少，都没有规定样本抽取数目。这就是独立控制配额抽样的特点。

[例 5-8] 某市欲在商业系统进行一项调研，样本的数目定为 50 家，决定采用独立控制配额抽样。现取行业类别、企业规模、企业所在地区三项控制特性作为分类标准，样本数额的分配结果列于表 5-11 中：

表 5-11 独立控制样本配额表

行业类别		企业规模		企业所在地区	
商业	25	大型	5	甲	10
饮食业	15	中型	10	乙	20
服务业	10	小型	35	丙	12
				丁	8
合计	50	合计	50	合计	50

在表 5-11 中,对行业类别、企业规模和企业所在地区三项控制特性分别规定了样本数额,但对其相互之间的交叉关系没有在数额上作出限定。如从商业单位抽取 25 个样本时,在规模和所在地区上没有明确要求;又如,五个大型单位的样本既可较多或全部从商业中抽选,也可较少或不从商业中抽选,这完全由抽样者机动掌握。当然,最终选定的 50 个样本,应满足表 5-11 中的数额要求。

独立控制配额抽样具有简便易行、费用少等优点,但有选择样本容易偏向某一类型而忽视其他类型的缺点,例如,偏重于年龄较小的低收入者或年龄较大的高收入者。这个缺点可通过相互控制配额抽样来弥补。

4.3.2 相互控制配额抽样

相互控制配额抽样同时对具有两种或两种以上控制特征的每一样本数目都做出具体规定,具体操作方法是借助于交叉控制表(又称相互控制配额抽样表)。相互控制配额抽样法的工作程序一般分为以下四个步骤。

第一步,确定控制特征。调查人员可事先根据调查的目的和客观情况,确定调查对象的控制特征(如年龄、性别、收入、文化程度等),作为总体分类的划分标准。

第二步,根据控制特征对总体分层,计算各层单位数占调查总体的比例,确定各层之间的比例关系。

第三步,确定每层的样本数。首先确定样本总数,然后根据每层占总体的比例决定每层应抽取数目。

第四步,分配配额,确定调查单位。在各层抽取样本数确定后,调查人员就可在指定的样本配额限度内任意选择样本。

[例 5-9] 样本总数为 20 人:其中男女分别为 9 人、11 人,社会阶层上、中、下等各为 2 人、4 人、14 人,年龄段在 20～29 岁、30～44 岁、45～64 岁、65 岁以上分别为 4 人、6 人、7 人、3 人。为了明确样本在各层中的分配状况,必须先拟出一个样

本交叉控制表（见表 5-12）。

表 5-12　相互控制的配额抽样

社会阶层							
	上		中		下		合计
性别	男	女	男	女	男	女	
年龄 20～29			1		1	2	4
30～44	1			1	3	1	6
45～64			1		3	3	7
65 以上	1			1		1	3
合计	2		4		14		20

4.3.3　配额抽样法设计的思路

（1）科学计算样本额度。交叉控制配额抽样，无论是按三个特征还是四个特征甚至更多的特征设立，均可以运用运筹学方法统筹兼顾所有控制特征，使选定的样本可以更好地代表总体。

（2）考虑代表性，首先确定样本分配比例，最后推算样本总数。从省钱、省时的角度考虑，应当将样本数目控制在必要的最低限度。所谓"必要"，是从考虑样本代表性的角度提出的样本数量下限。必要的最低限度的样本数目到底是多少，这是常常使抽样调查设计者感到困惑的事情。如果总体中个体单位差异不大，那么小样本就可以代表总体；如果总体中个体单位差异很大，那么只有大量样本才可以代表总体。小到几个或大到多少呢？既然考虑问题的出发点是样本的代表性，那么在建立配额计算模型时就应将这一思想贯彻进去，首先确定样本按控制特征分配的比例而不是具体数额，然后在保证达到样本代表性要求的基础上确定所需必要的最低限度的样本数量，而不是相反。

（3）在样本分配时，体现控制特征的重要性，强化对代表性问题的考虑。代表性本身是一个相对的概念，因为总体中个体单位间总是存在差异，所以用样本特性推断总体特征总存在着或多或少的误差，这是抽样调查方法本身不可避免的。既然如此，在考虑样本代表性的同时，必须将样本总数尽量降低。在交叉控制配额抽样中，降低样本总数必然以忽视某个控制特征为条件，准确地说是无法给予这一控制特征以足够重视。如果没有得到足够重视的某一控制特征相对于其他控制特征而言正好不太重要，即基本不损害样本代表性，而且这种"适当忽视"可以达成降低样本总数的目的，那么这种配额抽样设计无疑又完善了一步。

4.3.4　配额抽样的特点

配额抽样相当于包括两个阶段的加限制的判断抽样。在第一阶段需要确定总体中的特性分布（控制特征），通常，样本中具备这些控制特征的元素的比例与总体中有这些特征的元素的比例是相同的，通过第一步的配额，保证了在这些特征上样本的组成与总体的组成是一致的。在第二阶段，按照配额来控制样本的抽取工作，要求所选出的元素要适合所控制的特性，例如定点街访中的配额抽样。

配额抽样适用于设计调查者对总体的有关特征有一定的了解而样本数较多的情况。实际上，配额抽样属于先"分层"（事先确定每层的样本量）再"判断"（在每层中以判断抽样的方法选取抽样个体）；费用不高、易于实施，能满足总体比例的要求。

但是，配额的框架必须十分精确，为了做到这一点，必须掌握最新的资料，但这是十分困难的。其次，从某些特定的格子中选择样本时，可能会存在偏误，因为一个访员如果被要求与五位具有某些复杂特征的人面谈，他会本能地避免去访问要爬七层楼才能找到的受访者。

4.4　裙带抽样

裙带抽样，有时又叫雪球抽样，即通过少量的样本单位以获取更多样本单位的信息。顾名思义是先选择一组调查对象，通常是随机地选取，访问这些调查对象之后，再请他们提供另外一些属于所研究的目标总体的调查对象。根据所提供的调查线索，选择此后的调查对象。这一过程会继续下去，形成一种滚雪球的效果。例如，其研究部门在调查某市劳务市场中的农民工问题时，先访问了 10 名农民工，然后请他们每个人再提供另外的农民工名单，逐步扩大到近百人。通过对这些农民工的调查，对农民工的来源、从事工作的性质、经济收入等状况有了较全面的掌握。

这种方法的优点是当手边的总体资料较少时，可以先有针对性地找到被调查者，然后通过这些调查者找到更多的样本。其局限性是要求样本单位之间必须有一定的联系并且愿意保持和提供这种关系，否则将会影响这种调查方法的进行和效果。

● 某调研部门如果想了解某市外来农村务工人员的状况，要获得一份完整的名单是极困难的，调查者只能借助已接受调查的农民工去接触新的农民工，即调查者开始只同几个在该市务工的农民工进行面谈，了解情况后再请他们提供所知的其他在该市的农民工名单，逐步扩大到所需的外来农民工数目，以通过对这些农民工的调查研究来全面掌握该市外来农民工的籍贯、所从事工作的性质、经济收入等状况。

总之，非随机抽样技术中以雪球抽样效率最高，其次是配额抽样、判断抽样，而便利抽样效率最差。

📁 典型案例

在一项关于某品牌洗发水的消费者座谈会的研究抽样中，研究对象为18～40岁的女性。已确定样本量为24人。研究者选择"经济收入"和"发型"为控制特征，并要求高、低收入者各占50%，烫、直发型各占50%。根据上述要求利用配额抽样法进行抽样。

点评：根据上述要求可设计一个配额抽样的控制表，见表5-13：

表5-13

		经济收入	
		高	低
发型	直发	6	6
	烫发	6	6

子任务5　实训项目

5.1　课内实训

实训内容：大学生"网瘾"问题调查。

实训要求：熟悉以下背景材料。

随着网络的日益发展，高校网络建设的逐步完善，网络与大学生的关系也越来越密切，与此同时也引发了诸多问题。网络其实是一把"双刃剑"，它在给大学生提供便捷的交流平台、及时收集所需信息工具的同时，也使不少缺乏自制力的大学生整日沉迷于网络，形成"网瘾"。针对大学生"网瘾"的问题进行抽样调查设计，分析并提出相应的解决措施。

实训步骤：选取上课班级为调查样本，五位同学为一组，选取一位同学为调查主持人，其余同学作为座谈会代表；要求设计、组织一次焦点座谈会，充分了解大学生"网瘾"问题。

注意事项：建议在学完本任务后进行，并提前告诉学生做好相关的文案准备工作。

实训课时：1 课时。

5.2　课外实战演练

演练内容：走访一些企业、商场，了解客户需要通过调研达到的目的，拟定调研题目，设计抽样调研方案，实施调研。

演练目的：学会如何进行市场调研、选择调查技术、撰写调研报告。

演练要求

1．自由组合调查小组，5～8 名同学为一组；

2．了解客户希望通过调研达到的目的；

3．选择合适的调查技术进行调查；

4．形成调查报告。

小结

抽样调查技术是一种在总体中抽取有代表性的个体作为调查对象的具有科学性的市场调查技术，是一种被广泛使用的有用方法。为了提高抽样调查的有效性，需要切实控制抽样误差，严格遵循抽样调查的程序，并合理选用抽样技术。抽样技术是指在抽样调研时采用一定的方法，抽选具有代表性的样本，以及各种抽样操作技巧和工作程序等的总称。

如果要用抽样调查的结果来说明总体情况，就只能使用随机抽样方法。随机抽样包括简单随机抽样、系统抽样、分层抽样、整群抽样和多级抽样。每种方法的具体操作是各不相同的。如果抽样调查的目的不在于推断总体的情况，而仅是对总体作一般的了解，可以考虑使用非随机抽样方法，它比随机抽样要方便和经济。影响样本量大小的主要因素包括数理统计方面的因素、营销管理实际需求方面的因素、实施调查方面的因素。理论上可以通过简单随机抽样的样本量的计算来修正实际抽样所需的样本量。不过很多时候，我们可以借助于经验来估计所需的样本量。

学生天地

1．案例分析

某墨西哥饭店的老板卡尔遇到了同其他许多小企业主一样的问题，他想在一个中小型社区成功地经营一家墨西哥饭店，直到六个月前这种理想一直是在很成功地实现着。从那时起，他注意到平均每周顾客数量开始小幅下降，相应的利润也受到了波及。他很重视这件事，曾花费了大量时间在高峰时间到饭店观察他的雇员的工作情况。

卡尔决定请当地大学的教授汤姆进行市场调研，以帮他解决利润下降的问题。汤姆教授领着一组学生开始了这项调研工作。卡尔向学生们讲述了饭店的历史和这些时期的所有财务指标。学生们向卡尔问了很多有关当地饭店、行业趋势的问题，以及任何可能存在的周期性变化。大部分情况下，卡尔都能向小组的提问传递信息。不过，有一件事他没有做，就是调查他的顾客以了解他的饭店和菜肴对消费者有哪种吸引力。小组确定了下列目标用来指导针对饭店的调研。

（1）在空气、服务、位置、饭菜质量和数量以及饭菜价格方面确定这家墨西哥饭店最有吸引力的特色。

（2）评估顾客在空气、服务、位置、饭菜质量和数量以及饭菜价格方面满意度的重要性。

（3）确定顾客在空气、服务、位置、饭菜质量和数量以及饭菜价格方面选择墨西哥饭店时考虑的因素。

（4）确定顾客对于将来在这里就餐的倾向和最有可能的反应。

（5）根据地区和顾客人口统计量评估顾客在人口统计和地理方面的特征。

（6）推导结果的战略性含义。

小组在这些研究领域选择了两步取样法。第一步涉及对一组饭店员工的取样，其信息会在准备设计用于第二步的问卷时对小组有帮助，第二步应用问卷调查对一组随机挑选的饭店顾客进行调查。

这个样本包括了在两个不同的星期天的下午 5～7 点随机挑选的顾客，总共收到了 91 份有效答卷。小组首先从总体上对数据进行了分析，接着使用 SPSS 对结果进行了交叉制表处理以便分析与具体的人口统计和个人品质相关的具体问题。使用概率、交叉表和百分率对数据进行了系统分析，确定了基于人口统计和个人品质差异的调查对象差异。基于收集的这些信息，制成了表 5-14 和表 5-15。

表5-14　消费者对墨西哥饭店的评价

评分	百分率（%）
最好	80
第二	11
第三	5
第四	4

表 5-15　消费者对墨西哥饭店提出的改善建议

项目	百分率（%）
停车场	34.5
油漆	17.2
空气	13.8
儿童食品	10.3
位置	6.9
墨西哥音乐	17.3

思考：结合本案例，分析该市场抽样调查的具体程序以及抽样调查的特点。

2. 抽样设计

为某企业做一次员工购房需求的调查，需要从 50 000 名员工中抽取 500 名员工组成一个样本，50 000 名员工的名册作为抽样底册，请根据这一情况设计抽样方案。

任务6　调查问卷设计

1. **知识目标**
◎ 理解市场调查问卷的基本概念；掌握调查问卷的类型与结构；
◎ 掌握调查问卷设计的原则与程序；
◎ 理解和掌握调查问卷设计技术。
2. **技能目标**
◎ 培养学生设计整体调查问卷的能力；
◎ 培养学生设计询问问句和合理安排问句顺序的能力；
◎ 使学生学会问卷设计技术。

A休闲服装调查问卷设计

目前，温州某服饰公司与市场调研机构达成共识，围绕A休闲服装市场调研项目制订了市场调查方案，明确了调查的目的、调查对象、调查时间、调查时限及相关的调查内容。现在，调研公司的项目组需要草拟一份消费者个体调查问卷，问卷设计需要充分考虑调研方案中确定的调查主体与内容，符合调查目的的需要及下一个过程市场信息资料的整理需要。

【讨论】针对A休闲服装市场调研方案中所涉及的消费者调查，项目组在调查问卷设计中需要考虑哪些技术性问题？

子任务1　调查问卷的类型与结构

在现代市场调查中，应有事先准备好的询问提纲或调查表作为调查的依据，这些文件统称市场调查问卷。它系统地记载了所需调查的具体内容，是了解市场信息资料、实现调查目的和任务的一种重要书面文件。采用市场调查问卷进行调查是国际通行的一种市场调查方式，也是我国近年来推行最快、应用最广的一种市场调查手段。

市场调查问卷是询问调查中使用的、以问题的形式系统地记载所需要调查的具体内容、帮助调查者从被调查者处获取市场信息以收集第一手市场信息资料的书面文件。

问卷设计是设计人员在明确某项调查目标，确定询问调查的方法之后，将需要调查的内容细化为具体的问题，采用与调查内容、调查方式、调查对象相适应的提问方式和问句形式，并按照一定的逻辑顺序将问句系统地排列组合，并最终印制成书面的文件所进行的一系列工作。

设计完整、规范的调查问卷，是从事市场调研工作相关专业人员所必须掌握的基本技能。

1.1 市场调查问卷的类型

按照不同的分类标准可将调查问卷分成不同的类型。

1.1.1 按照问卷填写方式分类

根据问卷的填写方式，可以把问卷分为自填式问卷和访问式问卷。

所谓自填式问卷，是指由调查者发给（或邮寄给）被调查者，由被调查者自己填写的问卷。访问式问卷则是由调查者按照事先设计好的问卷或问卷提纲向被调查者提问，然后根据被调查者的回答进行填写的问卷。

一般而言，访问式问卷要求简便，最好采用两项选择题进行设计；而自填式问卷由于可以借助于视觉功能，在问题的制作上相对可以更加详尽、全面。

1.1.2 按照调查方法分类

根据调查所用方法的不同，可将调查问卷分为送发式问卷、邮寄式问卷、报刊式问卷、人员访问式问卷、电话访问式问卷和网上访问式问卷六种。其中前三类大致可以划归为自填式问卷范畴，后三类则属于访问式问卷。

1．送发式问卷

由调查者将调查问卷送发给选定的被调查者，待被调查者填答完毕之后再统一收回。

2．邮寄式问卷

通过邮局将事先设计好的问卷邮寄给选定的被调查者，并要求被调查者按规定的要求填写后回寄给调查者。邮寄式问卷的匿名性较好，缺点是问卷回收率低。

3．报刊式问卷

随报刊的传递发送问卷，要求报刊读者对问题如实作答并回寄给报刊编辑部。报刊式问卷有稳定的传递渠道、匿名性好、费用省，因此有很大的适用性，缺点也是回收率不高。

4．人员访问式问卷

由调查者按照事先设计好的调查提纲或调查问卷对被调查者提问，然后再由调查者根据被调查者的口头回答填写问卷。人员访问式问卷的回收率高，也便于设计一些可深入讨论的问题，但不便于涉及敏感性问题。

5．电话访问式问卷

通过电话中介来对被调查者进行访问调查。此种问卷要求简单、明了，现时在问卷设计上要充分考虑几个因素：通话时间限制；听觉功能的局限性；记忆的规律；记录的需要。电话访问式问卷一般应用于问题相对简单、明确但需及时得到调查结果的调查项目。

6．网上访问式问卷

在互联网上制作，并通过互联网来进行调查。此种问卷不受时间、空间限制，便于获得大量信息，特别是对于敏感性问题，相对而言更容易获得满意的答案。

1.1.3 按照问题形式分类

根据回答问题的形式，可分为开放式问卷和封闭式问卷两种。

（1）开放式问卷：不给应答者任何限制，完全由应答者自由回答。对一些未知的问题进行探查时，最好也使用开放式问卷，这样我们可以初步了解答案的一般范围、平均水平，为今后进一步的研究打下基础。

（2）封闭式问卷：将问题的内容和可选择的答案做了精心的设计，被调查者只能按照问卷所提供的答案进行选择，无法进行自由的发挥。

1.1.4 按照结构分类

根据结构，可分为无结构型问卷和结构型问卷两种。

（1）无结构型问卷是指对问卷中所提的问题没有在组织结构上进行严密的设计安排，只是围绕调查研究目的来提一些问题。因此，无结构型问卷从形式上来说一般都是开放式问卷，问卷中没有可供被调查者选择的选项，被调查者可以根据自己的意愿自由地回答。这种形式的问卷通常用于某种研究的试测阶段，或是某种专题研究的深入调查。

（2）结构型问卷是根据研究目的和主题精心设计的有具体结构的问卷。例如，在电视节目的听众调查中，整个问卷包含了被调查者的背景情况如职业、年龄、性别、文化程度等，视听目的如娱乐、增长知识、消磨时间等，视听兴趣如很喜欢、喜欢、不喜欢等一系列问题。其形式可以是封闭式的，也可以有部分开放式问题。我们常用的问卷是结构型的封闭式问卷。

问卷是一种融标准化和统一化于一体的数据收集方法，不仅规定了标准的用语，而且在结构上规定了统一的顺序，这样才能保证访谈调查的效度与信度，因此，问卷设计在整个调查过程中处于中心地位。

1.2 市场调查问卷的结构

不同的调查问卷在具体结构、题型、措辞、版式等设计上会有所不同，但在结构上一般都由开头部分、甄别部分、主体部分和背景部分组成。

1.2.1 开头部分

开头部分一般包括问候语、填表说明和过程记录项目等内容，不同的问卷开头部分所包括的内容会有一定差别，见图6-1。

```
一审：_____        问卷编号：_____
二审：_____        访问员编号：_____


            漂白剂概念使用测试问卷

女士：
    您好，我是环球市场研究社的访问员，我们正在进行一次有关家用
清洁用品的访问，您是否愿意回答下面一些问题呢？
    多谢您的合作！
    姓名：_____        电话：_____
    地址：_____
    时间：___月___日___时___分至___时___分。时间共计：____分

        ┌─────────────────────────────────────┐
        │ 访问员保证：我保证本问卷所填写的各项资料皆由  │
        │             我本人依照作业程序规定访问所得，   │
        │             绝对真实无欺，若有一份作假，我所   │
        │             完成的全部问卷一律作废，并赔偿公   │
        │             司损失。                          │
        └─────────────────────────────────────┘
```

图6-1

1.2.2 甄别部分

甄别也称为过滤，它是先对被调查者进行过滤，筛选掉不合格的被调查者，然后

针对特定的被调查者进行调查。

通过甄别或过滤，一方面可以筛选掉与调查事项有直接关系的人，以达到避嫌的目的；另一方面，也可以确定哪些人是合格的被调查者，哪些人不是。甄别的目的是确保被调查者合格，能够作为该市场调查项目的代表，从而符合调查研究的需要（见图6-2）。

```
                        甄别问卷
因我们的问题只是针对某一部分人，故先提问以下几个问题：
S1. 请问您是本地居民吗？（单选）
      是------------------------------------------1
      不是-----------------------------------------2终止

S2. ［出示卡片］请问您或您的家人是否从事下列职业？（单选）
      市场研究、广告、公共关系公司-----------------------------1终止
      市场调查、咨询公司----------------------------------2终止
      新闻媒介（电台、电视台、报社、杂志社等）----------3终止
      清洁用品生产销售部门-------------------------------4终止
      以上均无---------------------------------------5
```

图 6-2

1.2.3 主体部分

该部分是调查问卷的核心内容，包括了所要调查的全部问题，以及这些问题的所有可供选择的答案。问卷的这部分内容通常在数据分析中承担因变量的角色，最为市场调查研究人员所关注，也是后面讨论的焦点（见图6-3）。

```
                        主体问卷
访问员：出示概念板及瓶子，大声读出概念。此后，收起所有的概念板及瓶子。
Q1：假设您必须向您的朋友解释刚才您看到的产品，您会说些什么？还有呢？
      _____
      _____
      _____

Q2：根据您的理解，在我刚刚给您读出的产品介绍中，产品制造商想传达的主要
信息或者最重要的内容是什么？
第一提及：_____
      _____

还有吗？（记录所有答案）
```

图 6-3

1.2.4　背景部分

背景部分通常放在问卷的最后，主要是有关被调查者的一些背景资料。这部分所包含的各项问题，通常在数据分析中承担自变量角色，可使研究者根据背景资料对被调查者进行分类比较分析（见图 6-4）。

背景情况问卷

B1：［出示卡片］请告诉我您的职业？（单选）

专业/技术人员/教师/医生-- 1

机关干部/事业单位工作人员-- 2

企业管理人员-- 3

企业单位职工/雇员--- 4

离退休人员-- 5

个体户-- 6

待业人员-- 7

家庭主妇-- 8

其他--（　）

B2：［出示卡片］请问您的教育程度？（单选）

初中或以下-- 1

高中或技校-- 2

大专-- 3

大学或以上-- 4

图 6-4

📁 **典型案例**

大学生精神文化消费调查问卷

1. 你经常逛书店吗？（　）

　　A. 经常　B. 有时　C. 很少　D. 从不

2. 你订阅报纸吗？（　）

　　A. 有　B. 无

3. 你喜欢看报纸的哪一类文章？（　）（可多选）

　　A. 时事政治　B. 体育　C. 娱乐　D. 文艺　E. 其他

4. 你喜欢看书吗？（　）

A. 喜欢   B. 不喜欢

5. 你喜欢看的书有（   ）。

A. 文艺百科   B. 科幻   C. 中外名著   D. 漫画   E. 言情

F. 武侠   G. 其他

6. 你所看的书的来源有（   ）。

A. 朋友借的   B. 图书馆借的   C. 买的   D. 学校发的

E. 租的   F. 其他

7. 你是否常因为学习而不得不放弃读课外书的时间？（   ）

A. 是   B. 否

8. 你以为书的价格如何？（   ）

A. 贵   B. 较贵   C. 一般   D. 便宜

9. 你一周花费在书、报上的钱大约为（   ）。

A. 低于 10 元   B. 10～30 元   C. 30～50 元   D. 50 元以上

10. 你经常上网吗？（   ）

A. 经常   B. 有时   C. 很少   D. 从不

11. 你一周的上网时间？（   ）

A. 低于 3 小时   B. 5 小时内   C. 10 小时内   D. 20 小时   E. 更多

12. 你在哪儿上网？（   ）

A. 网吧   B. 家中   C. 学校   D. 其他

13. 你上网做什么？（   ）（可多选）

A. 聊天   B. 查资料   C. 游戏   D. 购物   E. 其他

14. 你觉得上网费用如何？（   ）

A. 贵   B. 较贵   C. 一般   D. 便宜

15. 你觉得上网会影响学习吗？（   ）

A. 会   B. 不会   C. 不一定

请指出上述调查问卷需要改进的地方。

点评

1. 调查问卷要有前言；

2. 要让每个被调查者都只需回答适合自己的问题；

3. 调查内容设计是否完善？精神文化消费包括哪些内容？

4. 是否有必要了解被调查者的背景（性别、年龄阶层、职业的情况）？

★ 修改后的前言设计：这是一份关注大学生精神文化消费的问卷，请在每道题后的括号里填上最适合你实际情况的选项号码。本次调查不记名，请勿担心它会给你带来任何的麻烦。请你与我们配合，我们将不胜感激！

★ 设计跳跃式选题：

10. 你经常上网吗？（　　）

    A. 经常　B. 有时　C. 很少　D. 从不

（本项选 D 者，请跳过 11 ~ 13 题，从第 14 题开始作答。）

子任务 2　调查问卷设计的原则与程序

成功的问卷设计应该具备两个功能：一是能将所要调查的问题明确地传达给被调查者；二是设法取得对方合作，并取得真实、准确的答案。但在实际调查中，由于被调查者的个性不同，他们的教育水准、理解能力、道德标准、宗教信仰、生活习惯、职业和家庭背景等都具有较大差异，加上调查者本身的专业知识与技能高低不同，将会给调查者带来困难，并影响调查的结果。具体表现为以下几个方面。

（1）被调查者不了解或是误解问句的含义，不是无法回答就是答非所问。

（2）回答者虽了解问句的含义，愿意回答，但是自己记忆不清应有的答案。

（3）回答者了解问句的含义，也具备回答的条件，但不愿意回答，即拒答。具体表现如下。

第一，被调查者对问题毫无兴趣。导致这种情况发生的主要原因是对问卷主题没有兴趣，问卷设计呆板、枯燥，调查环境和时间不适宜。

第二，对问卷有畏难情绪。当问卷时间太长、内容过多、较难回答时，常会导致被调查者在开始或中途放弃回答，影响问卷的回收率和回答率。

第三，对问卷提问内容有所顾虑，即担心如实填写会给自己带来麻烦。其结果是不回答，或随意作答，甚至做出迎合调查者意图的回答，这种情况的发生是调查资料失真的最主要原因。例如，在询问被调查者每月收入时，如被调查者每月收入超过 3 000 元时，他就会将纳税联系在一起，从而有意压低收入的数字。

第四，回答者愿意回答，但无能力回答，包括回答者不善于表达意见，不适合回答此类问题等。例如，当询问消费者购买某种商品的动机时，有些消费者对"动机"的含义不了解，很难做出具体回答。

为了克服上述困难，完成问卷的两个主要功能，问卷设计时应遵循一定的原则和程序。

2.1 市场调查问卷设计的原则

1．目的性原则

问卷调查是通过向被调查者询问问题来进行市场调查工作的，所以，询问的问题必须是与调查主题有密切联系的问题。这就要求调研人员在设计市场调查问卷时，重点突出，避免可有可无的问题，并把主题分解为更详细的细目，即把它分别设计成具体的询问形式供被调查者回答。

2．可接受性原则

调查问卷的设计要能比较容易地被调查者接受。由于被调查者对是否参加调查有着绝对的自由，他们既可以采取合作的态度，接受调查；也可以采取不合作的行为，拒绝问答。因此，请求合作就成为问卷设计中一个十分重要的问题。应在问卷说明词中将调查目的明确地告诉被调查者，让对方知道该项市场调查的意义和其自身回答对整个调查结果的重要性。问卷说明要亲切、温和；提问部分要自然、清楚，有礼貌和有趣味，必要时可采用一些物质鼓励，并代被调查者保密，以消除其某种心理压力，使被调查者自愿参与，认真填好问卷。此外，还应使用适合被调查者身份、水平的用语，尽量避免列入一些会令被调查者难堪或反感的问题。

3．顺序性原则

顺序性原则是指在设计问卷时，要讲究问卷的排列顺序，使问卷条理清楚、顺理成章，以提高回答问题的效果。问卷中的问题一般可按下列顺序排列。

（1）容易回答的问答（如行为性问题）放在前面；较难回答的问题（如态度性问题）放在中间；敏感性问题（如动机性、涉及隐私等问题）放在后面；关于个人情况的事实性问题放在末尾。

（2）封闭性问题放在前面；开放性问题放在后面。这是由于封闭性问题已由设计者列出备选的全部答案，较易回答，而开放性问题需被调查者花费一些时间考虑，放在前面易使被调查者产生畏难情绪。

（3）要注意问题的逻辑顺序，如可按时间顺序、类别顺序等合理排列。

［例］

Q1．最近一星期内您饮用过 A 牛奶吗？

（1）饮用过　（2）没有饮用过

Q2．（对于饮用过 A 牛奶的受访者）请问您饮用的 A 牛奶是什么口味的？

（1）可可（朱古力）　（2）草莓　（3）纯牛奶

Q3．（对于饮用可可口味的受访者）请您对可可口味的 A 牛奶的质量、口味作出

下列五个档次的评价。（略）

4．简明性原则

简明性原则主要体现在三个方面。

（1）调查内容要简明。没有价值或无关紧要的问题不要列入，同时要避免出现重复，力求以最少的项目设计必要的、完整的信息资料。

（2）调查时间要简短，问题和整个问卷都不宜过长。设计问卷时，不能单纯从调查者角度出发，而要为被调查者着想。调查内容过多、调查时间过长，都会招致被调查者的反感。通常调查的场合一般都在路上、店内或居民家中。如应答者行色匆匆，或不愿让调查者在家中久留，而有些问卷多达几十页，只会让被调查者望而生畏，一时勉强作答也只是草率应付。根据经验，一般问卷问答时间应该控制在30分钟左右。

（3）问卷设计的形式要简明、易懂、易读。

5．匹配性原则

匹配性原则是指要使被调查者的回答便于进行检查、数据处理和分析。所提问题都应事先考虑到能对问题结果做适当分类和解释，以使所得资料便于交叉分析。

2.2　市场调查问卷设计的程序

问卷设计是由一系列相关工作过程所构成的，为使问卷具有科学性和可行性，需要按照一定的程序进行（见图6-5）。

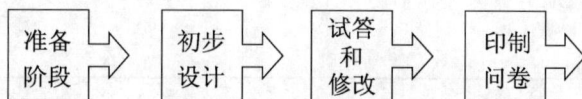

图6-5　问卷设计的程序

1．准备阶段

准备阶段是根据调查问卷需要确定的调查主题范围与调查项目，将所需问卷资料一一列出，分析哪些是主要资料，哪些是次要资料，哪些是调查的必备资料，哪些是可要可不要的资料，并分析哪些资料需要通过问卷来取得，需要向谁调查等，对必要资料加以收集。同时要分析调查对象的各种特征，即分析、了解各被调查对象的社会阶层、行为规范、社会环境等社会特征；文化程度、知识水平、理解能力等文化特征；需求动机、行为等心理特征；以此作为拟定问卷的基础。在此阶段，应充分征求有关各类人员的意见，以了解问卷中可能出现的问题，力求使问卷切合实际，能够充分满足各方面分析研究的需要。可以说，问卷设计的准备阶段是整个问卷设计的基础，是问卷调查能否成功的前提条件。

2．初步设计

在准备工作基础上，设计者就可以根据收集到的资料，按照设计原则设计问卷初稿，主要是确定问卷结构，拟定并编排问题。在初步设计中，首先要标明每项资料需要采用何种方式提问，并尽量详尽地列出各种问题，然后对问题进行检查、筛选、编排，设计每个项目。对提出的每个问题，都要充分考虑是否有必要，能否得到答案。同时，要考虑问卷是否需要编码，或是否需要向被调查者说明调查目的、要求、基本注意事项等。这些都是设计调查问卷时十分重要的工作，必须精心研究、反复推敲。

3．试答和修改

一般说来，所有设计出来的问卷都存在着一些问题，因此，需要将初步设计出来的问卷在小范围内进行试验性调查，以便弄清问卷初稿中存在的问题、了解被调查者是否乐意回答和能够回答所有的问题，哪些语句不清、多余或有遗漏，问题的顺序是否符合逻辑，问答的时间是否过长等。如果发现问题，应做必要的修改，使问卷更加完善。试调查与正式调查的目的是不一样的，它并非要获得完整的问卷，而是要求回答者对问卷各方面提出意见，以便于修改。

4．印制问卷

印制问卷就是将最后定稿的问卷，按照调查工作的需要去印刷、装订，制成正式问卷，供市场调查所用。

📁 **典型案例**

阅读下列问题，指出问卷设计的问题。

1．你经常读的是下面哪类（或几类）报纸？（　）

　　a．×市晚报　b．×省日报　c．人民日报　d．参考消息

　　e．中央广播电视报　f．其他

2．你通常用多长时间读报？（　）

　　a．10分钟以内　b．半小时左右　c．1小时　d．1小时以上

3．你通常每日读几份报纸？

　　a．不读报　b．1份　c．2份　d．3份以上

点评：违背了问卷顺序性原则，正确的顺序应该是：

1．你通常每日读几份报纸？（　　）

　　a．不读报　b．1份　c．2份　d．3份以上

---

2. 你通常用多长时间读报？（　　　）

　　a. 10分钟以内　b. 半小时左右　c. 1小时　d. 1小时以上

3. 你经常读的是下面哪类（或几类）报纸？（　　　）

　　a. ×市晚报　b. ×省日报　c. 人民日报　d. 参考消息

　　e. 中央广播电视报　f. 其他

通过调整顺序，使得以上几个问题的设置紧密相关，因而能够获得比较完整的信息。调查对象也会感到问题集中、提问有章法。相反，假如问题是发散的、带有意识流痕迹的，问卷就会给人以随意性而不是严谨性的感觉。那么，将市场调查作为经营决策的一个科学过程的企业就会对调查失去信心。因此，顺序性的要求是与问卷的条理性、程序性分不开的。在一个综合性的问卷中，调查者应将差异较大的问卷分块设置，从而保证了每个"分块"的问题都密切相关。

子任务3　调查问卷设计技术

3.1　市场调查问卷内容的设计

一份完整的市场调查问卷通常包括标题、问卷说明、调查主题内容、编码、被调查者基本情况、作业证明的记录等内容。

1. 问卷的标题

问卷的标题用于概括说明调查研究主题，以使被调查者对所要回答的问题有一个大致的了解。确定标题应简明扼要，易于引起回答者的兴趣，例如"特许经营公众调查问卷"、"××休闲服装调查问卷"等，而不要简单采用"调查问卷"这样的标题，它容易导致回答者因不必要的怀疑而拒答。

2. 问卷说明

问卷说明旨在向被调查者说明调查的目的、意义。有些问卷还有填表须知、交表时间、地点及其他事项说明等。问卷说明一般放在问卷开头，通过它可以使被调查者了解调查的目的，消除顾虑，并按一定的要求填写问卷。问卷说明既可采取比较简洁、开门见山的方式，也可在问卷说明中进行一定的重点宣传，以引起调查对象对问卷的重视。下面举两个实例加以说明。

[例]

先生/女士：

您好！

我是××公司的访问员，我们正在进行一项有关羊肉市场的调查，能否耽误您几分钟的时间，向您了解一些问题？我们保证得到的信息将全部用作调研之用并对您提供的信息严格保密。希望您配合，谢谢。

[例]

先生/女士：

您好！

近年来，我国广告业蓬勃发展，已成为社会生活和经济活动中不可缺少的一部分，对社会经济的发展起着积极的推动作用。我们进行这次公众广告意识调查，目的是加强社会各阶层人士与国家广告管理机关、广告用户和经营者等各方的沟通和交流，进一步加强和改善广告监督管理工作，促进广告业的健康发展。本次问卷调查并非知识性测验，只要求您根据自己的实际态度选答，不必进行讨论。根据法律的有关规定，对您个人情况实行严格保密。希望您配合，谢谢。

3．调查主题内容

调查的主题内容是调查者所要了解的基本内容，也是调查问卷中最重要的部分。它主要是以提问的形式提供给被调查者，这部分内容设计的好坏直接影响整个调查的价值。主题内容主要包括以下几个方面。

（1）对人们的行为进行调查，包括对被调查者本人的行为进行了解或通过被调查者了解他人的行为。

（2）对人们的行为后果进行调查。

（3）对人们的态度、意见、感觉、偏好等进行调查。

4．编码

编码是将问卷中的调查项目变成数字的工作过程，大多数市场调查问卷均需加以编码，以便分类整理，易于进行计算机处理和统计分析。所以，在设计问卷时，应确定每一个调查项目的编号并为相应的编码做准备。通常是在每一个调查项目的最左边按顺序编号。

5．被调查者基本情况

这是指被调查者的一些主要特征，如在消费者调查中，消费者的性别、年龄、民族、家庭人口、婚姻状况、文化程度、职业、单位、收入、所在地区等，又如在进行企业调查中的企业名称、地址、所有制性质、主管部门、职工人数、商品销售额（或产品销售量）等项目。通过这些项目，便于对调查资料进行统计分组、分析。在实际调查中，列入哪些项目，列入多少项目，应根据调查目的、调查要求而定，并非多多益善。

6．作业证明的记录

在市场调查问卷的最后，附上调查员的姓名、访问日期、时间等，以明确调查人员完成任务的性质。如有必要，还可写上被调查者的姓名、单位或家庭住址、电话等，以便于审核和进一步追踪调查。但对于一些涉及被调查者隐私的问卷，上述内容则不宜列入。

3.2　市场调查问卷形式的设计

市场调查问卷的形式如何，对调查的效果有很大影响。如在邮寄问卷调查时，问卷的形式直接关系到回收率的高低。问卷形式应注意以下几点。

1．问卷大小

如果市场调查问卷设计需用一张 A3 开的纸张，最好采用两张 A4 开的纸张来代替，因为纸张太大会给对方造成心理压力。

2．第一印象

市场调查问卷版面设计应明快、简洁、庄重、认真，选择较优质的纸张，不能粗制滥造，这样能够间接地向被调查者传递出这样的信息："这是一份正式的文件"、"调研机构很重视这次调查活动"等。

3．单面印刷

问题只印刷在问卷的单面，每个问题都必须结对方留下足够的回答空间，如果第一条问题的留空就太紧张，对方将不愿继续回答下去。

4．条理清楚

所有问题的列出必须一目了然，以方便阅读和回答。

5．统一编号

一般每张市场调查问卷都在右上方印上统一编号，以便查阅和管理，这也会让对方感觉到调查的严肃性，有利于收到更好的效果。

3.3　市场调查问卷问句的设计

理想的问句设计应能使调查人员获得所需的信息，同时又便于被调查者轻松、方便地回答问题。这就要求市场调研人员能依据具体的调查内容要求设计、选用合适的问句。

3.3.1 按照标题内容划分

按问题的内容可划分为事实性问句、意见性问句、阐述性问句等。

1. 事实性问句

事实性问句是要求被调查者依据现有的客观事实来回答问题，不必提出主观看法。诸如"您使用的电视机是什么牌子的"、"您家庭的年人均收入是多少"、"您的职业是什么"等，这类问题常用于了解被调查者的特征（如职业、年龄、收入水平、家庭状况、居住条件、受教育程度等）以及与消费商品有关的情况（如产品商标、价格、购买地点、时间、方式等），从中了解某些商品消费的现状。这类问题对调查人员确定某类产品的目标市场有很大的帮助。

事实性问句的主要特点是问题简单、回答方便、调查覆盖面广、调查结果便于统计处理，但也存在着不足，如由于时间长等原因，被调查者对某些事实记忆不清，或由于某些被调查者的心理因素影响，使回答的结果在一定程度上失真。

[例] Q. 您的家庭月收入是（　　）。

（1）1 500 元以下　　　　（2）1 500 ~ 2 000 元
（3）2 001 ~ 2 500 元　　　（4）2 501 ~ 3 000 元
（5）3 000 元以上

2. 意见性问句

意见性问句又叫态度性问句，主要用于了解被调查者对有关问题的意见、看法、要求和打算，例如"您希望购买哪种品牌的电视机"、"您打算何时购买液晶电视机"等。这类问题可以帮助调查人员了解被调查者对商品的需求意向，使企业能够根据消费者需求不断改进产品设计，经营对路的商品，从而增强企业的生存能力。

意见性问句的主要特点是从这类询问中可以广泛地了解消费者对需求的要求、打算、意见，为决策者提供未来需求信息。但它也存在着不足：其一，这类询问仅能用于了解被调查者的意见、看法，而无法了解产生这些意见、看法的真正内在原因。如上面提到的问题——"你希望购买哪种品牌的电视机"，询问这一问题，调查者只能知道消费者喜欢哪种品牌的电视机，并不能了解消费者究竟喜欢这种牌子的哪些方面，是质量、式样、价格还是其他，等等。其二，这类问题在一定程度上受心理因素影响，如在了解消费打算等问题时，被调查者会因涉及家庭财产问题而不愿说真话等。

[例] Q. 您对所品尝的饮料口味评价情况是（　　）。

（1）很好　　（2）较好　　（3）一般　　（4）较差　　（5）很差

3．阐述性问句

阐述性问句（又称动机性问句）主要被用于了解被调查者消费的行为、意见、看法等产生的原因。根据询问是否给出问题的选择答案，相应的可分为封闭式阐述询问和开放式阐述询问。这类询问可以在一定程度上弥补事实询问存在的不足。如前面提到的事实询问"你希望购买哪种品牌的电视机"，若想进一步了解购买行为的原因，可提出"您为什么希望购买这种品牌的电视机"，这就是阐述性询问。

阐述性问句的主要特点是能够用于较为深入地了解消费者的心理活动，从而找到问题及其产生的原因，为解决问题提供依据。但是这种询问也存在不足：其一是结果统计较为复杂，尤其是开放式的阐述性问句，答复的结果不易整理；其二是此类问题涉及被调查者的主观因素较前面两种询问多，被调查者会因各种原因而回避问题，或只讲问题的次要方面，从而使调查结果的真实性受到影响。

[例] Q. 您选用高露洁牙膏的原因是什么？_____

还有呢？_____

3.3.2 按照受访者的回答形式划分

按照受访者回答的形式可以把各种形式的问句归纳为两类：一类是开放性问句，一类是封闭性问句。具体如图 6-6 所示。

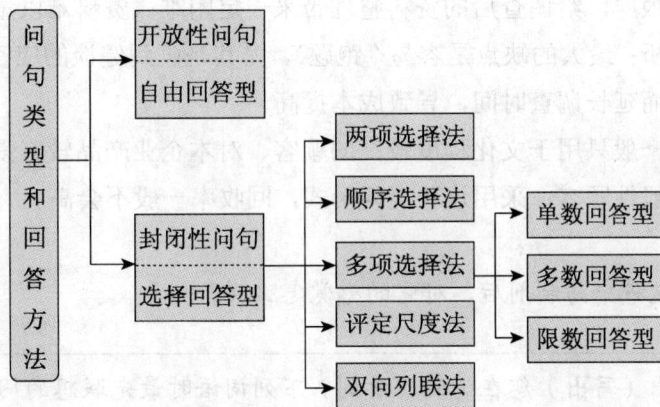

图 6-6

1．开放性问题

开放性问题是指对问题的回答未提供任何具体的答案，由被调查者根据自己的想法自由作出回答，属于自由回答型。

表 6-1 开放式问题的主要形式

形式	解释	举例
完全同意	任意发挥	您对本旅行社有何意见或建议
连字式	提供相应的字词让对方发挥	当听到下列词时,您想到的是什么? 旅行社_____;九寨沟_____;旅行_____
完成句子	请对方完成一个未完成的句子	我出去旅行时,选择旅行社的标准是:_____
续成故事	请对方发挥想象,完成一个未完成的故事	我来到旅行社前,走下出租车……(请您完成下面的故事)
看图说话	提供一幅画请对方做描述	(略)

开放性问题的优点:问话气氛轻松,应答者不会感到拘束,能收集更深层次的信息,特别适用于那些尚未弄清各种可能答案或潜在答案类型较多的问题,适合于某些意愿调查;可以使被调查者充分表达自己的意见和想法,有利于被调查者发挥自己的创造性。

开放性问题的缺点:由于不给应答者任何限制,所以可能出现各种各样的答案,差异很大、范围很广,给调查后的资料整理带来一定困难;资料难以量化,因此无法作深入的统计分析;最大的缺点是容易"跑题",尤其是碰到健谈的应答者,可能把问题引得很远,因而延长调查时间,导致成本提高。

开放性问题一般只用于文化程度较高的顾客、对本企业产品较喜爱的忠诚顾客的调查。如果对一般性顾客,采用这种提问形式,回收率一般不会高。

[例]

Q. 您服用这种中药制剂后,对它的感觉怎么样?

_____

Q. 请您说出(写出)您在听到(看到)下列词语时最先联想的词语:

微波炉:_____

Q. 请您在听到"摩丝"这一词语后按提示的词语说出引发的相关联想:

联想提示:硬扎、服帖、蓬松_____

2. 封闭性问题

封闭性问题是指事先列出了各种可能答案由被调查者从中选择。这种问题的优点在于非常简明,一下就深入到问题的实质,比较经济。但同时这也成为其缺点,由于封闭式的答案是固定的，所以答案也就比较简单。

封闭性问题的答案标准化，这有利于被调查者对问题的理解和回答，同时也有利于调查后的资料整理。但封闭性问题对答案的要求较高，对一些比较复杂的问题，有时很难把答案设计周全。一旦设计有缺陷，被调查者就可能无法回答问题，从而影响调查的质量。因此，如何设计好封闭性问题的答案，是问卷设计中的一项重要内容。

封闭性问题的答案是选择回答型，所以设计出的答案一定要穷尽和互斥。穷尽即要求列出问题的所有答案，不能有遗漏。对有些问题，当答案不能穷尽时，则加上"其他"一类，以保证被调查者能有所选择或回答。互斥即要求各答案间不能相互重叠或包容。

根据提问项目或内容的不同，封闭性问题回答的设计方法主要有两项选择法、多项选择法、顺序选择法、评定尺度法、双向列联法、配对比较法、语意差别法七种。

（1）两项选择法

两项选择法又称是否式问句，答案只有两项，要求被调查者选择其中之一来回答。

[例] 您是否打算在近三年内购买住房？ 是（ ） 否（ ）

您以前是否看到过免费换赠活动？ 是（ ） 否（ ）

这种问句回答简单，调查结果易于统计归类。但这种问句也有一定的局限性，主要是被调查者不能表达意见程度差别，回答只有"是"与"否"两种选择。若被调查者还没有考虑好这个问题，即处于"未定"状态，则无从表达意愿。

（2）多项选择法

多项选择法是在设计问卷时，对一个问题给出三个或三个以上的答案，让被调查者从中选择进行回答。根据要求选择的答案多少不同，多项选择法有以下三种选择类型。

① 单数回答型

要求被调查者对所给出的问题答案选择其中的一项。

[例] 如果给你人民币 200 元，下列哪一项商品是你的首选？

A. 旅游券 B. CD 碟片 C. 衣服 D. 体育用具 E. 书籍

F. 自行车 G. 滚筒滑冰鞋 H. 外出进餐 I. 其他＿＿＿＿＿

② 复数回答型

要求被调查者在所给出的问题答案中选出自己认为合适的答案，数量不受限制。

[例] 请问您平常较多接触的是哪种媒体广告？

A. 报纸广告 B. 电视广告 C. 网络广告 D. 灯箱广告

E. 杂志广告 F. 其他

③ 限数回答型

要求被调查者在所给出的问题答案中选出自己认为合适的答案，但数量受一定限制。

多项选择式问句保留了是否式询问的回答简单、结果易整理的优点，避免了是否式问句的不足，能有效地表达意见的差异程度，是一种应用较为广泛、灵活的询问形式。使用这种问句有一点值得注意，即在设计选择答案时，应结合调查实际考虑所有可能出现的答案；否则，会使得到的信息不够全面、客观。

（3）顺序选择法

顺序选择法的问题答案也有多个，要求被调查者在回答时，对所选的答案按要求的顺序或重要程度加以排列。其中，对所选的答案数量可以进行一定的限制，也可以不进行限制。

[例] 您在选购电视机对，对下列各项，请按照您认为的重要程度以 1、2、3、4 为序号进行排序：

    A. 图像清晰（　　）   B. 音质好（　　）

    C. 外形漂亮（　　）   D. 使用寿命长（　　）

也可以对不同牌号的同类产品的喜爱程度进行排序。

[例] 下列牌号牙膏中，请根据您的喜爱程度以1、2、3、4、5、6为序号进行排序：

    A. 佳洁士（　　）   B. 高露洁（　　）   C. 中华（　　）   D. 两面针（　　）

    E. 康齿灵（　　）   F. 云南白药（　　）

这种询问方式回答较为简单，易于归类统计，但须注意避免可供选择的答案的片面性。

（4）评定尺度法

评定尺度法中的问题答案，由表示不同等级的形容词组成，并按照一定的程度排序，由被调查者依次选择。

[例] 你对我厂生产的自行车质量有何看法？请在相应的（　　）中打"√"。

    很好（　　）   较好（　　）   一般（　　）   较差（　　）   很差（　　）

将全部调查表汇总后，通过总分统计，可以了解被调查者的大致态度。若总分为正分，表明被调查者的总体看法是肯定的；若总分为零分，表明肯定与否定意见持平；若总分为负数，则表明总体上持否定看法。

评定尺度法又称量表法，量表是一种工具，旨在将一些主观、抽象的概念定量化。在市场调查中，量表通常是将态度量化的工具，故很多文献干脆视量表为态度量表的简称。

根据所测量的变量有四种级别，量表也从低级到高级有四种水平，分别是"定类量表"、"定序量表"、"定距量表"、"定比量表"，每个量表都有各自不同的统计分析方法。

① 定类量表可对研究客体进行平行的分类或分组，使同类同质、异类异质。例如，按照性别将人口分为男、女两类；按照经济性质将企业分为国有、集体、私营、混合制企业等。这里的"性别"和"经济性质"就是两种定类尺度。定类尺度是最粗略、计量层次最低的计量尺度，利用它只可测度事物之间的类别差，而不能了解各类之间的其他差别。

[例]"您家里的空调机是什么牌子？"

    A．科龙　B．美的　C．海尔　D．春兰　E．三菱

    F．松下　G．开利　H．珍宝　I．惠而浦　J．其他

[例] 请问您所在单位属于哪种行业？

    A．农产品加工工业　B．生物制药业　C．信息产业　D．教育

② 定序量表是一种排序量表，它比定类量表的水平高，不仅指明了各类别，同时还对个体给出数字表示其具有某种特征的相对程度，如销量的顺序、质量等级等。这里给出的只是相对的程度，并不能指明其绝对差距。定序量表一般是关于看法或态度的问题，普通的等级有：

A．非常重要/重要/一般/不重要/不知道

B．很好/好/一般/不好/很不好

C．非常同意/同意/无所谓/不同意/非常不同意

例如"产品等级"就是一种测度产品质量好坏的顺序尺度，它可将产品分为一等品、二等品、三等品、次品等；"考试成绩"也是一种顺序尺度，它可将成绩分为优、良、中、及格、不及格等；"对某一事物的态度"作为一种顺序尺度，可将人们的态度分为非常同意、同意、保持中立、不同意、非常不同意，等等。

③ 定距量表比定序量表又进了一步，它不仅指明大小，而且还给出距离，以表示对应个体在所测量特征之间距离的相同数值，即可以让我们比较个体之间的实际差值，它就等于定距量表上对应值之差，但它没有绝对零点。量表上 1 与 2 之差等于 3 与 4 之差。在调查中，用得分给出的态度数据、满意度数据等也常按定距数据来处理。可以运用定距量表测量数据的统计方法除了适用于定类量表和定序量表的全部方法之外，还可以计算算术平均值、标准差、积距相关系数、T 检验和 F 检验等。

例如，收入用人民币"元"度量，考试成绩用"百分制"度量，温度用摄氏或华氏的"度"来度量，重量用"克"度量，长度用"米"度量等。区间尺度的计量结果表现为数值。区间尺度的数值可做加、减法运算，例如，考试成绩 80 分与 90 分之间相差 10 分，一个地区的温度 20°C 与另一个地区的 25°C 相差 5°C，等等。但不能做乘、除法运算。而且，区间尺度没有绝对的零点。

④ 定比量表具有定类量表、定序量表和定距量表所有属性，还具有绝对零点。例

如，"您家平均每月收入____元人民币"、"您家每月购买____瓶××品牌的洗发水"。定比量表常见的例子还有对出生率、性别比例、工资增长速度等反映两个数值之间的比例或比率关系的测量。定比量表的数量化程度比定距量表更高了一个层次。其测量结果不仅能进行加减运算，而且可以进行乘除运算，并能作各种统计分析。

（5）双向列联法

这种方法是将两类不同问题综合到一起，通常用表格来表现，表的横向是一类问题，纵向是另一类问题。这种问题结构可以反映两方面因素的综合作用，提供单一类型问题无法提供的信息，同时也可以节省问卷的篇幅。

（6）配对比较法

这种方法是设计一组具有两个不同选项的问题，要求受访者从每个问题的一对选项中选择一项作为答案。由于问题的选项是成对的，且每对选项彼此相异、分布平衡，可以消除单项设计所难免的偏向。使用配对比较法提供了较多的两两比较的详细内容。

[例] 请您从下列每一对牌子的碳酸饮料中选择最喜欢喝的一种：

□ 可口可乐	□ 百事可乐
□ 雪 碧	□ 七 喜
□ 可口可乐	□ 非常可乐
□ 非常可乐	□ 百事可乐
□ 美年达	□ 芬 达

（7）语意差别法

语意差别法是设计一组具有两个相反选项的问题，并将其作为极端情况，在两个极端之间指定等距分值（例如 1～5 或 1～10 等），要求受访者从每个问题的两个极端之间中选择一个分值作为答案。与配对比较法相似是由于问题的选项是成对的，且每对选项彼此相异、分布平衡，可以消除单项设计所难免的偏向。不同的是语意差别法采用的是以打分来刻画差别，而不是直接选择答项。

[例]

表 6-2　调查消费者对某超市的看法

	-3	-2	-1	0	1	2	3	
服务不周								服务周到
店址不便								店址方便
等候过长								等候不长
环境不佳								环境良好

3.3.3　问题顺序的设计

设计问题的顺序时，应注意以下几点。

1．问题的安排应具有逻辑性

设计问卷时，问题的安排应具有逻辑性，以符合被调查者的思维习惯，使之能够顺利地提供确切的答案。

2．问题的安排应先易后难

把简单、受人关注、有趣和容易回答的问题放在前面，而复杂、平淡寡味和较难的问题则放在后面，这会使被调查者在一开始就感到轻松、有趣，有意愿且有信心继续回答下去。如果让被调查者一开始就感到很难回答，就会影响他们回答的情绪和积极性。

3．问题排列的一般顺序

构成问卷的一系列问题不能随意排列，前文已介绍的关于问卷四个部分的顺序，可以看成四类问题的总的顺序，但是每个部分特别是主体部分内部的问题排列顺序是另外一回事。主体部分内部的问题排列顺序要具有逻辑性，要有助于与受访者的沟通。

3.3.4　市场调查问卷措辞设计技巧

对问卷设计措辞总的要求是：问卷中的问句表达要简明、生动，注意概念的准确性，避免提似是而非的问题，具体应注意以下几点。

1．避免提一般性的问题

一般性问题对实际调查工作并无指导意义，如"您对某百货商场的印象如何"这样的问题过于笼统，很难达到预期效果，可具体问："您认为某百货商场商品品种是否齐全、营业时间是否恰当、服务态度怎样？"

2．避免用不确切的词

例如，"普通"、"经常"、"一些"等词，以及一些形容词如"美丽"等，这类词语，各人理解往往不同，在问卷设计中应避免或减少使用。又如，"你是否经常购买洗发液？"回答者并不知道"经常"是指一周、一个月还是一年，可以改问"你上月共购买了几瓶洗发液？"

3．避免使用含糊不清的句子

例如，"你最近是出门旅游，还是休息？"出门旅游也是休息的一种形式，它和休息并不存在选择关系，正确的问法是："你最近是出门旅游，还是在家休息？"

4．避免提断定性的问题

例如，"你一天抽多少支烟？"这种问题即为断定性问题，被调查者如果根本不抽烟，就会无法回答。正确的处理办法是此问题可加一条"过滤"性问题，即"你抽烟吗？"如果回答者回答"是"，可继续提问，否则就可终止提问。

5．避免提令被调查者难堪的问题

如果有些问题非问不可，也不能只顾自己的需要穷追不舍，应考虑回答者的自尊心。如直接询问女士年龄也是不太礼貌的，可列出年龄段：20 岁以下，20～30 岁，30～40 岁，40 岁以上，由被调查者挑选。

6．问句要考虑到时间性

时间过久的问题易使人遗忘，例如，"您去年家庭的生活费支出是多少？用于食品、衣服分别为多少？"除非被调查者连续记账，否则很难回答出来。一般可问："您家上月生活费支出是多少？"显然，这样缩小时间范围可使问题回忆起来较容易，答案也比较准确。

7．拟定问句要有明确的界限

对于年龄、家庭人口、经济收入等调查项目，通常会产生有歧义的理解，如年龄有虚岁、实岁，家庭人口有常住人口和生活费开支在一起的人口，收入是仅指工资，还是包括奖金、补贴、其他收入、实物发放折算收入在内，如果调查者对此没有很明确的界定，调查结果也很难达到预期要求。

8．问句要具体

一个问句最好只问一个要点，一个问句中如果包含过多询问内容，会使回答者无从答起，也会给统计处理带来困难。防止出现此类问题的办法是分离语句中的提问部分，使得一个语句只问一个要点。

9．不要过多假设，这是一个相当普遍的错误

问题撰写者默认了人们的一些知识、态度和行为。例如，您对政府关于枪支控制的立场倾向于同意还是反对？这一问题假设了应答者知道政府对枪支控制有一个立场并知道立场是什么。

10．避免引导性提问

如果提出的问题不是"取中"的，而是暗示出调查者的观点和见解，力求使回答者跟着这种倾向回答，这种提问就是"引导性提问"。例如，"消费者普遍认为××牌子的冰箱好，你的印象如何？"引导性提问会导致两个不良后果：一是被调查者不加思考就同意所引导问题中暗示的结论；二是由于引导性提问大多是引用权威或大多数人的态度，被调查者考虑到这个结论既然已经是普遍的结论，就会产生心理上的顺向反应。此外，对于一些敏感性问题，应答者在引导性提问下，有时会不敢表达其他想法。因此，这种提问是调查的大忌，常常会引出和事实相反的结论。

11．穷尽性原则

该原则是指每个问题中所列出的备选答案应包括所有可能的回答。这是为了使所

有被调查者都能在给定的备选答案中至少选择出一项适合自己回答的答案，不至于因所列出的答案中没有合适的答案可选而放弃回答。

[例] 您家目前的收支情况是；

        ①较多节余　　②略有节余　　③收支平衡

对该问题若只设计以上三个备选答案就违背了穷尽性原则。这三个答案反映的都是"顺差"的情况，而对于"逆差"的情况却没有反映。因此，必须加上第四个备选答案——"入不敷出"，这时答案才穷尽了。

12. 互斥性原则

该原则是指每个问题中所有备选答案必须互不相容、互不重叠。互斥性是为了避免被调查者在选择时出现双重选择的现象。

[例] 您每月平均支出中花费最多的是哪项？

        ①食品　②服装　③书籍　④报刊　⑤日用品

        ⑥娱乐　⑦交际　⑧饮料　⑨其他

备选答案中食品和饮料、书籍和报刊等都不是互斥的。

【拓展阅读】

市场调查问卷设计的几类常见错误及纠正

问卷调查法是目前市场调查中的一种常用方法，由于它具有简明、通俗、客观、真实、反馈快、保密性好等特点，已被越来越多的企业（公司）、市场研究与咨询机构等所采用。如何通过卷调查活动获取准确、全面而又有价值和符合要求的资料，关键在于能否设计出一份高质量的调查问卷表。目前，问卷设计中的问题主要表现在以下几个方面。

1. 问题定义不准确

例如，"您使用哪个牌子的洗发液？"这个问题表面上有一个清楚的主题，但仔细分析会发现很多地方含糊不清，假如被调查者使用过一个以上的洗发液品牌，则他对此可能会有四种不同的理解或回答：（1）回答最喜欢用的洗发液品牌；（2）回答最常用的洗发液品牌（最常用并不一定是最喜欢用的，例如受支付能力的影响）；（3）回答最近在用的洗发液品牌；（4）回答此刻最先想到的洗发液品牌。另外，在使用时间上也不明确——上一次？上一周？上一月？上一年甚至更长时间？这些都可由被调查者随意理解。这样的问题显然无助于收集准确的资料，因此明确定义问题极其重要，以下几条或许会对你有所帮助。

（1）采取六要素明确法，即在问题中尽量明确什么人、什么时间、什么地点、做什么、为什么做、如何做。

（2）避免使用含糊的形容词、副词，特别是在描述时间、数量、频率、价格等情况的时候。

（3）避免问题中含有隐藏的选择和选择后果，使隐藏的选择和后果明晰化。

2. 问题形式不妥当

问题的形式多种多样，大的可分为开放式、是非式、选择式、排序式、评分式、联想式等；小的则涉及一些语言技巧的运用和处理。问题形式的选择具有相当的艺术性，合理的形式选择与处理应使被调查者愿意，并且以最小的努力就能提供客观、真实的答案。不恰当的形式选择会导致被调查者不愿意或不能够提供问题所要求的信息。问题形式的选择应注意以下几点：

（1）避免问题中包含过多的计算；

（2）避免单纯依靠被调查者的记忆回答问题，应提供一定的提示或选择；

（3）避免直接问窘迫性问题（窘迫性问题是指应答者不愿在调查人员面前作答的某些问题）；

（4）避免出现诱导性倾向，提问应尽量客观。

3. 问题顺序不正确

问题顺序的安排有一定的规律可循。正确的排序应该合乎问题之间的逻辑，前后连贯、先易后难，避免因顺序的安排不当而导致访问中止。在进行问题顺序安排时可参考以下几点。

（1）基本信息应安排在最前，分类信息居中，鉴别性信息放在最后。调查信息主要包括了三种信息类型：第一类是基本信息，是达到研究目标所必需的信息，如对产品、价格、分销、促销信息的调查；第二类是分类资料，即将被调查人按年龄、性别、职业等予以分组归类的资料；第三类是鉴别性信息，如被调查人的姓名、住址等。一般来说，应将最主要问题（基本信息）置于最前面，然后列举后两类问题，只要前面的问题得到回答，那么后面的问题如果被调查者不愿回答或因事中止也就无关大局了。

（2）先易后难。容易、直观、清楚的问题置前，困难、复杂、敏感、窘迫的问题置后。

（3）总括性问题应先于特定性问题。

4. 问题取舍不合理

问题的数量必须合理，应该既能保证收集到全面的资料，又尽量保持问卷的简短，同时也尽力使问卷整体连贯、和谐、生动，能调动被调查者的积极性。问题的取舍应注意以下几点。

（1）按调查主题组织问题，每个问题都应有益于调查信息的取得。

（2）为了融洽调查气氛，不至于过于严肃、呆板，可以设置一些表面上与调查主题无关，但实质上有益于调查的问题。

（3）为节省调查时间，保证被调查者符合调查对象的标准，可以在问卷开始设置一个"过滤性"问题，检查被调查者的合格性。

5．问卷排版装订不雅观

问卷的排版装订也是问卷设计的重要内容。排版应做到简洁、明快、便于阅读，装订应整齐、雅观、便于携带，便于保存。问卷的排版装订可参考以下几点。

（1）应避免为节省用纸而挤压卷面空间。如多项选择题的选项，应采用竖排形式。

（2）同一个问题，应排在同一页，以避免翻页对照的麻烦和漏题的现象发生。

（3）问卷的问题按信息的性质可分为几个部分，每个部分中间以标题相分，如第一部分、第二部分，这样可以使整个问卷更为清楚，也便于后阶段的数据整理与统计。

（4）调查问卷用纸尽量精良；超过一定的页数，应把它们装订成册，配上封皮和封尾。

点评：市场调查问卷的设计是一个比较复杂的过程，在设计的时候要遵循相关的原则和注意事项，只有这样才能设计出合格的问卷，才能够得到符合或者接近事实的答案。

子任务 4　实训项目

4.1　课内实训

实训内容

某班级两个不同的研究小组 A、B 都选择了"如何利用音乐调节人的情绪"作为研究课题，在选择研究方法时也都确定了问卷调查为其中一项重要方法。两组同学经过认真设计，都拿着打印好的调查问卷分别深入到同学中进行调查。可在收回问卷、整理分析后，两组的调查结果却产生了很大差距，以至于最后研究成果的水平也相差很远。问题究竟出在哪里呢？后来经过老师和同学的比较与分析，发现原因就出在两个小组设计的这两份不同的调查问卷上。

实训要求、步骤

1．分组（自由组合，4～6 人为宜）。请仔细比较一下问卷 A、B 的区别，并结合"调查问卷的主要组成"和"遵循原则"两部分链接，以小组合作的形式，讨论哪份问卷设计得更好及好在哪里。

2．通过比较问卷 A、B 的差别，探讨问卷设计的类型、程序和原则，谈谈设计一份科学、合理的调查问卷应该注意哪些问题？

3．完成一份改进的问卷。通过项目策划训练，要求学生掌握问卷设计的技巧和方法。

实训课时：2 课时。

问卷 A：音乐对情绪的调节作用调查问卷

亲爱的同学：

你好！为了让大家能很好地利用音乐调节自己的情绪，更为了找到一把开启快乐之门的钥匙，让我们的生活更加和谐美好，我们"跳跃音符"调查小组设计了此次调查问卷，希望拿到这份问卷的朋友用心填写，您的回答对我们的研究会很有价值，谢谢！

1. 当你情绪低落时会听什么音乐？

    A. 流行   B. 民族   C. 经典（老歌）   D. 其他_____

2. 当你心情烦躁时会听什么音乐？

    A. 抒情   B. 劲爆   C. 欢快   D. 其他_____

3. 你认为听自己喜欢的音乐能让情绪变得好一点吗？

    A. 可以   B. 不一定   C. 没有效果

4. 为了疏缓内心的压力，排解压抑的情绪，你会听哪种类型的音乐？

    A. 轻音乐   B. 抒情音乐   C. 流行   D. 其他_____

5. 课余时间，你喜欢听哪种音乐作为放松和娱乐？

    A. 爵士乐   B. 古典音乐   C. 流行音乐   D. 其他_____

6. 你认为不同类型的音乐对人的心情有什么不同的影响？（简答题）

    _____

    _____

"跳跃音符"研究小组

问卷 B：音乐与情绪的调查问卷

你好！请配合填写此次调查问卷！谢谢！

1. 你经常听音乐吗？

    A. 经常   B. 有时   C. 偶尔   D. 极少   E. 从不

2. 你认为中学生听音乐的利弊关系是怎样的？

    A. 利大于弊   B. 弊大于利   C. 没关系

3. 人开心的时候一定很喜欢听欢快的音乐？

    A. 是   B. 否

4. 你喜欢的音乐方面的明星是哪个地区的？

    A. 中国   B. 拉美   C. 日韩   D. 欧美

5. 你经常是哪种情绪多一些?

    A. 喜   B. 怒   C. 哀   D. 恐惧

6. 你认为音乐与人的情绪有关系吗?

    A. 关系密切   B. 有点关系   C. 毫无关系   D. 不清楚

7. 你认为情绪低落时人会喜欢听伤感的音乐吗?

    A. 是   B. 否

8. 请你准确地说出音乐的分类: _____

9. 请你准确地说出人的情绪的分类: _____

10. 你喜欢听什么类型的音乐? _____

11. 你认为不同类别的音乐对人的心情有怎样的影响? _____

12. 请你对本次问卷调查做出评价: _____

"跳跃音符"研究小组

4.2 课外实战演练

演练内容

调查以下内容。

1. 大学生应该有怎样的衣着形象。

2. 大学生衣着攀比心理带来的危害。

3. 现阶段大学生衣着观念和状态。

4. 现阶段流行的大学生穿着与正确的大学生衣着观。

5. 过于夸张的服饰对大学生的影响。

演练目的

1. 了解目前大学生的衣着观念存在哪些认识上的误区。

2. 让大学生明白我们现阶段的衣着应注重整洁、得体、协调和舒服,端正以前不正确的认识取向。

3. 消除大学生从衣着反映出的攀比心理。

4. 让大学生认识到不同性格、不同地域乃至不同国情造成了不同的着装风格,最主要的是寻找适合自己的衣着服饰。

5. 通过我们的研究,让大学生更加明确自己对穿着的认识,更好地塑造大学生形象。

演练要求

1. 自由组合调查小组,5~8名同学为1组。

2. 根据以上提供的内容设计调查问卷。

3. 提交导师,由导师和学生共同对问卷进行评价。

小结

通过学习市场调查问卷的基本概念，明确市场调查问卷设计的原则，掌握市场调查问卷设计技术，最终灵活运用市场调查问卷设计技巧，达到会恰当设计市场调查问卷的目的。

学生天地

（一）案例分析

根据下列问卷回答有关问题。

房产电话问卷（房主）

电话号＿＿＿＿＿＿　　日期＿＿＿＿＿＿＿　　时间＿＿＿＿＿＿

你好，我是在和男主人/女主人讲话吗？　（如果不是，请求跟他/她谈话）

我叫＿＿＿＿＿＿，为 MRI——一家营销调研公司工作，我们正在进行一项针对当地居民的营销调研项目；这项调研要解决的是房产评估服务问题。您可不可以帮助我们回答几个问题?您的答复将是保密的，并且只用于综合分析。

1A.　您是住自己家还是租房?

＿＿＿＿＿＿自己家（跳到 1C）　　　　＿＿＿＿＿＿租房（继续 1B）

1B.　如果租房，您计划下一年买房吗?

＿＿＿＿＿＿是　　　　　　　　　　＿＿＿＿＿＿否（终止）

1C.　您家里有人为房产评估商或房产经纪工作吗?

＿＿＿＿＿＿是（终止）　　　　　　　＿＿＿＿＿＿否

1D.　您家里最近有人买房吗?

＿＿＿＿＿＿是　　　　　　　　　　＿＿＿＿＿＿否

2.　您清楚可以获得的房产评估服务吗?

＿＿＿＿＿＿是　　　　　　　　　　＿＿＿＿＿＿否

如果是，有什么看法?

如果否（如下解释）：在房产评估时，一个房产经纪到您要买（或卖）的房子评估它的损害程度或存在的问题，例如电、水、房顶、地基、绝缘性以及很多小的问题。

3.　选择这项服务时，哪个因素对您影响最大?（可以多选）

＿＿＿＿＿＿房产经纪的推荐　　　＿＿＿＿＿＿朋友的推荐　　　＿＿＿＿＿＿口头传言

＿＿＿＿＿＿好的声望　　　　　　＿＿＿＿＿＿服务价格　　　　　＿＿＿＿＿＿是否省钱

＿＿＿＿＿＿评估商资历　　　　　＿＿＿＿＿＿其他

4.　您计划买房时，下列哪一个是您了解房产评估最有效的途径?（可以多选）

_____房产经纪　　　　　_____电视广告　　　　　_____报纸广告

_____名片　　　　　　　_____邮寄　　　　　　　_____广告/宣传品

_____车牌　　　　　　　_____房地产杂志　　　　_____其他

5. 请评估您对下列房产评估服务的兴趣点?

A. 构造

_____很感兴趣　　　　　_____有点兴趣　　　　　_____没有兴趣

B. 电

_____很感兴趣　　　　　_____有点兴趣　　　　　_____没有兴趣

C. 地基

_____很感兴趣　　　　　_____有点兴趣　　　　　_____没有兴趣

D. 供热和空调

_____很感兴趣　　　　　_____有点兴趣　　　　　_____没有兴趣

E. 地势（从院落到房子的坡度）

_____很感兴趣　　　　　_____有点兴趣　　　　　_____没有兴趣

F. 一氧化碳测试

_____很感兴趣　　　　　_____有点兴趣　　　　　_____没有兴趣

G. 易燃瓦斯测试

_____很感兴趣　　　　　_____有点兴趣　　　　　_____没有兴趣

H. 每月家庭能源排序和评估

_____很感兴趣　　　　　_____有点兴趣　　　　　_____没有兴趣

I. 自来水检验

_____很感兴趣　　　　　_____有点兴趣　　　　　_____没有兴趣

J. 室内空气污染检验

_____很感兴趣　　　　　_____有点兴趣　　　　　_____没有兴趣

6. 您住在: _____

7. 您住在当地多久了?

_____ 0～2 年　　　　　_____ 3～5 年　　　　　_____ 6～12 年

_____ 13～20 年　　　　_____ 超过 20 年　　　　_____ 拒答

8. 现在还有一些关于您的问题，您是:

_____单身且没有孩子　　　　　　　　_____已结婚且没有孩子

_____已结婚且孩子在家　　　　　　　_____单身且孩子在家

_____已结婚且孩子不在家　　　　　　_____单身且孩子不在家

9. 您在哪一年龄段?

_____ 18~24 岁	_____ 25~34 岁	_____ 35~44 岁
_____ 45~54 岁	_____ 55~64 岁	_____ 65 岁及以上
_____ 拒答		

10. 您的家庭收入属于哪一级别（单位：元）？

_____少于 15 000	_____15 000~24 999
_____25 000~34 999	_____35 000~49 999
_____50 000~64 999	_____65 000~79 999
_____80 000~94 999	_____95 000~109 999
_____110 000 以上	_____不知道，拒答

11. 您是：

_____高中华业生	_____高中毕业生读过大学
_____大学毕业生	_____大学毕业生读过研究生
_____研究生毕业	_____拒答

12. 性别：

_____男　　　_____女

非常感谢您的支持与合作！

根据上述问卷，在设计问卷时应该注意哪些方面？

（二）设计问卷

请为母校的毕业生跟踪调查设计两份调查问卷，分别针对毕业生本人和毕业生的就业单位。

任务 7　市场调查资料的统计分析

学习目标

1. 知识目标

◎ 掌握调查资料审核、整理的意义；

◎ 掌握市场调查资料审核、分类、汇总、展示以及数据的处理和分析方法；

◎ 学会通过对调查资料的加工整理，寻找现象的规律性，以便为对现象的未来发展变化做出预测打下基础。

2. 技能目标

◎ 培养学生进行市场调查资料整理和分析的能力。

开篇案例

杰克的问题

杰克这学期在大陆银行当见习生，他被指派在该银行目前的小企业顾客中进行一次形象调查，该银行怀疑这是一个被本银行及其竞争者都冷落了的顾客细分市场。杰克首先组织了焦点小组访谈来确认对小企业来说最为重要的问题是什么。然后，他利用这些焦点小组所指出的问题设计出一份定量问卷调查表，以发现大陆银行与其他银行相比在这些关键问题上做的如何。调查表中既有封闭式问题也有开放式问题。杰克使用从银行数据库中抽取的当前顾客的随机样本来开展调查。调查问卷没有指明大陆银行为该项调查的发起人。杰克寄出了 1 000 份调查问卷，附带的封面信说明对回收的每份问卷的回答都是保密的，对那些作出回答的人将付给 20 美元的感谢费。在最初的调查问卷和信件发出一周之后，他又寄出了提醒卡；两周之后，寄出了第二封信和调查问卷的复印件。现在已是初次邮寄后的第四周了，共收到了 478 份调查问卷。

随后，调查问卷的返回越来越少。银行经理决定中止资料的收集工作，并让杰克转向处理回收的调查问卷，将调查问卷上的回答整理成图表，分析调查结果并准备书面报告。杰克对这一阶段的工作没有多少知识可用，因为他一直忙于设计调查问卷和把问卷及信件邮寄出去。他现在的问题是如何把书面调查得来的所有信息输入计算机，以及之后用这些信息来做什么。他特别关心的是如何对开放式问题的答案进行总结，以及怎样把信息输入计算机，怎样对开放式问题进行编码，怎样把问卷答案制成图表，该使用什么样的软件。另外，如果需要统计检验的话，他应该用哪一种统计检验。

【讨论】如果你是杰克，该如何解决上述问题？

子任务 1 市场调查资料的整理、统计

通过市场调查实施阶段所获得的原始资料，还只是粗糙的、表面的和零碎的东西，需要经过审核和整理加工，才能进而用于分析研究并得出科学的结论。因此，调查资料的整理工作是调查过程中一个必不可少的环节。

市场调查资料整理是运用科学方法，对调查所得的各种原始资料进行审查、检验和初步加工综合，使之系统化和条理化，从而以集中、简明的方式，反映调查对象总体情况的工作过程。它的一般程序是：编辑资料、统计资料的审核认定、统计资料分组、统计资料汇总、编制统计表、绘制统计图。

1.1 编辑资料

资料编辑是对访员和受访者在市场调查过程中的疏忽、遗漏、错误等进行检查验收的过程。检查验收的内容主要如下。

第一，访员对问卷中的问题是否一一进行了提问？有没有漏问的问题？对受访者的回答是否都进行了记录？有无漏登漏记的答案？如漏问的问题和漏登的答案在实地调查中能及时发现，就可及时进行补充访问和补登答案。如果这种情况在进入数据录入或分析阶段才发现，一般都没有时间再重新组织调查，这样一来，这份问卷往往就要作废。

第二，访员是否遵循了规定的跳问路线？有的时候，尤其是在项目开始的头几次访谈中，访员容易跳过实际应该问的问题，或者没有跳过不要求回答的问题。

第三，开放式问题的答案是否属于受访者的原意？访员是否按照要求逐字记录？有没有以任何方式重新解释、表述或掺进自己见解的情况？市场研究人员和客户对开放式问题的答案很感兴趣，因此开放式问题的答案质量和所记录的内容也代表了访员记录答案工作的优劣。

1.2 分类和汇总

1.2.1 资料分类

市场调查与预测的根本目的是获取足够的市场信息，为正确的市场营销决策提供

依据。从市场调查与预测的过程可知，在市场信息收集与市场信息使用之间，必然有一个市场信息的加工处理环节。这是因为运用各种方法，通过各种途径收集到的各类信息资料，尤其是各种第一手资料，大都处于无序的状态，很难直接运用，即使是二手资料，也往往难以直接运用，必须经过分类、汇总等必要的加工处理，使之统一化、系统化、实用化。

资料分类就是按照一定的标志，将调查资料进行分门别类的整理。资料分类包括对文献资料的分类和对实地资料的分类。

1. 文献资料分类

对文献资料的分类是指按照一定标志，将挑选出来的文献资料进行分门别类的整理，便于开展实地调查前研究使用。常用的分类方法有以下几种。

（1）主题分类法

即按照一定的观点，把选择的文献资料进行分类。如果初步拟定总论点下有几个分论点，那么可以以总论点统领分论点，分论点统领论据，再由论据统领有关资料，把所有挑选出来的资料组成一个有机的系列。它可以使我们对资料的理解和认识条理化、系统化，启发我们对问题进行积极思考，用全面、辩证、发展的观点来用好挑选出来的资料。

（2）项目分类法

就是把选择出来的资料按其属性分项归类。例如，理论类项目分为：经典作家、名人名作；有关的定义定理；常识、成语、谚语、警句；资料作者的理论观点。事实类项目分为：个别事物；各种统计数据、图表；资料者的片段论述；典型案例。

2. 实地资料分类

对实地资料的分类就是将资料按涉及内容归入不同的题目中，而题目要和调查分析预测报告的主要标题相符。某些诸如文章之类的资料往往包括一个以上题目的材料，应夹在适当的文件夹里，需要时取来使用。对统计数字类的资料，还必须进行更为详尽的分类。如果不把成百上千个单项数据用某种有意义的方法分类，就不可能发现任何模式或得出任何结论。例如，人数、年销售额、利润额等应按规模或数量分类，地区、年份、性别、职业等应按自然条件分类等。

分类题目一旦确定，实地资料就可以归入每个题目的类目中。

［例 7-1］一项关于巧克力品牌的调查先后获得了几十个牌子的销售资料。调查研究人员发现不同牌子的销售量存在较大差异，即品牌和销售业绩之间存在某种联系，于是就把每个品牌分为巧克力硬糖、软质夹心巧克力、有包装的巧克力糖、无包装的巧克力糖等若干类（如表 7-1 所示），这样就可以考察每个类型产品的销售业绩并比较它们的不同了。

表 7-1 巧克力调查表

编码	商品类别	销售额（元）	比重（%）
01	巧克力硬糖	1 000	7.25
02	芝麻巧克力	700	5.07
03	奶油巧克力	2 000	14.49
04	无包装巧克力	900	6.52
05	口香糖巧克力	1 900	13.77
06	有包装巧克力	1 300	9.42
07	夹心巧克力	1 800	13.04
08	膨化巧克力	500	3.62
09	酒心巧克力	2 100	15.22
10	朱古力豆	1 600	11.59
合计		13 800	100

综上所述，分类可以反映事物的内部结构和比例关系，从而为企业寻找目标市场提供基础数据；科学恰当的分类关键在于选择合适的分类标志。分类标志就是对市场调查资料进行分类的依据和标准，划分各类界限就是在分类标志的变异范围内划定各类之间的性质界限和数量界限。选择分类标志必须依据调查研究的目的和总体本身的特点来决定。

1.2.2 资料汇总

汇总是数据整理中的一个环节，即将分类或组的各项数值加以计算，计算各类的数据个数、总体的数据个数，对数值型数据、各类变量值以及全部变量值加总求和，还可以计算各类比值、平均数等。由于各项数据已录入计算机，只需对相关软件进行操作，便可取得计算结果。

1.3 表格化和图示化

1.3.1 表格化

表格化就是指将一系列说明现象特性的经过加工整理后的调查数据，按一定次序和格式排列成表格形式。

[例 7-2]有一项关于私家车购买情况的调查，发放问卷 1 000 份，收回有效问卷 800 份，现将问卷中有关收入、性别、购买汽车档次三个问题的结果综合汇总到一张表上，结果如表 7-2 所示。

表 7-2 私家车购买情况

单位：量、人

小车购买档次	收入状况								
	男性			女性			较高收入	普通工薪	合计
	较高收入	普通工薪	合计	较高收入	普通工薪	合计			
高档	85	25	110	40	50	90	125	75	200
低档	15	75	90	60	50	110	75	125	200
合计	100	100	200	100	100	200	200	200	400
调查人数	100	100	200	100	100	200	200	200	400

调查数据经过表格合理、科学的整合编排，可以清晰、有序、系统、综合地反映研究对象的数据特征、分布特点，避免了许多繁琐的文字叙述，便于资料的贮存、管理、积累和查阅。在表格中所罗列的各项数据可用于进一步计算有关分析指标、将一些数据进行对照比较、发现新的数据等。

1.3.2 图示化

图示化是为了更好地反映数据的分布规律，表现数据的特点，便于使用者和广大公众阅读而采用的一种图形方式。用图形展示调查数据具有形象生动、一目了然、胜似千言万语之功效。常用于描述调查数据的统计图形有条形图、线形图、饼图等，下面以条形图、线形图为例进行说明。

1. 条形图

条形图是使用等宽、条形的长短（或高度）柱来表示调查数据大小、多少的图形，也称为柱形图。条形图的宽度是没有实际意义的，它一般适用于表现分类数据的频数或频率的分布状况。根据涉及观察研究总体的多少不同，条形图又可分为单式条形图和复式条形图两种。

[例 7-3]以下为针对旅游消费的调查资料（如表 7-3 所示）。

表 7-3 对旅游消费的调查

按消费金额分组（万元）	人数（人）
1 以下	25
1～2	21
2～3	32
3～4	23
4～5	20
5～6	22
6～7	27
7～8	9
8～9	28
9～10	2

根据表 7-3 绘制条形图 7-1。

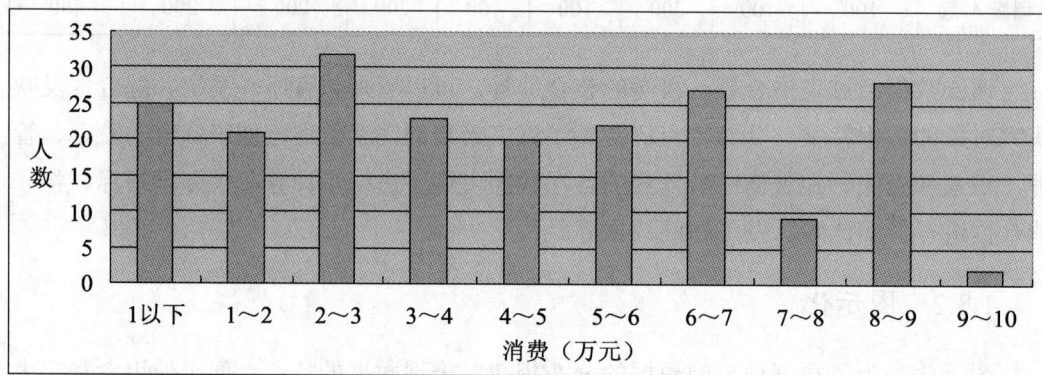

图 7-1 单式条形图

[例 7-4] 某国际旅行社在一年内各季度每一旅行线路的收入情况如表 7-4 所示。

表 7-4 每一旅行线路的收入情况

单位：万元

季度＼线路	东南亚	欧洲	美洲	澳洲
第一季度	60 000	7 000	9 000	3 000
第二季度	85 000	9 000	15 000	2 500

（续）

季度＼线路	东南亚	欧洲	美洲	澳洲
第三季度	75 000	7 000	7 000	2 900
第四季度	70 000	7 000	11 000	700
合计	290 000	30 000	42 000	9 100

根据表 7-4 绘制条形图 7-2。

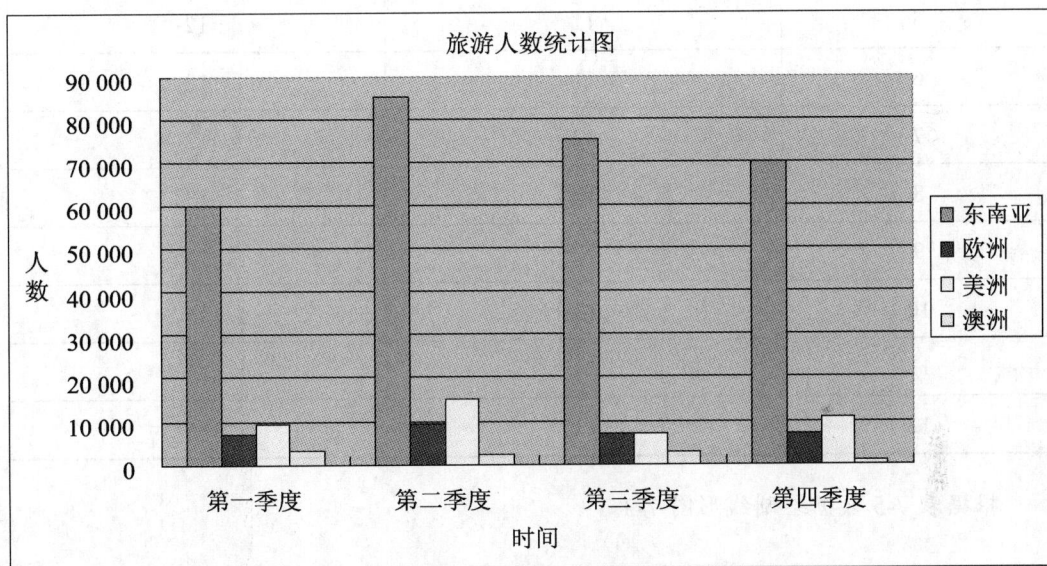

图 7-2　复式条形图

2．线形图

线形图是在平面直角坐标上标注各数据点并连接成折线，以表明数量变化规律及特点的统计图。它一般适用于反映时间序列数据。图形的横坐标列示时间的先后次序；纵坐标列示变量值，并且大多从原点"0"开始，如果数值与"0"之间的差距太大，则要采取折断符号表示，否则图形无法显示。线形图一方面能够说明现象随着时间变化发生变动的趋势，可用于对事物进行动态变动分析，观察其变动的方向、幅度，有无变动周期；另一方而，可根据其变动形态，建立相应的数学模型，确立拟合变动曲线。此外，线形图还可以同时显示多个研究对象的相关数据，绘制多条变动曲线，用于相互比较、分析。

［例 7-5］某年某企业销售计划和实际资料如表 7-5 所示。

表 7-5

单位：百万元

月份	计划销售额	实际销售额
1	5	5
2	7	6
3	8	7
4	10	11
5	11	12
6	11	12
7	12	12
8	12	13
9	12	15
10	13	16
11	14	16
12	12	15

根据表 7-5 数据绘制线形图 7-3。

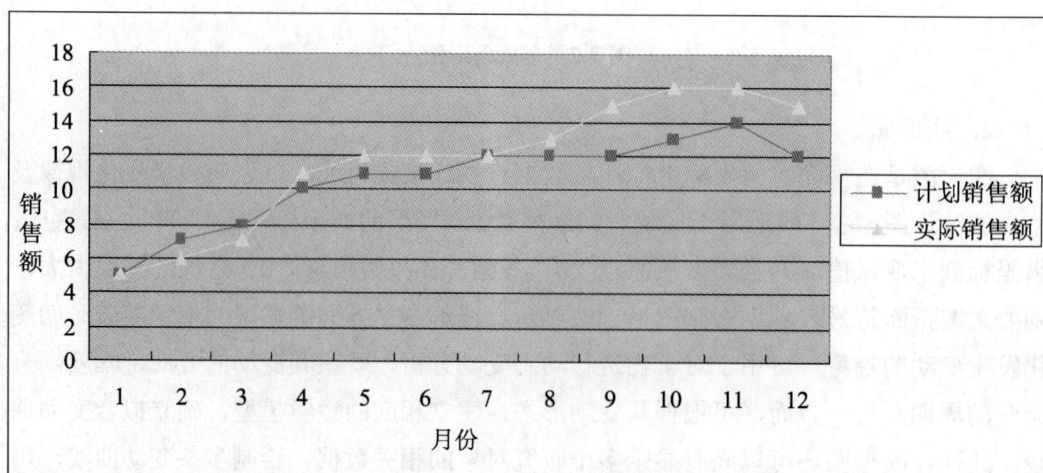

图 7-3

📁 **典型案例**

现代人喝茶的越来越多，对茶也越来越讲究。为此某调查公司针对人们饮用茶的问题专门开展了一次调查，试图论证在某小区里开设一家茶叶店的计划是否可行。这个小区共有居住人口 5 000 人，采用不放回简单随机抽样方法抽选 50 人进行调查（资料如表 7-6 所示），要求对资料进行汇总。

表 7-6　饮用茶调查表

被调查者序号	性别	年龄	主要饮用茶种类	家庭月饮用量（两）
1	1	50	绿茶	5
2	0	23	花茶	4.1
3	1	17	其他	0
4	1	24	绿茶	7
5	1	35	绿茶	3.5
6	0	37	其他	3.4
7	0	17	其他	6
8	0	28	花茶	5
9	1	32	其他	2.9
10	0	19	绿茶	5
11	1	43	花茶	2.7
12	0	41	绿茶	3.5
13	1	31	其他	3
14	1	34	其他	2.6
15	0	62	绿茶	3.6
16	1	30	绿茶	3.4
17	0	30	花茶	3.4
18	0	46	其他	3.2
19	1	27	其他	3.5

（续）

被调查者序号	性别	年龄	主要饮用茶种类	家庭月饮用量（两）
20	1	26	花茶	3.5
21	0	36	其他	2.4
22	1	26	其他	3.7
23	1	45	花茶	3
24	0	76	其他	3.6
25	0	53	其他	4
26	1	26	绿茶	3.7
27	0	59	花茶	3
28	1	45	绿茶	7
29	0	15	其他	2.3
30	0	27	其他	3.6
31	1	36	其他	3.1
32	1	37	绿茶	3.5
33	0	24	其他	4
34	0	50	其他	3.4
35	0	21	花茶	4.9
36	1	23	绿茶	5
37	1	30	其他	3.4
38	0	40	其他	3
39	1	51	绿茶	3.5
40	0	35	绿茶	3
41	1	34	花茶	2.5
42	0	21	其他	4.2
43	1	19	其他	4.9
44	1	67	其他	3.4

（续）

被调查者序号	性别	年龄	主要饮用茶种类	家庭月饮用量（两）
45	0	73	其他	0
46	1	50	花茶	4
47	1	41	绿茶	3
48	0	38	其他	3.4
49	1	26	绿茶	5
50	0	45	花茶	3

注："性别"栏中"1"代表女性，"0"代表男性。

点评：表 7-6 中的资料是通过直接调查登记获取的资料，尚处于零散、无序的状态，如果要把它转变成易于理解和解释的数据结果形式，则首先要对其进行分类。例如将 50 个被调查者分别按性别和饮用茶种类进行分组并汇总，结果如表 7-7、表 7-8 所示。

表 7-7　按性别和饮用茶种类分组汇总表

单位：人

性别 ＼ 人数 ＼ 种类	花茶	绿茶	其他	总计
0	5	5	14	24
1	5	11	10	26
总计	10	16	24	50

注："性别"栏中"1"代表女性，"0"代表男性

表 7-8　家庭平均饮用量汇总表

单位：两

性别 ＼ 家庭平均月饮量 ＼ 种类	花茶	绿茶	其他	总计
0	4.08	3.62	3.32	11.02
1	3.14	4.51	3.05	10.70
总计	7.22	8.13	6.37	21.72

注："性别"栏中"1"代表女性，"0"代表男性

经过分类汇总后，我们可以清楚地看出，此次调查的 50 人中，其中女性 26 人，男性 24 人，家庭平均月饮用茶量是 3.62 两；从饮用茶的品种看，有 20%（10/50）的人饮用花茶，32%（16/50）的人饮用绿茶，两项合计超过 50%，说明过半数的人喜欢喝花茶或绿茶。掌握了这些信息后，小区茶叶店的经营者在进货时就要考虑购进什么茶叶品种，每个品种需要购进多少，以满足该小区消费者对饮茶的需求。

子任务 2　市场调查资料的审核

2.1　数据资料整理方案的内容

1．确定数据资料的审核和校订标准

设计和编制资料整理方案是保证统计资料的整理有计划、有组织地进行的重要一步。资料的整理往往不是整理一个或两个指标，而是整理多个有联系的指标所组成的指标体系。对原始资料进行审核是为了保证质量，对原始资料进行分组、汇总和计算也是关键问题，另外要对整理好的资料再进行一次审核，然后编制成一个统计表，以显示经济现象在数量上的联系。

一般来说，审核与校对的内容如下。

（1）资料的审核必须遵守资料整理的一般要求，着重资料的真实性、准确性、完整性。资料的真实性要求调查资料来源必须是客观的，也就是调查资料本身要真实，要把那些违背常理、前后矛盾的资料舍去。为了确保资料的准确性，要着重检查那些含糊不清以及互相矛盾的资料。为了确保资料的完整性，要审核调查资料总体的完整性、每份调查资料的完整性。

（2）在审核中，如发现问题可以分不同的情况予以处理。对于在调查中已发现并经过认真核实后确认的错误，可以由调查者代为更正；对于资料中的可疑之处或有错误与出入的地方，应进行补充调查；无法进行补充调查的应坚决剔除那些有错误的资料，以保证资料的真实、准确。

2．明确数据资料的分类和编码规则

对文字资料的分类和对数字资料的分组包括确定分类或分组的标志、分组的具体方法、分布数列的编制等，即根据调查的目的和要求，按照一定标志将所研究的事物或现象区分为不同的类型或组，编制分布数列。

3．确定数据资料的录入方法

在数据录入阶段，对数据资料一般可能只用字母和数字来表示，这样便于资料的录入和处理。编码完毕后，需要选择分析软件录入数据，建立数据库。一般来说，常用的数据处理软件有 SPSS、SAS、Excel 等，前者是专用的统计分析软件，而 Excel 属于常用的数据处理工具，使用比较便捷，容易掌握。

4. 编制所需的基本统计数据样表

在市场调查中，向客户提供的最基本的统计数表一般是两部分，首先是反映总体分布情况的频数表，其次是反映被访者背景资料（如性别、年龄段、文化程度、收入段等）的变量与其他问题的交叉分析表。在资料审核与分类工作中，这是一项十分重要的工作，调研人员只有在方案中编制好所需的基本数据样表，才能使调查的数据获得统一的分类与编制。

5. 确定使用的统计图的形式和数量

在最终呈交的报告中，最好多用直观的统计图来代替比较繁琐的统计数表。常用的统计图主要有条形图（或称柱形图）、圆形图、曲线图、象形图等，统计图可以直观地表明事物总体结构及统计指标在不同条件下的对比关系、反映事物发展变化的过程和趋势、说明总体单位按某一标志的分布情况、显示现象之间的相互依存关系。一般在资料审核前，要明确哪些问题需要做图？做什么类型的图？便于有针对性地整理资料。

6. 确定采用的统计分析方法

为了准确、客观地描述出所采集资料的特征，调研人员需要采用适当的统计分析方法。常用的统计分析方法有频率分析、交叉频率分析、描述统计、t 检验、方差分析、相关分析、回归分析、时间序列分析等。

市场调查的问题基本属于单变量分析或是双变量分析。单变量分析常常采用频率分析，双变量分析可采用相关分析、方差分析和回归分析等。

数据资料可以归为定性资料和定量资料。定性资料在统计方法的运用上比较受局限，一般只能采用频率分析、非参数检验进行处理；对于定量资料则几乎所有的统计方法（包括描述统计、相关分析、回归分析、方差分析、时间序列分析等）都可以运用。

2.2　数据资料的审核

1. 问卷的完整程度

检查人员应明确问卷完整到什么程度才可以接受。例如，至少要完成多少，哪一部分是应该全部完成的，哪些缺失数据是可以容忍的，等等。

2. 访问的质量

对于每份看似完成了的问卷，审核人员要彻底检查，要检查每一页和每一部分，确认调查员（被访者）是否按照指导语进行了访问（问答），并将答案记录在了恰当的位置上。下列情况的问卷一般是不能接受的：

（1）所回收的问卷是明显不完整的，例如，缺了一页或多页；

（2）问卷从整体上是回答不完全的；

（3）问卷的几个部分是回答不完全的；

（4）问卷只有开头的部分才是回答完全的；

（5）回答的模式说明调查员（被访者）并没有理解或遵守访问（回答）指南，例如，没有按要求跳答，等等；

（6）答案几乎没有什么变化，例如，在用 5 级量表测量的一系列问答题中，只选择了答案 3，等等；

（7）问卷是在事先规定的截至日期以后回收的；

（8）问卷是由不合要求的被访者回答的。

在检查过程中，常常还会遇到检查人员难以判断的问卷，这些问卷应该先放到一边，通知研究人员来检查以决定取舍。因此，通常检查人员会将原始文件（问卷）分成三部分：可以接受的、明显要作废的、对是否可以接受有疑问的。

如果有配额的规定或对某些子样本有具体的规定，那么应将可以接受的问卷分类并数出其数量。如果没有满足抽样的要求，就要采取相应的行动，例如在资料校订之前对不足份额的类别再做一些补充的访问。

2.3　数据资料的校订

2.3.1　检查不满意的答案

为了增加准确性，对那些初步接受的问卷还要进一步地检查和校订，剔除任何属于下列情况之一的答案。

（1）字迹模糊的。如果调查员记录做得不好，特别是当问卷中开放式问答题比较多时，答案就可能字迹模糊。

（2）不完全的。如果有些问答题没有回答，答案就是不完全的。

（3）不合理的。有些答案是明显不合理的。例如，一个被访者回答其月收入为 600 元，其每月购置服装费却为 2 000 元；或一个被访者回答不喜欢这个商场的服务，但其每周来逛这个商场的次数为三次等。

（4）模棱两可的。一些开放式问题的答案可能是模棱两可的和难于清楚地解释的，可能用了缩写的字或意思不清楚的字。对于要求单一答案的封闭式问题，也可能选择了多个答案。校订人员必须对开放式问题的非标准答案作出判断，还必须判定对某一特定问题的回答中哪些方面有局限性以至毫无用处。如有可能，与被访者再次接触并再次提问那些答案未被认定为有价值的问题。

例如开放式问题记录。

问题：你为什么在众多的快捷/方便餐馆中选择经常去汉堡王？

记录 A：顾客似乎觉得汉堡王有更加美味的食物和一流的服务环境。——访谈员记录不当

记录 B：因为我喜欢它。——访谈员没有进一步探查回答。

记录 C：因为我喜欢它。（P）我喜欢它并经常去那里，因为那是离我工作的地方最近的餐馆。（AE）没有。——适当的记录和探查。（注：P——probe，探查；AE——anything else，其他）

对于这样的情况，校订人员应该用红笔将这些答案圈出来或写出来，使之与问卷中用于记录数据的方式有明显的区别。

（5）分叉错误的。有些市场调查问卷可能要求很多的分叉或许多有排除条件的项目，如可能根据对某一个关键问题的答案，要求被访者跳过整段的内容。

[例] 问题可能是这样问的：这是您第一次来本超市购物吗？1 是，继续回答问题 4；2 不是，跳答问题 9。或者有些项目是要受前面问题的条件限制的，例如，问题可能是这样开头的："如果是这样的话，那么就……否则，就……"

如果问卷中有许多这样的分叉和排除条件，校订工作就变得更加需要。校订人员需要认真检查这样的项目，并对被访者完成的本不应回答的项目做必要的修改。那么怎样来校订这些问题呢？经验告诉我们可以按照下面步骤进行。

第一步，给每个校订人员一份空白问卷，将问卷中可能需要排除的段落都用红笔圈出来，把它用作检查每份完成问卷的"参照问卷"。

第二步，"参照问卷"上，用作判断下面部分是否需要回答的"准则题"，也要用红笔清楚地圈出来，同时标记出用于指示下面部分是否排除的答案。

第三步，校订人员将完成的问卷和这个"参照问卷"作逐页比较，以确保没有不恰当的答案。

对于每一个校订人员来说，在还没有十分熟悉所有应该被排除的部分或项目，以及没有十分熟悉排除的准则之前，用上述方法处理前几份问卷中的分叉问题和排除问题至关重要。

2.3.2　处理不满意的答案

找出这些不满意的答案后，我们主要采用以下三种办法对其进行处理。

（1）退回实施现场去获取较好的数据。

把不满意的问卷退回实施现场，让调查员再次去接触被访者。在商业性的市场调

查中，有时候样本量是比较小的，而且被访者是比较容易识别的。不过由于访问时间和所采用的方法的变化，第二次得到的数据和第一次的可能会有些差别。

（2）按缺失值处理。

如果将问卷退回实施现场的做法无法实现，校订人员可能就要把不满意的答案按缺失数据来处理。满足下列条件下，这种方法是可行的。

① 有不满意答案的问卷（被访者）的数量很小。

② 每份有这样情况的问卷中，不满意答案的比例很小。

③ 有不满意答案的变量不是关键的变量。

（3）整个问卷（被访者）作废。

满足下列条件时，这种方法是可行的。

① 不满意的问卷（被访者）的比例很小（小于 10……）。

② 样本量很大。

③ 不满意的问卷（被访者）和满意的问卷（被访者）之间没有明显的差别（例如人口背景资料、产品适用特征等）。

④ 每份不满意的问卷中，不满意答案的比例很大。

⑤ 关键变量的答案是缺失的。

我们应该注意，不满意的问卷与满意的问卷之间一般都会有差异，而且将某份问卷（某个被访者）指定为不满意的问卷也可能是主观的。按缺失值处理或将整个问卷作废，都可能会使数据产生偏差。如果研究者决定要作废不满意的问卷，应该向客户报告识别这些问卷（被访者）的方法和作废的数量。

【拓展阅读】

缺失数据的清理

缺失数据是指由于被调查者没有给出明确的答案或调查员没有记录下他们的答案而造成未知变量值。

1. 缺省值不能与无效数据等同起来

一般有以下几种情况产生缺省值。

（1）回答者不知道问题的答案。

（2）回答者拒绝回答有关问题。

（3）回答者答非所问。

（4）访问员疏忽漏问此问题，因此回答者没有回答。

针对有缺省数据的资料，如果简单将此样本剔除，那么样本数会越来越少，最后

的结果是:

(1) 使样本估计的精确度降低，统计检验说服力差;

(2) 如果回答者有明显的特征差异，那么得到的结果产生的偏差很大。

总体来说，如果分析的变量很多时，简单将缺省值剔除的结果是其样本的代表性不显著，误差过大，造成的结果是很严重的。

2. 缺省数据的处理方法

常用的处理缺省数据的方法是填充法，其作用有二: 一是能保留下所收集的缺省问卷的其他信息资料; 二是避免了非随机性引起的偏差。填充法有以下几种形式;

(1) 均值法，指用样本中对某回答项目的相关数据计算平均值得到的数据填充缺省值;

(2) 均值加上随机项，此随机项是从残差的分布中获得;

(3) 从回归模型中得到预测值作为缺省值;

(4) 从回归模型中得到预测值加上随机项作为缺省值。

2.4　数据的录入

2.4.1　数据编码

编码是指把原始的资料转化成为符号或数字的资料简化过程。将编码资料输入计算机简单、有效。同时，编码是统计计算和结果的解释基础。信息一般可分为两类，即数字信息和文字信息。数字信息可以直接录入计算，文字信息则可根据分组情况进行编码，即将文字转化成数字信息。例如，一般男性用 01 代替，女性用 02 代替。

可依据编码过程发生在调查实施之前或之后分为事前编码和事后编码。事前编码是指在编写问卷题目时就给予每一个变量和可能答案一个符号或数字代码; 事后编码，则是指研究者在调查已经实施，问卷已经作答之后，给予每一个变量和可能答案一个符号或数字代码。通常封闭性问卷的调查研究采用事前编码，而开放性问题由于事先不知道有多少可能的答案，常常采用事后编码。

一般的编码程序如下。

1. 定义变量

指规定变量名称。一份调查问卷通常包含若干问题（或称为变量）。为了统计处理方便，在数据输入计算机之前，必须先给每一个问题（或变量）规定一个变量名称。在定义变量名称时，可以直接用英文单词、英文的第一个字母或前几个字母来命名，如性别用 "Sex"，年龄用 "Age"，文化程度用 "Edu" 等来定义。同时还要考虑所用的统计软件的一些规定，如 Spss 软件定义有效变量名有以下规则。

(1) 名字必须以字母开头。其他字符可以是任何字母、数字、名号或者@、#、$

等符号。

（2）变量名不能以点号结束。

（3）尽量避免以下划结束的变量名（以避免与其他过程自动产生的变量相混淆）。

（4）不能用空格和特殊字符（如!、?、'和*）。

（5）名字长度不得超过八个字符。

（6）每一个变量必须是惟一的，不允许重复。

（7）变量名不区分大、小写。

（8）不能使用以下保留关键字：ALL、NE、EQ、TO、LE、IT、BY、OR、GT、AND、NOT、GE、WITH。

2．规定各量表值

量表值依据数据的类型可以用字符串或数字来表示。例如，根据 Spss 提供的集中变量类型 Numeric、Comma、Dot、Scientific、Notion、Data、Currency、String 等来表示。通常用数字表示问题的各种答案比较方便。

例如，"您的性别……"

男（　　）　　　女（　　）

一般把"男性"定义为"1"；把女性定义为"2"。

又如，"您在选购空调时考虑的主要因素是什么?"

价格便宜（　　）　外形美观（　　）　维修方便（　　）　名牌（　　）　经久耐用（　　）

噪音小（　　）　制冷强（　　）　其他（　　）（请按重要程度全部进行排序）

像这样的量度，可以直接按答案的顺序分别规定为1、2、3等。即将"价格便宜"规定为"1"；将"外形美观"规定为"2"；将"维修方便"规定为"3"；将"名牌"规定为"4"；将"经久耐用"规定为"5"……

3．编写编码对照表

当所有变量和量表值都规定清楚之后，编码人员要编写一本编码对照表，说明各英文字母、数码的意思。因为在市场调查研究中，通常都有大量变量名称及数码的意义。如果不制作一本手册，则很可能会将它们代表的含义忘记，查阅起来就不方便。编写一本编码对照表（编码簿）一般有三个功能。

（1）录入人员可根据编码簿说明来录入数据；

（2）研究人员或电脑程序员可根据编码簿拟统计分析程序；

（3）研究者阅读统计分析结果时，如不清楚各种代码的意义，可以从编码簿中查阅。

问卷编码对照表可参照表 7-9 来制定。从表 7-9 可以看出，对照表一般包括六项内容。另外，在各种统计软件中一般可以用变量标识即用标签简单地标明变量特征，这也可以作为编码查阅的参考。

表 7-9　问卷编码对照表

变量序号	变量含义	相应问卷题号	变量名称	是否跳答	数据宽度	数据说明
1						
2						

4．编码过程须注意事项

（1）合理性

编码要充分反映调查项目之间的内在逻辑联系。例如，统计分析时需要分析不同调查地区的差别。那么在编码时，要将不同地区用不同的变量定义。地区的变量名称可以用"Seg"表示，地区的量度表可用数字1、2、3等表示。在编码时应尽量使地理位置接近的地区的码值接近。例如，东北三省的码值应该接近，以反映三省地理位置接近这一事实。又如年龄分组编码可以如表 7-10。编码应坚持如下原则：能用自然数，尽量不用小数；能用正数尽量不用负数；能用绝对值小的数尽量用绝对值小的数；可用一位代码表示清楚的绝不用两位。

表 7-10　年龄分组编码

组别	18～27	28～37	38～47	48～57	58 以上
编码	1	2	3	4	5

不同码值不能表示相同内容、不同类型的调查项目其码值也应不同，否则就会引起混淆，发错信号。

（2）经济性

许多市场调查项目可借用现成编码，如在全国性调查中，各省、市、自治区的常见编码就有邮政编码、长途电话区码、国际地区编码、汽车车号等可借用，以节省精力与时间。

（3）开放性问题的编码

对于开放性问题的编码，编码员首先要将回答者的答案浏览一遍，列出所有的可能答案，然后定义这些答案的变量名称和变量表值，再对每一个回答者进行分类。例如，"您为什么在今后两年内不想购置燃气式热水器?"这个提问属于开放性问题。八个回答者，回答的内容都不同。

A．它们体积都较大，在我的厨房里无法安装。

B. 我可在工作单位洗澡，没有必要买。

C. 它们的外观不太好看。

D. 它们的颜色不太好看，并且比较贵。

E. 我听说使用它不安全，常常会发生事故。

F. 购买后安装和维修都很困难，还是不买算了。

G. 国产热水器使用不方便。

H. 我对它不太了解。

可以想象，若对 100 个人询问，可能会得到 100 种答案！如果不进行归类处理，那么就不容易进行分析。所以可以将一些意思相近的答案归到某一类中去，从而分析受访者不买的主要原因。例如，将上例的答案分为五个类别（见表 7-11）。

表 7-11　开放性问题编码示例

码别	答案类别	实际答案
1	产品设计上的原因	
2	产品价格上的原因	
3	产品使用上的原因	
4	产品需求上的原因	
5	不知道（无回答）	

还要注意的是如果样本量很大时，编码可以从全部资料中随机抽取 20%来确定答案类别。在确定类别时不宜过多，因为答案类别过多会把所研究对象在该项目上的本质特征掩盖住，并且一些类别的回答者比率若小于 5%则对分析没有太大的意义。

2.4.2　数据录入

数据录入是指将编码后的资料输入到计算机内存储起来，以便由计算机进行分类和汇总。目前，我国大多数调查的调查数据都是键盘录入，即由电脑员通过计算机终端直接把原始数据录入统计软件的数据库。以 Spss 为例，数据录入包括以下几个步骤。

1. 录入变量

Spss 软件的数据格式的横行表示样本录入顺序，序号 1、2、3 等由计算机自动生成。纵列表示变量，变量的名称由使用者自己规定，一旦录入数据，计算机就自动生成 Var0001、Var0002、Var0003…在录入变量时，可根据 Spss 软件的提示，分别定义数据的类型、数据的宽度及小数点之后数字的位数等。

2．数据录入

在变量录入后将问卷资料一份一份地录入到相应的表栏中。一般应使问卷的编号与计算机自动生成的序号相同，以便于今后的审核、查找。在数据录入时，有时输入的数据跟设定的数据宽度或类型不符时，计算机会出现提示符号"*"，这时录入人员就要及时加以纠正。

3．对数据质量的审核

在进行数据分析前，还要先检查数据录入的准确性，以免今后返工浪费人力、物力和财力。数据录入可能出现的错误如下。

（1）录入的选项在回答项目中根本就找不到。

（2）回答内容不真实。

检查错误的方法，一种是数据的二次录入，然后将两次录入的结果加以比较，对不同的数据原始问卷资料进行核对，这种方法比较费事、费力；另一种是逻辑查错，即先对一些变量进行频次、频率的分析，根据分析结果来判断是否存在错误，这种方法只能查出不符合逻辑的错误，无法判断符合逻辑的错误，而且该方法只能对一些变量进行检查，难以对所有变量都做检查。

📂 **典型案例**

> 假设某企业 30 个非熟练工人的周工资额（元）如下：106、99、85、121、84、94、106、105、110、119、101、95、91、87、105、106、109、118、96、128、91、97、105、111、111、107、103、101、107、106，试进行分组。
>
> **点评**：第一步：按从大到小的顺序排列数。
>
> 84、85、87、91、91、94、95、96、97、99、101、101、103、105、105、105、106、106、106、106、107、107、109、110、111、111、118、119、121、128
>
> 第二步：将相同的数据归入同一组，并汇总各组数值的个数（见表 7-12）。
>
> 第三步：确定组数和组距。
>
> 第四步：确定组限，结果见表 7-13。

表 7-12　周工资额、人数汇总

周工资额（元）	人数（次数）
84	1
85	1

（续）

周工资额（元）	人数（次数）
87	1
91	2
94	1
95	1
96	1
97	1
99	1
101	2
103	1
105	3
106	4
107	2
109	1
110	1
111	2
118	1
119	1
121	1
128	1
合计	30

表 7-13 分组结果

周工资额（元）	人数（个）	各组人数占总人数百分比（%）
80～90	3	10
90～100	7	23
100～110	13	43
110～120	5	17
120～130	2	7
合计	30	100

2.5　描述统计工具

对于一组数据（即样本观察值），要想获得它们的一些常用统计量，可以使用 Excel 2000 提供的统计函数来实现，例如 AVERAGE（平均值）、STDEV（样本标准差）、VAR（样本方差）、KURT（峰度系数）、SKEW（偏度系数）、MEDIAN（中位数，即在一组数据中居于中间的数）、MODE（众数，即在一组数据中出现频率最高的数值）等。但最方便快捷的方法是利用 Excel 2003 提供的描述统计工具，它可以给出一组数据的许多常用统计量（见表 7-14），包括：

表 7-14　可用 Excel 2003 实现的常用统计量

平均值	标准差	区域	计数
标准误差	样本方差	最大值	第 K 个最大值
中位数	峰值（样本峰度）	最小值	第 K 个最小值
众数	偏斜度（样本偏度）	总和	置信度

2.5.1　用 Excel 工作表函数描述集中趋势

在 Excel 中既可手工创建公式计算各种平均数，也可利用 Excel 中的统计函数。在"统计函数"类别中用于集中趋势测定的常用函数有三种：均值、中位数和众数。

● 均值是用所有的标志值之和除以其观察值的个数。均值考虑了所有数值，因而它的大小受总体中极端数值的影响。如果总体中有极大值出现，则会使均值偏于分布的右边，如果总体中出现极小值，均值则会偏于分布的左边。

● 中位数只是考虑各单位数值在总体中的顺序变化，它受极端数值的影响不大。

● 众数是总体中出现次数最多的数值，它只考虑总体中各数值出现频数的多少，不受极端数值的影响，但当总体中出现多个众数时，众数便没有意义。

三种平均数的这些特点通过 Excel 更容易理解。下面通过例题中的数据来观察三种平均数的变化。

［例 7-6］某企业的生产部门使用抽样方法检测一批新产品的质量，该批产品的抗拉强度见"原始数据"（见表 7-15）。管理人员希望知道这批产品的抗拉强度的平均水平，以决定产品质量是否合格，由此需要计算抗拉强度的均值、中位数与众数。

表 7-15 产品的抗拉强度数据

产品序号	抗拉强度
1	10
2	20
3	30
4	40
5	50

（1）打开 Excel2003 工作簿，选择"抗拉强度"工作表（如图 7-4 所示）：

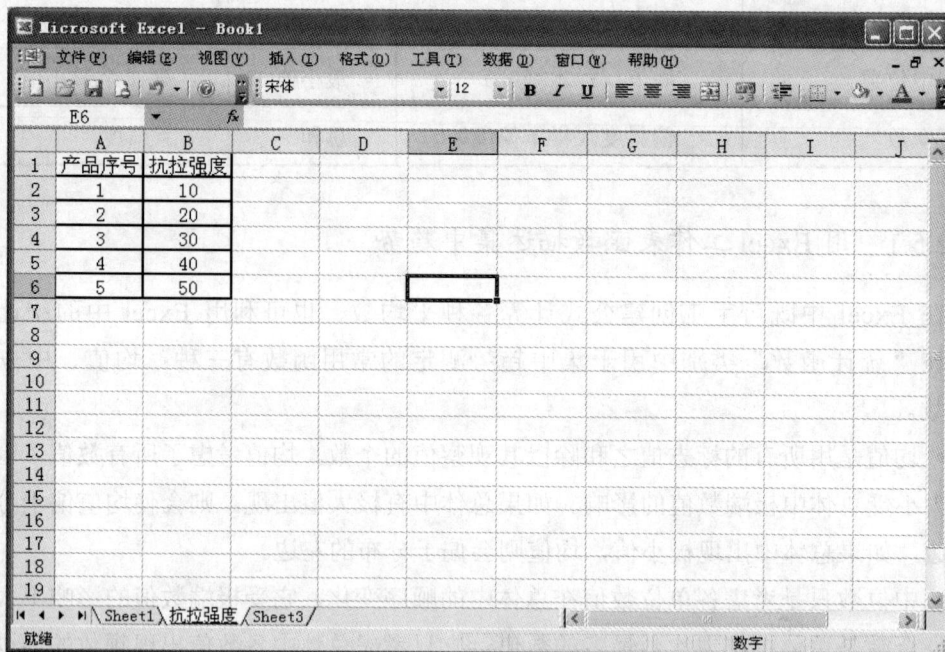

图 7-4

（2）在单元格 A7 中输入"均值"，在 A8 中输入"中位数"，在 A9 中输入"众数"（见图 7-5）。

图 7-5

（3）选定单元格 B7，单击"插入"菜单，选择"函数"选项，Excel 会弹出"粘贴函数"对话框窗口，在"选择类别"中选择"统计"（见图 7-6）。

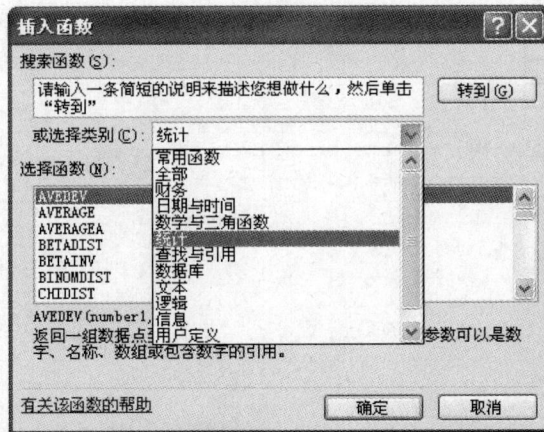

图 7-6

（4）在"选择函数"列表中选均值函数"AVERAGE"。单击"确定"，则弹出"AVERAGE"函数对话窗口（见图 7-7）。

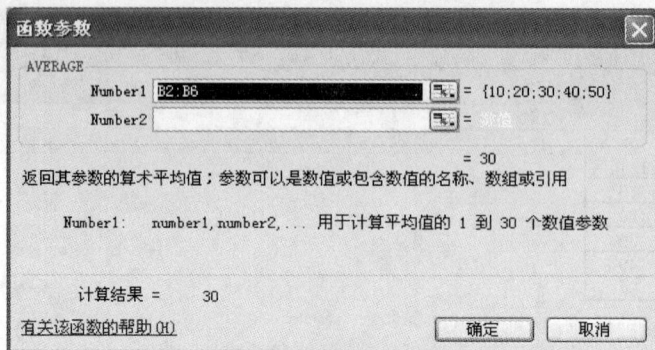

图 7-7

（5）在"Number1"区域中输入数据 B2：B6 后，对话窗口底部便显示出计算结果 30。如果对话窗口中没有计算结果，便说明计算有错误，需要再检查一下。

（6）单击"确定"按钮，计算完成。

（7）也可以直接在单元格 B7 中输入均值函数公式"=AVERAGE（B2：B6）"，然后敲回车键，得到同样结果（见图 7-8）。

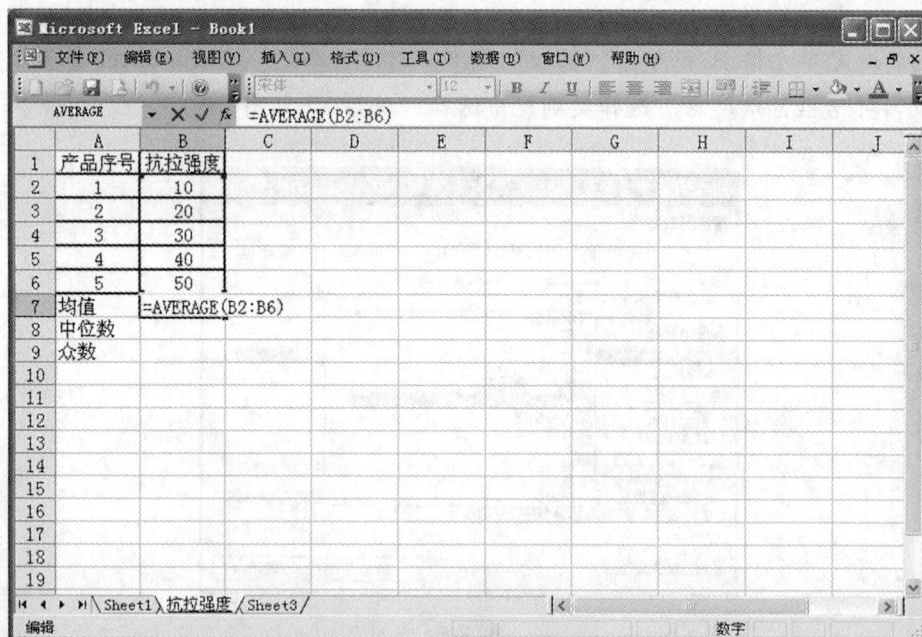

图 7-8

（8）在单元格 B8 中输入公式"=MEDIAN（B2：B6）"计算中位数（见图 7-9）。

图 7-9

（9）在单元格 B9 中输入公式"=MODE（B2∶B6）)"计算众数（见图 7-10）。

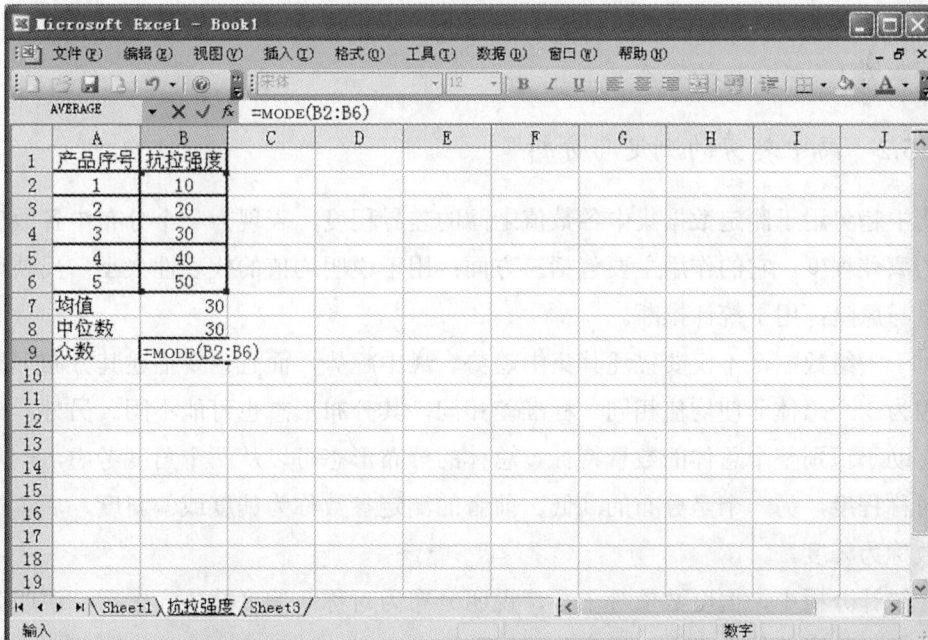

图 7-10

计算结果如图 7-11 所示。

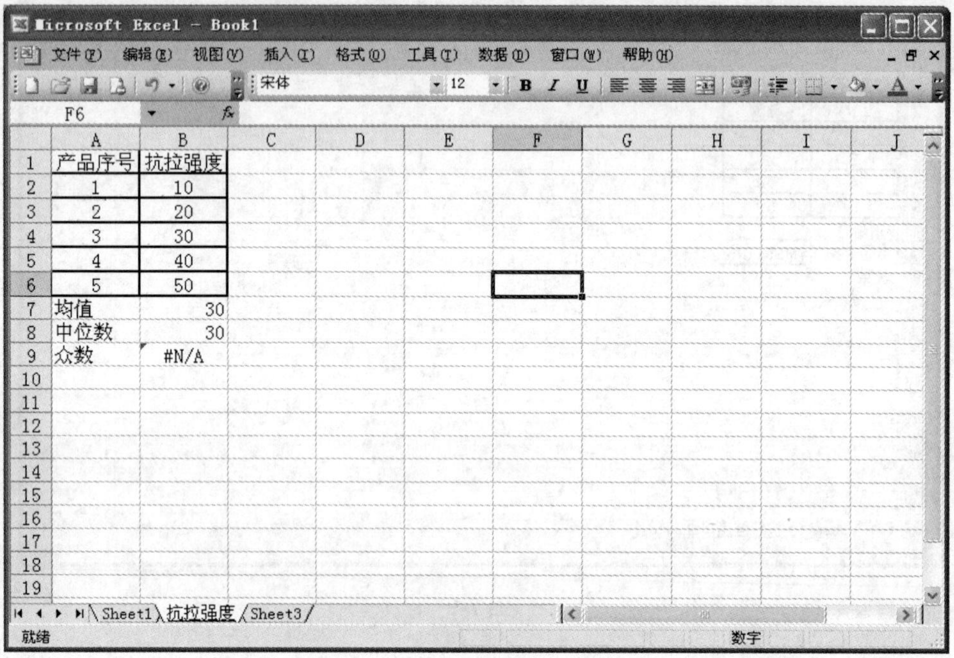

图 7-11

计算结果表明，抗拉强度的均值是 30，中位数也是 30，由于数据中的数值所出现的次数都为 1，所以没有众数。

2.5.2　离中趋势的测定与分析

离中趋势用于测定数据集中各数值之间的差异程度，表现为一个分布中各数值与均值的离差程度。它的作用主要包括三方面：用于说明均值的代表性大小；反映现象的质量与风险；用于统计推断。

对于一组数据，不仅要描述其集中趋势、离中趋势，而且也要描述其分布形态。这是因为一个总体即使均值相同、标准差相同，其分布形态也可能不同。另外，分布形态有助于识别整个总体的数量特征。总体的分布形态可以从两个角度考虑，一是分布的对称程度，另一个是分布的高低。前者的测定参数称为偏度或偏斜度，后者的测定参数称为峰度。

在统计分析中，偏度数值等于零，说明分布为对称；偏度数值大于零，说明分布呈右偏态；偏度数值小于零，说明分布呈左偏态。

峰度是掌握分布形态的另一个指标，它能够描述分布的平缓或陡峭。如果峰度数值等于零，说明分布为正态；如果峰度数值大于零，说明分布呈陡峭状态；如果峰度数值小于零，说明分布形态趋于平缓。

Excel 描述统计工具计算与数据的集中趋势、离中趋势、偏度等有关的描述性统计指标。"描述统计"对话框如图 7-12 所示。

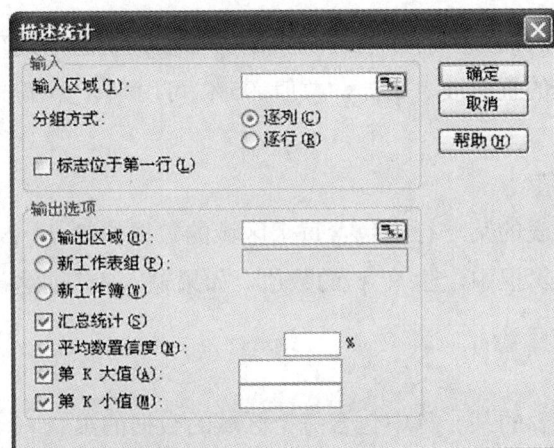

图 7-12

"描述统计"对话框中选项的主要内容如下。

1．输入区域

在此输入待分析数据区域的单元格引用。该引用必须由两个或两个以上按列或行组织的相邻数据区域组成。

2．分组方式

如果需要指出输入区域中的数据是按行还是按列排列，请单击"行"或"列"。标志位于第一行，如果输入区域的第一行中包含标志项，请选中"标志位于第一行"复选框。如果输入区域没有标志项，则不选择，Excel 将在输出表中自动生成数据标志。

3．输出区域

在此输入对输出表左上角单元格的引用。此工具将为每个数据集生成两列信息，左边一列包含统计标志项，右边一列包含统计值。根据所选择的"分组方式"选项的不同，Excel 将为输入表中的每一行或每一列生成一个两列的统计表。

4．新工作表组

单击此选项，可在当前工作簿中插入新工作表，并由新工作表的 A1 单元格开始粘贴计算结果。如果需要给新工作表命名，请在右侧编辑框中键入名称。

5．新工作簿

单击此选项，可创建一新工作簿，在新工作簿的新工作表中粘贴计算结果。

6．汇总统计

如果需要 Excel 在输出表中生成下列统计结果，请选中此项。这些统计结果有均值、标准差、中位数、众数、标准误差、方差、峰值、偏度、全距、最小值、最大值、总和、总个数、第 K 个最大值、第 K 个最小值和置信度。

7．平均数置信度

如果需要在输出表的某一行中包含均值的置信度，请选中此项，然后在右侧的编辑框中输入所要使用的置信度。例如，数值 95% 可用来计算在显著性水平为 5% 时的均值置信度。

8．第 k 个最大值

如果需要在输出表的某一行中包含每个区域的数据的第 k 个最大值，请选中复选框，然后在右侧的编辑框中，输入 k 的数值。如果输入 1，则这一行将包含数据集中的最大数值。

9．第 k 个最小值

如果需要在输出表的某一行中包含每个区域的数据的第 k 个最小值，请选中复选框，然后在右侧的编辑框中，输入 k 的数值。如果输入 1，则这一行将包含数据集中的最小数值。

[例 7-7] 下面列出了 84 个成年男子头颅的最大宽度（mm），试给出这些数据的均值、方差、标准差等统计量，并判断是否来自正态总体（取$\alpha=0.05$）。

表 7-16　成年男子头颅的最大宽度

单位：mm

141	148	132	138	154	142	150	146	155	158
150	140	147	148	144	150	149	145	149	158
143	141	144	144	126	140	144	142	141	140
145	135	147	146	141	136	140	146	142	137
148	154	137	139	143	140	131	143	141	149
148	135	148	152	143	144	141	143	147	146
150	132	142	142	143	153	149	146	149	138
142	149	142	137	134	144	146	147	140	142
140	137	152	145						

利用"描述统计"工具对这些成年男子头颅的最大宽度进行基本统计分析的具体操作步骤如下：

- 将所有的测试数据输入工作表中，本例存放在 A1：A85 区域中。
- 选择工具菜单中的"数据分析"命令。

这时将弹出数据分析对话框，如图 7-13 所示。

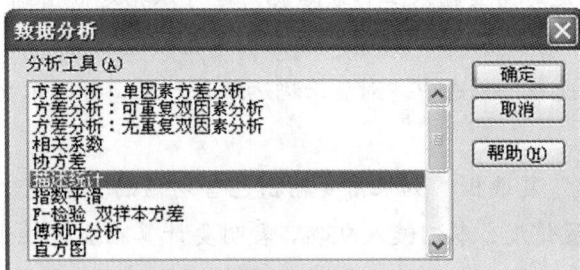

图 7-13

- 在"分析工具"列表中，选择"描述统计"工具，单击"确定"按钮，这时将弹出"描述统计"对话框，如图 7-14 所示。

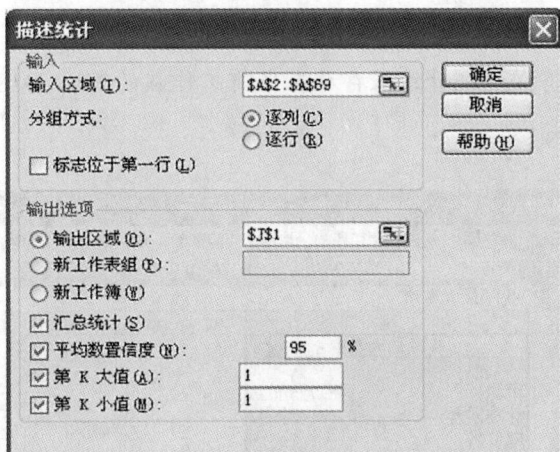

图 7-14

- 在"输入"框内指定输入数据的有关参数。

输入区域：是指指定要分析的数据所在的单元格区域，本例输入 A1：A85。

分组方式：是指指定输入数据是以行还是以列方式排列的。这里选定"逐列"，因为给定的成年男子头颅的最大宽度是按列排列的。

"标志位于第一行"复选框：若输入区域包括列标志行，则必须选中此复选框。否则，不能选中该复选框，此时 Excel 自动以列 1、列 2、列 3……作为数据的列标志。本例选中此复选框。

175

● 在“输出选项”框内指定有关输出选项。

指定存放结果的位置：根据需要可以指定输出到当前工作表的某个单元格区域，这时需在“输出区域”框键入输出单元格区域的左上角单元格地址；也可以指定输出到“新工作表组”，这时需要输入工作表名称；还可以指定输出到“新工作簿”。本例选中将结果输出到“输出区域”，并输入左上角单元格地址 C1。

“汇总统计”复选框：若选中，则显示描述统计结果，否则不显示结果。本例选中“汇总统计”复选框。

“平均数置信度”复选框：如果需要输出包含均值的置信度，则选中此复选框，并输入所要使用的置信度。本例键入 95%，表明要计算在显著性水平为 5%时的均值置信度。

“第 K 大值”复选框：根据需要指定要输出数据中的第几个最大值。本例选中“第 K 大值”复选框，并输入 3，表示要求输出第三大的数值。

“第 K 小值”复选框：根据需要指定要输出数据中的第几个最小值。本例选中“第 K 小值”复选框，并输入 3，表示要求输出第三小的数值。

● 单击“确定”按钮。

这时 Excel 2003 将描述统计结果存放在当前工作表的 C1：D18 区域中，如图 7-15 所示。

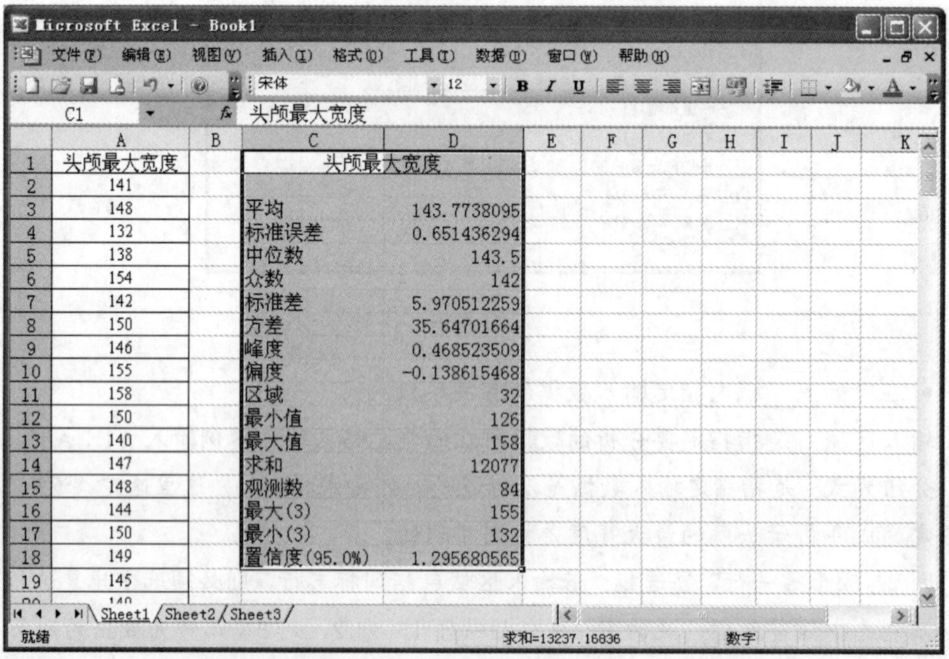

	A	B	C	D
1	头颅最大宽度		头颅最大宽度	
2	141			
3	148		平均	143.7738095
4	132		标准误差	0.651436294
5	138		中位数	143.5
6	154		众数	142
7	142		标准差	5.970512259
8	150		方差	35.64701664
9	146		峰度	0.468523509
10	155		偏度	-0.138615468
11	158		区域	32
12	150		最小值	126
13	140		最大值	158
14	147		求和	12077
15	148		观测数	84
16	144		最大(3)	155
17	150		最小(3)	132
18	149		置信度(95.0%)	1.295680565
19	145			

图 7-15

从分析结果可知，这些成年男子头颅的最大宽度的样本均值为 143.773 8、样本方差为 35.647 0、中位数为 143.5（即在这组数据中居于中间的数）、众数为 142（即在这组数据中出现频率最高的数）、最小值为 126、最大值为 158，且偏斜度（−0.138 6）与峰值（0.468 5）都非常接近于零，因此可以认为这些数据是来自正态总体的。

📁 **典型案例**

某商场家用电器销售情况如表 7-17 所示。

表 7-17　某商场家用电器销售

单位：台

月份	电视机	电冰箱	洗衣机	电脑
1	100	50	100	40
2	110	45	120	45
3	115	50	130	48
4	120	46	98	45
5	90	60	99	50
6	95	70	110	55
7	100	90	100	60
8	96	60	100	60
9	100	40	150	65
10	120	60	110	55
11	110	60	100	50
12	100	50	100	55

1. 计算各种电器的全年平均销售量。

2. 计算各种电器销售量的中位数、众数、总体标准差。

3. 计算各种电器销售的偏度和峰度。

点评：

1. 各种电器的全年平均销售量见图 7-16。

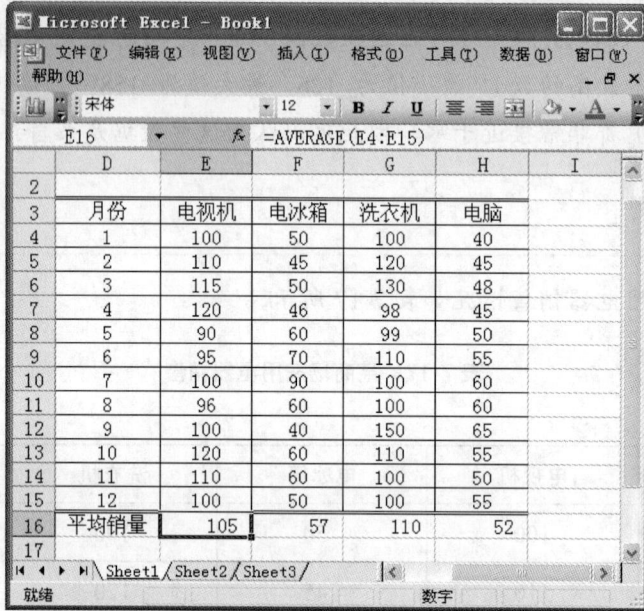

图 7-16

2. 各种电器销售量的中位数、众数、总体标准差见图 7-17、图 7-18、图 7-19。

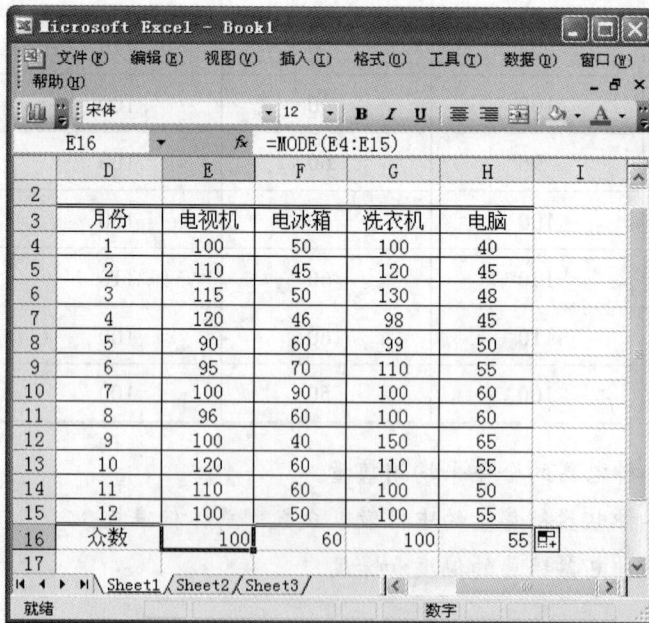

图 7-17

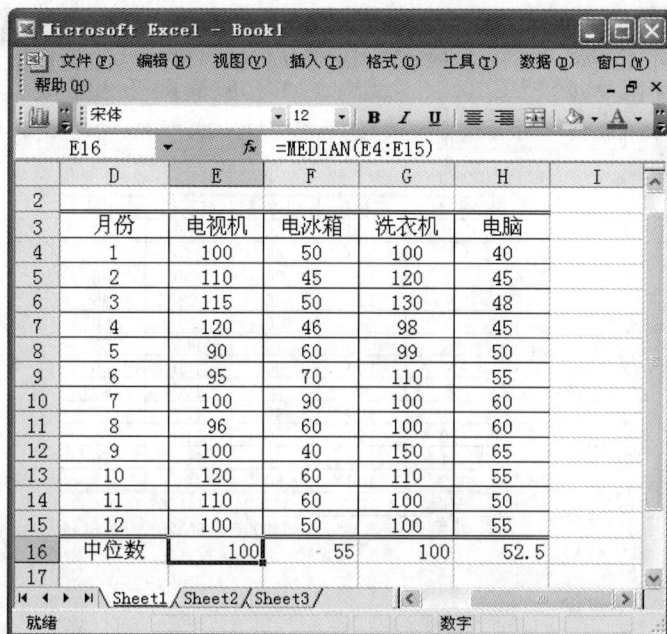

图 7-18

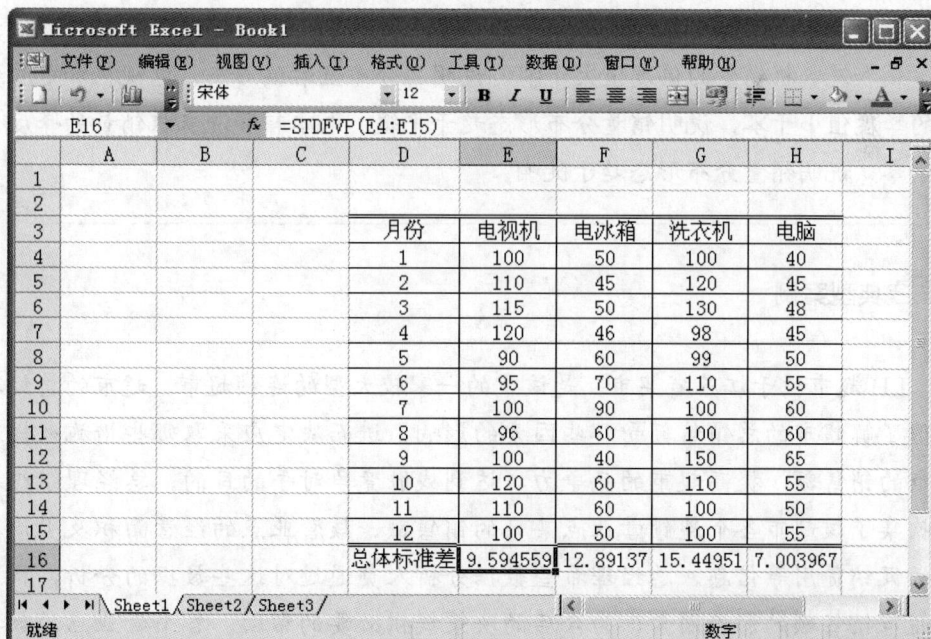

图 7-19

3. 各种电器销售的偏度和峰度见图 7-20。

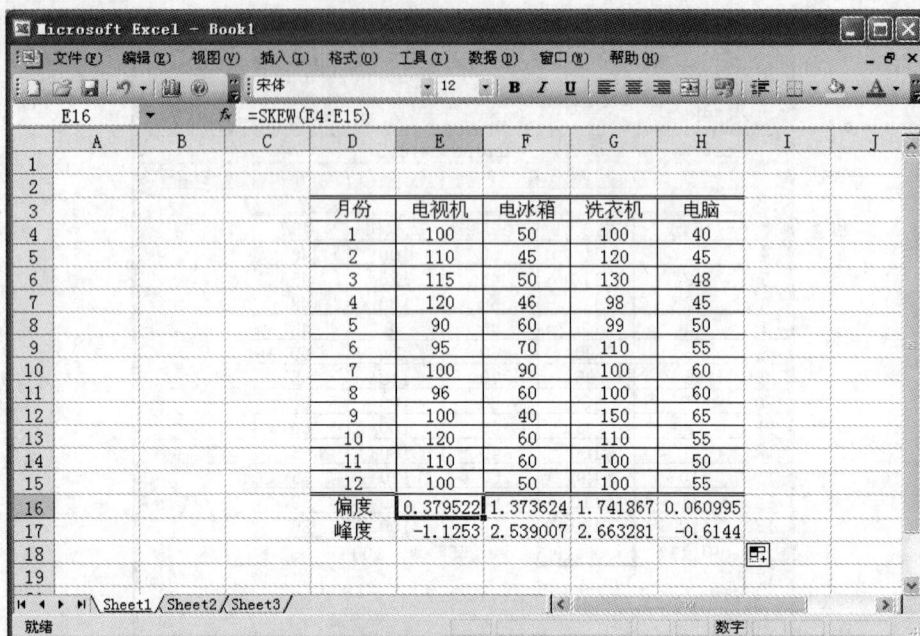

图 7-20

计算结果表明电视机和电脑销量的偏度值趋于零，说明销售量呈对称分布；电冰箱和洗衣机销量的偏度值大于零，说明其分布呈右偏形态。电视机和电脑销量的峰度值小于零，说明销量分布形态趋于平缓；电冰箱和洗衣机销量的峰度值大于零，说明销量分布形态趋于陡峭。

📁 典型案例

LH 超市位于江苏省某市，是该市的一家较大型的连锁超市。超市的总经理希望了解超市的总销售额受哪些因素的影响，进而决定应采取哪些措施来提高超市的销售额，提高超市的竞争力，达到战胜竞争对手的目的。总经理组织人员收集了该超市各个连锁营业点某日的销售额、该营业点的经营面积及上周花费的促销费用等信息。总经理希望数据分析人员通过对这些数据的分析，找到该超市销售额的影响因素，为今后的决策提供必要的帮助。各个营业点的数据如表 7-18 所示。

表 7-18　LH 超市各营业点的数据

营业点编号	销售额（万元）	促销费用（万元）	面积（百平方米）
1	2	0.8	1.2
2	2.5	1	1.5
3	5	2.2	1.3
4	5	2	1.3
5	10	2	1.5
6	10	2.3	1.5
7	22	2.5	2
8	22	2.5	2.5
9	21	2.4	2
10	21	2.6	2
11	28	2.5	3
12	22	2.5	2.6
13	41	4	4
14	42	4.1	3.5
15	44	4	3.5
16	45	4.3	3.5
17	48	4.5	5.5
18	46	4.4	5
19	47	4	6
20	48	4.1	7

　　根据收集到的 LH 超市各个营业点的数据，数据分析人员应当分析这些数据间的关系，建立数学模型，进而帮助总经理进行决策。需要完成的工作如下：

　　（1）绘制散点图，初步了解各个变量间的关系；

　　（2）通过相关分析描述各个变量间的关系；

　　（3）通过回归分析建立相应的数学模型来描述各个变量间的关系。

点评:

1. 绘制散点图,初步了解各个变量间的关系

利用 Excel 软件绘制销售额与促销费用的散点图、销售额与营业面积的散点图,具体如图 7-21、图 7-22 所示。

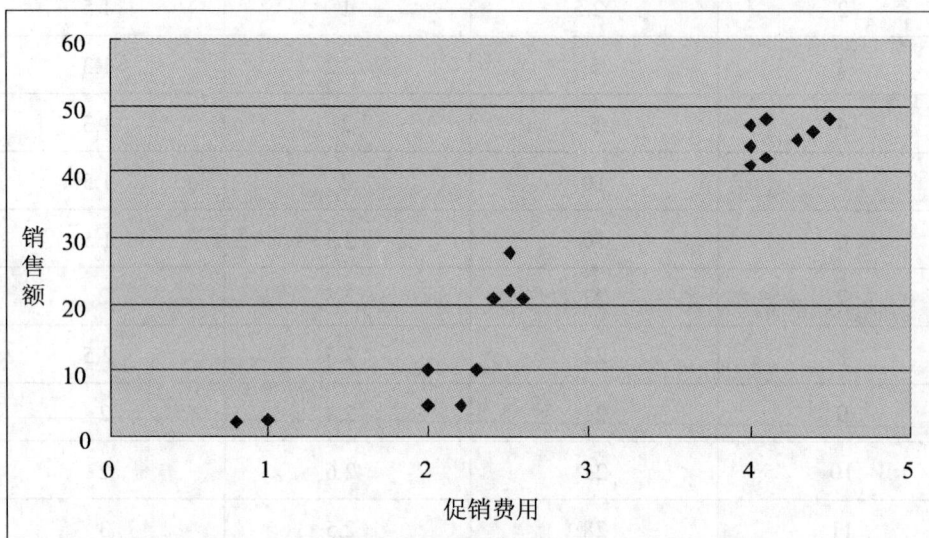

图 7-21 销售额与促销费用的散点图

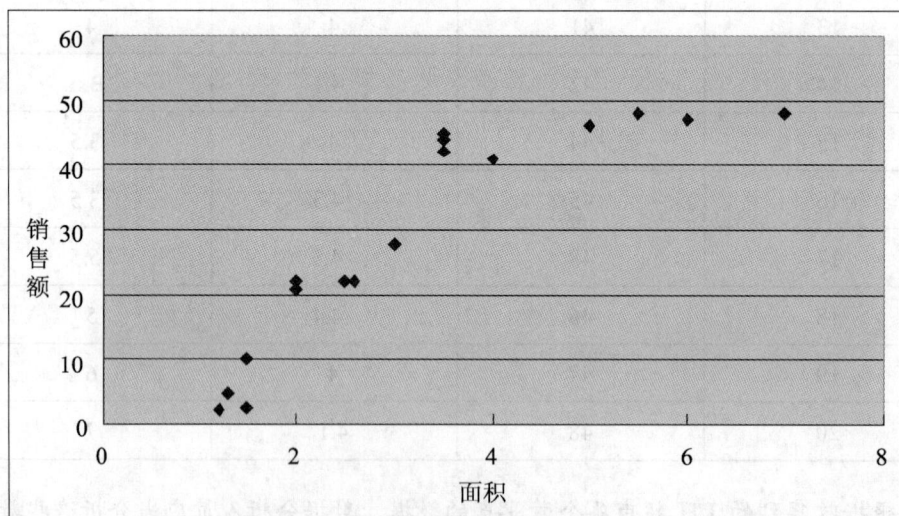

图 7-22 销售额与营业面积的散点图

从图 7-21、图 7-22 中可以看出销售额与促销费用、营业面积之间是存在相关关系的,而且,散点图基本呈现了线性的变化趋势。

2. 通过相关分析描述各个变量间的关系

影响 LH 超市销售额的有两个自变量——促销费用与营业面积。下面分析它们与因变量销售额的相关性。Excel 具体操作步骤如下。

第一步，选择工具菜单中的“数据分析”命令，弹出“数据分析”对话框。如果没有该命令，需要通过安装 Excel 的加载宏之后，对它们进行调用，然后该命令才能在编辑窗口的菜单中出现。

第二步，在分析工具列表框中，选“相关系数”工具。这时将出现“相关系数”对话框，如图 7-23 所示。

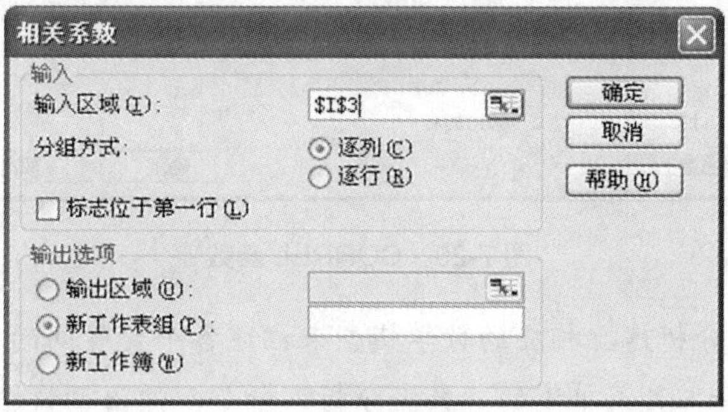

图 7-23　相关系数对话框

第三步，在输入框中指定输入参数。在“输入区域”指定数据所在的单元格区域 C1∶E22；因输入数据是以列方式排列的，所以在“分组方式”中选择“逐列”；因指定的输入区域包含标志行，所以选中“标志位于第一行”复选框；在“输出选项”框中指定输出选项，我们选择“输出区域”，并指定输出到当前工作表以 G2 为左上角的单元格区域。

第四步，单击“确定”按钮，所得到的相关分析结果如图 7-24 所示。

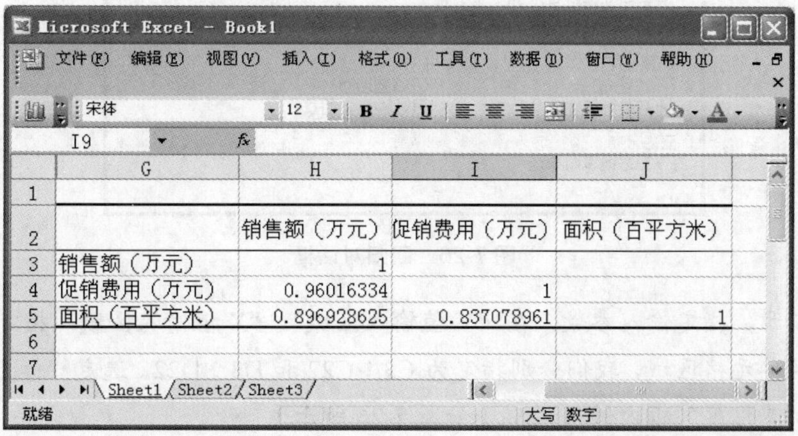

	G	H	I	J
1				
2		销售额（万元）	促销费用（万元）	面积（百平方米）
3	销售额（万元）	1		
4	促销费用（万元）	0.96016334	1	
5	面积（百平方米）	0.896928625	0.837078961	1
6				
7				

图 7-24

另外，也可以运用函数CORREL求出相关系数，CORREL函数的语法格式如下。

Array1是第一组数值单元格区域，Array2是第二组数值单元格区域。输入数据区域后可以得到参数计算结果，如图7-25所示。

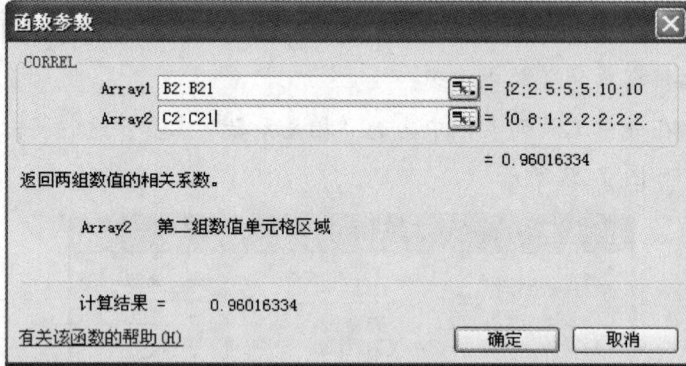

图7-25 CORREL函数

3. 通过回归分析建立相应的数学模型来描述各个变量间的关系

第一步，选择工具菜单中的"数据分析"命令，弹出"数据分析"对话框。在分析工具列表框中，选"回归"工具，这时将弹出回归对话框（如图7-26所示）。

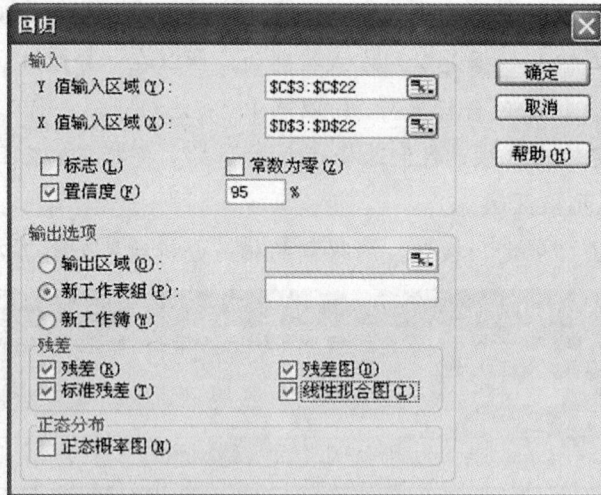

图7-26 回归对话框

第二步，指定输入参数。在"Y值输入区域"、"X值输入区域"指定相应数据所在的单元格区域，我们分别指定为C3：C22和D3：D22。选定"标志"复选框，在"置信度"框内键入95%（如图7-26所示）。

第三步，指定输出选项。这里选择输出到"新工作表组"，选定"残差"中的所有输出选项，以观察相应的结果（如图 7-26 所示）。

第四步，单击“确定”按钮，得到回归分析的计算结果。图 7-27 是有关回归分析的统计量、方差分析表和回归系数及其 t 检验、预测区间等数据；图 7-28 给出了预测值、残差值以及所计算的 DW 统计值；图 7-29 给出了自变量 x（促销费用）的残差分析图；图 7-30 给出了自变量与因变量的最佳适配回归线图。

	A	B	C	D	E	F	G	H	I
2									
3	回归统计								
4	Multiple R	0.9601633							
5	R Square	0.9219136							
6	Adjusted R Sq	0.9175755							
7	标准误差	4.9256061							
8	观测值	20							
9									
10	方差分析								
11		df	SS	MS	F	Significance F			
12	回归分析	1	5155.929	5155.929	212.514	2.07627E-11			
13	残差	18	436.7087	24.2616					
14	总计	19	5592.638						
15									
16		Coefficient	标准误差	t Stat	P-value	Lower 95%	Upper 95%	下限 95.0%	上限 95.0%
17	Intercept	-15.80774	3.108968	-5.08456	7.73E-05	-22.33943865	-9.27604	-22.339439	-9.27604
18	X Variable 1	14.440456	0.990574	14.57786	2.08E-11	12.35933646	16.52158	12.3593365	16.52158

图 7-27　回归分析结果

F46　=F45/G45

	A	B	C	D	E	F	G
22	RESIDUAL OUTPUT						
23							
24	观测值	预测销售额（万元）	残差（e_i）	标准残差		$(e_i-e_{i-1})^2$	e_i^2
25	1	-4.25537	6.255374	1.304771			39.1297
26	2	-1.36728	3.867283	0.806653		5.70298	14.95588
27	3	15.96126	-10.9613	-2.28634		219.8858	120.1493
28	4	13.07317	-8.07317	-1.68393		8.341071	65.17613
29	5	13.07317	-3.07317	-0.64101		25	9.444395
30	6	17.40531	-7.40531	-1.54463		18.76741	54.83862
31	7	20.2934	1.706598	0.355969		83.02688	2.912478
32	8	20.2934	1.706598	0.355969		0	2.912478
33	9	18.84936	2.150644	0.44859		0.197177	4.62527
34	10	21.73745	-0.73745	-0.15382		8.341071	0.543828
35	11	20.2934	7.706598	1.607473		71.30191	59.39166
36	12	20.2934	1.706598	0.355969		36	2.912478
37	13	41.95409	-0.95409	-0.19901		7.079241	0.91028
38	14	43.39813	-1.39813	-0.29163		0.197177	1.954772
39	15	41.95409	2.045914	0.426745		11.86145	4.185765
40	16	46.28622	-1.28622	-0.26829		11.10314	1.654369
41	17	49.17431	-1.17431	-0.24494		0.012524	1.379013
42	18	47.73027	-1.73027	-0.36091		0.309085	2.993829
43	19	41.95409	5.045914	1.052497		45.91665	25.46125
44	20	43.39813	4.601869	0.959876		0.197177	21.17719
45					合计	553.2408	436.7087
46					DW=	1.266842	

图 7-28　*DW* 检验

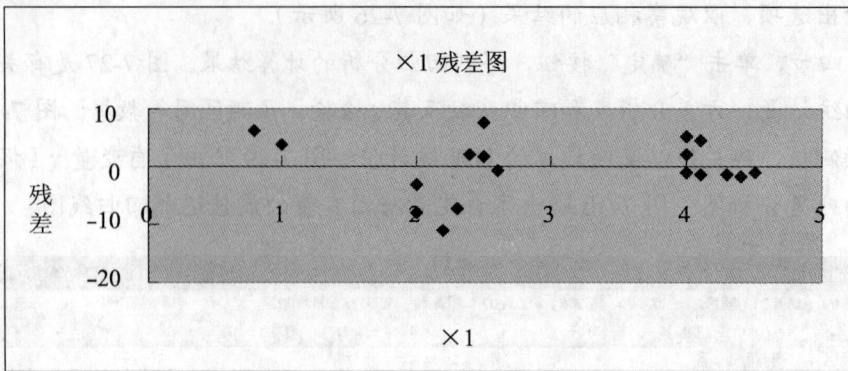

图 7-29 残差分析图

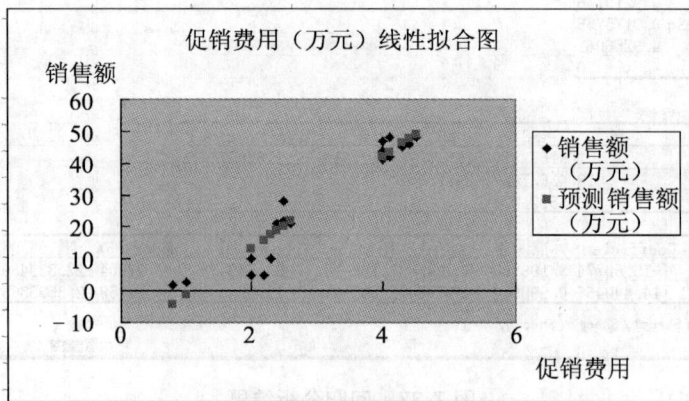

图 7-30 自变量与因变量的最佳适配回归线图

本例中，样本个数 $n = 20$，解释变量个数 $m = 1$，给定的显著水平为 $\alpha = 0.05$。从图 7-28 和图 7-29 的计算结果可得下述检验结论。

（1）拟合程度检验

在回归分析中给出的判定系数 r^2 为 0.921 9，比较接近 1，说明促销费用与销售额的关系十分密切。

（2）F 检验

在方差分析区域中，给出了 F 检验值为 212.514。查 F 分布表得到临界值为 $F_{0.05}(1, 20 - 1 - 1) = 4.41$，$F$ 检验值远远大于临界值，说明促销费用作为自变量与销售额作为因变量建立的回归方程是显著的。

（3）t 检验

在回归模型区域中给出了 t 检验值，回归系数 b 的 t 检验值为 14.577 9，查 t 分布表得到临界值为 $t_{0.025}(20 - 2) = 2.101$，$t$ 检验值远远大于临界值，说明促销费用对销售额有显著影响。

（4）DW检验

在 Excel 软件中，回归分析结果没有 DW 检验值，因此要自行按公式计算。如图 7-28 所示，先要利用公式分别求出 $(e_t - e_{t-1})^2$ 和 e_t^2 之值，再单击工具栏上的求和按钮进行求和计算，最后将两个求和值相除，便求得 DW = 1.266 8。查 DW 检验表，表中样本容量 n 为 20 时临界值 d_l=1.20 和 d_u=1.41。可见 DW 统计值在 $d_l < DW < 4 - d_u$ 之间，所以该回归模型不存在序列自相关，通过检验。实际上，在本例中我们取的数据为 LH 超市同一时间不同营业点的数据，不是时间序列数据，可以不进行 DW 检验。

综合上述计算结果和检验结果，确定回归模型如下：

$$y = -15.81 + 14.44x$$
$$R^2 = 0.9219 \quad n = 20$$
$$F = 212.514 \quad S = 4.925\,6 \quad DW = 1.266\,8$$

这是一个较为优良的回归模型。现在利用该回归模型，就可以根据预测期的促销费用预测销售额。假定第 20 营业点准备花费五万元促销费用，则其销售额预测值为：

$$y = -15.81 + 14.44x = -15.81 + 14.44 \times 5 = 56.39(万元)$$

图 7-27 还给出了回归系数 a、b 的估计值及其标准误差、回归系数估计区间的上下限等。因标准误差 S = 4.925 6，则在显著水平 $\alpha = 0.05$ 下，第 20 营业点销售额的预测区间为：

$$y \mp t_{\frac{\alpha}{2}}(n - m - 1) \cdot S = 56.39 \mp 2.101 \times 4.925\,6 = 56.39 \mp 10.35$$

即：当第 20 营业点投入促销费用为五万元时，在显著水平 $\alpha = 0.05$ 下，其销售额预测区间在 46.04～66.74 万元。

下面我们利用 Excel 软件的数据分析工具来建立 LH 超市销售额与促销费用和营业点面积的回归模型，并对其进行检验，然后利用模型进行预测。具体操作与一元线性回归分析基本相同。

输入相关参数如图 7-31 所示，系统输出计算结果如图 7-32 所示。图 7-32 显示了有关回归分析的统计量、方差分析表和回归系数及 t 检验、预测区间等数据。由于我们取的数据为 LH 超市同一时间不同营业点的数据，不是时间序列数据，所以可以不进行 DW 检验。

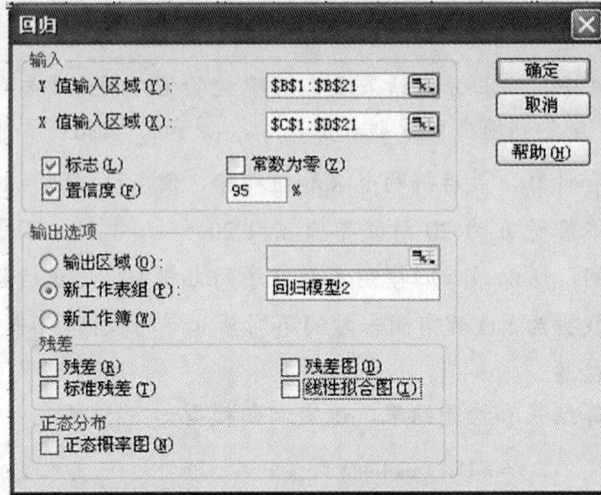

图 7-31　回归分析对话框

图 7-32　回归分析结果

本例样本个数 $n = 20$，解释变量个数 $m = 2$，分析图 7-32 的计算结果，可得下述检验结论。

（1）拟合程度检验

在回归统计中给出的 R^2 为 0.950 9，调整后的 $\bar{R}^2$ 为 0.945 2，均很接近 1，说明 LH 超市销售额与促销费用和营业点面积的关系很密切。

（2）F 检验

在方差分析中给出的 F 检验值为 164.733 1，$F_{0.05}(2,20-2-1)=3.59$，F 检验值远远大于临界值，说明 LH 超市销售额与促销费用和营业点面积的回归方程是显著的。

（3）t 检验

在回归模型区域 A16：I19 中给出了回归系数 b_0、b_1、b_2 的估计值及其标准误差、t 检验值和回归系数估计区间的上下限等。$b_0=-13.69$、$b_1=10.52$、$b_2=3.11$，两个回归系数检验值分别为 7.12 和 3.17，$t_{0.025}(20-2-1)=2.11$，t 检验值大于临界值，故拒绝原假设，可以断言促销费用和营业点面积对销售额有显著影响。

综合上述计算结果和检验结果，可得如下的回归模型。

$$y=-13.69+10.52x_1+3.11x_2$$
$$R^2=0.950\ 9 \quad \overline{R}^2=0.945\ 2 \quad n=20$$
$$F=164.733\ 1 \quad S=4.017\ 7$$

子任务 3　实训项目

3.1　课内实训

实训内容：利用 Excel 计算均值、中位数与众数。

实训目的：学会计算全距、组距，确定组数、组限，能够进行汇总整理并能用适当的图形加以描述。

实训步骤

1. 阅读以下材料：某企业开发了一种新产品，主要针对年收入 10 万元左右的消费群体。现准备开发某市市场，但对该市购买力水平不详。为此，企业做了一次小范围的问卷调查，收回有效问卷 110 份，被调查者年收入情况如下（单位：千元）：

154	133	116	128	85	100	105	150	118	97	110	131	119	93	108	100
111	130	104	135	113	122	115	103	90	108	114	127	87	127	108	112
100	117	121	105	136	123	108	89	94	139	82	113	110	109	118	115	126
106	108	115	133	114	119	104	147	134	117	119	91	137	108	107	112
121	125	103	89	110	122	123	124	125	115	113	128	85	113	143	80	102
132	96	129	83	142	112	120	107	108	111	100	97	111	131	109	145	93
135	98	142	127	106	110	101	116	110	123				

2．计算全距、组距；确定组数、组限。

3．进行汇总整理，即将各个变量值归入相应的组中，最后的结果用次数分布表显示。

4．汇总整理出结果，用适当的图形加以描述。

实训课时：2学时。

3.2　课外实战演练

演练内容：浙江 XH 鞋业有限公司准备开拓大学生鞋类市场，现在请同学们拟定题目，设计调研方案，实施调研，最后对调研资料进行汇总分析，形成报告。

演练目的：学会如何进行市场调研、选择调查技术、分析汇总资料、撰写调研报告。

演练要求

1．自由组合调查小组，5～6名同学为一组；

2．了解客户希望通过调研达到的目的；

3．选择合适的调查技术进行调查；

4．形成调查报告。

小结

在市场调查中，调查资料的整理和分析是一个非常重要的环节，也是一项比较复杂的工作，其基本原理是通过对收集到的原始数据的整理，使其在一定程度上显现出一定的含义，并通过分析、研究，在揭示不同数据间关系的基础上，得出某些市场研究结论或推断。市场调查资料整理和分析的方法主要有资料分类和汇总方法、资料展示方法、资料审核方法、资料分析方法等。在日常的资料整理和分析工作中，这些方法的运用都很普遍，在学习掌握这些方法的同时，一定要清醒地看到，对资料进行分类、汇总、审核、展示、分析可以初步说明事物发展的方向和趋势，得到有关对新事物的浅显认识，却不能说明事物发展的深度和广度，也无法得到对事物在更深层次上的认识。另外，市场调查资料的整理和分析应该按一定的程序进行，应遵循一定的原则，选择适当的方法，围绕确定的内容制订整理分析方案，加以组织实施，这样才能得出比较客观的调查结论。另外，随着信息技术的发展，统计工作离不开相关的软件支持，认真学习 Excel、Spss 等统计软件是十分重要的事情。

学生天地

（一）洛伦茨曲线与居民收入差异分析

洛伦茨曲线是美国经济统计学家洛伦茨根据意大利经济学家巴雷特提出的收入分配公式绘制成的描述收入和财富分配性质的曲线。曲线横轴是累计人口百分比，纵轴是累计收入或财富百分比。当一个国家的收入完全按人均分配时，同一累计百分比的人口就一定占有相同的累计收入百分比，此时该国的收入分配程度曲线就与对角线重合。如果绝大多数人口占有很少的财富和收入，而少部分人占有了绝大部分的收入，则该曲线就靠近下横轴和右纵轴。一般来说，国家的收入分配不会是绝对平均的，也不会是绝对不平均的。将任一国家或地区的收入分配情况绘制成洛伦茨曲线就可以观察、分析该国家或地区收入分配的平均程度。

某地区 1999 年的人口及收入情况如下表所示，试绘制该地区的洛伦茨曲线。

户数（户）	月可支配收入（万元）
280 785	4 000
242 250	6 000
167 400	8 000
150 000	10 500
93 900	12 500
66 300	17 000
58 350	22 000
41 400	28 000
37 500	35 000
19 800	55 000
9 450	85 000
5 592	125 000

（二）仔细阅读下图。此图说明了什么？

总覆盖人数（万）
（统计时间：2012-01-23至2012-01-29　用户范围：全部）

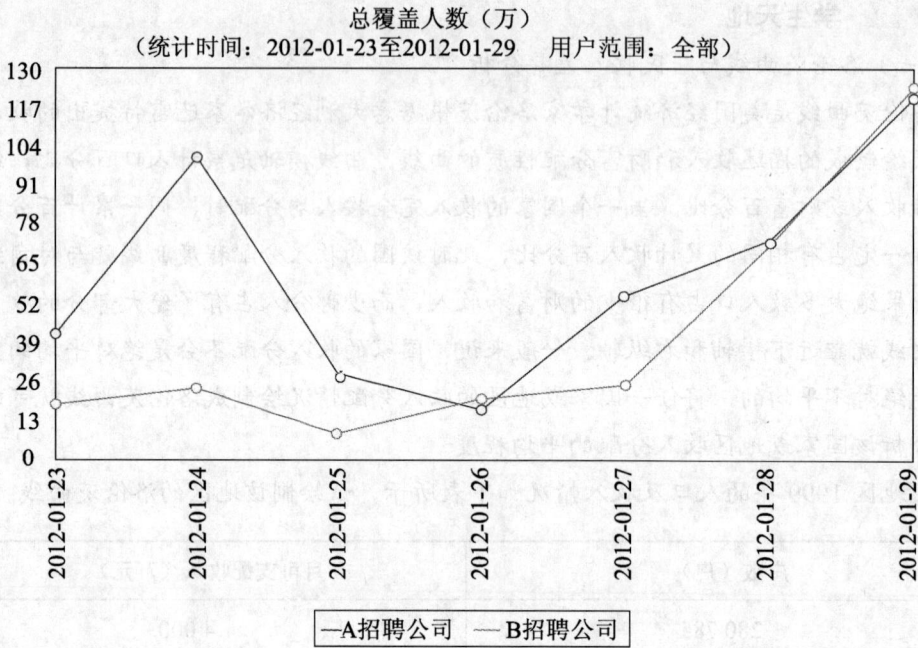

—A招聘公司　—B招聘公司

任务8 市场需求预测分析方法

1. 知识目标

◎ 理解市场预测的含义、作用；

◎ 掌握市场预测的基本程序；

◎ 掌握定性预测的主要方法；

◎ 掌握定量预测的主要方法。

2. 技能目标

◎ 熟悉定性预测中常用的计算公式；

◎ 掌握定性预测方法中每种方法的步骤和可操作性并能将所学方法熟练应用于实际中；

◎ 根据研究目的和掌握的资料，选用适当的指标和方法分析现象发展的趋势和规律。

开篇案例

内华达职业健康诊所火灾损失的预测

内华达职业健康诊所（Nevada Occupational Health Clinic）是一家私人医疗诊所，位于内华达州的 Spark 市。这个诊所专攻工业医疗，并且在该地区经营已经超过 15 年。1991 年年初，该诊所进入了迅速增长的阶段。在其后的 26 个月里，该诊所每个月的账单收入从 57 000 美元增长到超过 30 万美元。直至 1993 年 4 月 6 日，当诊所的主要建筑物被烧毁时，诊所一直经历着戏剧性的增长。

诊所的保险单包括实物财产和设备，也包括由于正常商业经营中断而引起的收入损失。确定实物财产和设备在火灾中的损失额，受理财产的保险索赔要求是一件相对简单的事情。但确定在进行重建诊所的七个月中收入的损失额则是一件很复杂的事情，它涉及业主和保险公司之间的讨价还价。对如果没有发生火灾，诊所账单的收入"将会有什么变化"，并没有预先制定的规则可以作为依据。为了估计失去的收入，诊所用一种预测方法来测算在七个月的停业期间将要实现的营业增长。在火灾前的账单收入的实际历史资料，将为拥有线性趋势和季节成分的预测模型提供基础资料。这个预测模型使诊所得到了损失收入的一个估计值，这个估计量最终被保险公司所接受。

【讨论】分析为什么保险公司最终接受了诊所的估计值。

子任务 1　了解市场需求预测

通过广泛的市场调查，我们获得了各种资料，包括第一手资料和第二手资料。在对这些资料进行整理分析后，我们对市场的历史和现状有了较清晰的认识。但在很多情况下，还需要对市场的未来趋势进行估计，这时候就要运用到市场预测的各种方法。

市场预测与市场调查的区别在于，前者是人们对市场未来的认识，后者是人们对市场的过去和现状的认识。市场预测能帮助经营者制订适应市场的行动方案，使自己在市场竞争中处于主动地位。

1.1　市场预测的概念及类别

1.1.1　市场预测的概念

预测是对未来的推算和测定，是根据准确的历史和现时资料，有目的地运用已有知识、经验和科学，判断事物未来发展的趋势的活动过程。根据内容可将预测划分为社会预测、经济预测、科学预测、技术预测和军事预测。市场预测是一种经济预测，而市场需求预测又是一种在实际应用中为企业所重视的市场预测。市场需求预测是在对影响市场需求变化的诸因素进行调查研究的基础上，运用科学的方法，对未来市场商品需求的发展趋势以及有关的各种因素的变化进行分析、估计和判断，预测的目的在于最大限度地减少不确定性对预测对象的影响，为科学决策提供依据。

1.1.2　市场需求预测的类别

1. 按预测方法的性质划分

可分为定性预测和定量预测。定性预测是由预测者根据自己掌握的实际情况、实践经验、业务水平对市场需求作出的判断；定量预测是以历史和现时的资料为依据，运用统计方法和数学模型，对市场需求作出的推算。

2. 按预测的时间长短划分

可分为短期预测、中期预测和长期预测。短期预测是一年之内的预测，中期预测指1～5年的预测，长期预测是指五年以上的预测。

3. 按预测的范围大小划分

可分为宏观预测和微观预测。宏观预测是对整个市场的预测，微观预测则是对某一局部市场的预测。

1.2　市场需求预测的步骤

1. 明确预测目标

即预测什么，通过预测要解决什么问题，进而明确规定预测目标、预测期限等。预测目标要避免空泛，要明确具体，如确定是对某一种产品还是几种产品的销售量进行预测等。

2. 收集并分析历史与现实数据资料

预测的数据资料依据，就是市场调查中获得的直接情报信息和间接情报信息。资料的收集一定要注意广泛性、适用性和可靠性。资料收集得不全面、不系统，将会严重影响预测质量。

3. 选择预测方法，拟定预测模型

在进行预测时，应根据预测目标和占有的信息资料，选择适当的预测方法和模型进行预测。预测方法不同，其预测结果也会不一致。此外，预测方法和预测模型的选择，还要考虑预测费用的多少和对预测精度的要求。

4. 确定预测结果

将预测中发现的一些与过去不同的新因素（内部和外部的），尽量转化为数量概念，并分析这些因素的影响范围和影响程度；同时，分析出预测与实际可能产生的误差、误差的大小及其原因。

子任务 2　定性预测分析方法

定性预测主要依赖于预测人员用丰富的经验和知识及综合分析能力，对预测对象的未来发展前景作出性质和程度上的估计和推测。

定性预测法不用或很少用数学模型，预测结果并没有经过量化或定量分析，所以具有不确定性。定性预测适合预测那些模糊的、无法计量的社会经济现象，并通常由预测者集体来进行。集体预测是定性预测的重要内容，能集中多数人的智慧，克服个人的主观片面性。

定性预测法简便、易于掌握，而且时间快、费用省，因此得到广泛采用。但是，定性预测法缺乏数量分析，主观因素的作用较大，预测的准确度难免受到影响。因此，在采用定性预测法时，应尽可能地结合定量分析方法，使预测过程更科学、预测结果更准确。

定性预测法的具体形式较多，使用频率较高的方法有集合意见法、专家会议法、德尔菲法等。

2.1 集合意见法

集合意见法是指各方人士（可以是企业内部经营管理人员、业务人员，也可以是企业外部的业务人员或用户）凭自己的经验判断，对市场未来需求趋势提出个人预测意见，再集合大家意见做出市场预测的方法。这种方法简便易行、可靠实用、注重发挥集体智慧，在一定程度上克服了个人直观判断的局限性和片面性，有利于提高市场预测的质量。

2.1.1 集合意见法的操作步骤

集合意见法的主要操作步骤如下。

1．提供资料

预测组织者根据企业经营管理的要求，向参加预测的相关人员提出预测项目和预测期限的要求，并尽可能提供有关背景资料。

2．提出预测方案

有关人员根据预测要求及掌握的背景资料，凭个人经验和分析判断能力，提出各自的预测方案。在方案中，要确定以下三个重点：

（1）确定未来市场的几种可能状态（例如，市场销路好或市场销路差的状态）；

（2）估计各种可能状态出现的概率（主观概率）；

（3）确定每种可能状态下可能达到的具体销售值（状态值）。

3．计算各方案期望值

预测组织者计算有关人员预测方案的方案期望值。方案期望值等于各种可能状态主观概率与状态值乘积之和。

4．计算各类综合期望值

将参与预测的有关人员分类，如厂长（经理）类、管理职能科室类、业务人员类等，计算各类综合期望值。由于预测参与者对市场的了解程度以及经验等因素不同，他们每个人对最终预测结果的影响作用也不同。

为表示这种差异，对每类人员要分别给予不同的权数，最后采用加权平均法获得各类综合期望值。若给每个预测者以相同的权数，则表示各预测者的重要性相同。综合期望值可直接采用算术平均法或中位数法获得。

5．确定最后的预测值

预测组织者将各类人员的综合期望值通过加权平均法等计算出最后的预测值。

2.1.2 集合意见法的实践应用

[例8-1]南方某皮鞋厂为了预测明年的产品销售额，要求企业三名经理、三名科

室（营销科、计划科、财务科）主管以及三名一线营销人员作出年度销售预测。

运用集合意见法预测的具体步骤如下。

1. 列出各预测人员的预测方案

皮鞋厂三名经理、三名科室主管和三名一线营销人员提出各自的预测方案，具体如表 8-1、表 8-2 和表 8-3 所示。

表 8-1　三名经理的预测方案

经理	销售估计值（单位：万元）						期望值	权数
	销售好	概率	销售一般	概率	销售差	概率		
经理甲	1 000	0.3	840	0.5	760	0.2	872	0.4
经理乙	1 100	0.4	960	0.4	720	0.2	968	0.3
经理丙	1 160	0.5	900	0.3	660	0.2	978	0.3

表 8-2　三名科室主管的预测方案

科室主管	销售估计值（单位：万元）						期望值	权数
	销售好	概率	销售一般	概率	销售差	概率		
营销主管	1 200	0.5	800	0.2	720	0.3	976	0.5
计划主管	1 080	0.4	960	0.3	680	0.3	924	0.3
财务主管	1 160	0.3	880	0.3	640	0.4	868	0.2

表 8-3　三名一线营销人员的预测方案

营销人员	销售估计值（单位：万元）						期望值	权数
	销售好	概率	销售一般	概率	销售差	概率		
营销员甲	960	0.3	800	0.5	600	0.2	808	0.4
营销员乙	1 040	0.3	880	0.4	720	0.3	880	0.3
营销员丙	1 080	0.2	840	0.5	760	0.3	864	0.3

说明：（1）未来的市场销售前景有三种可能性：销售好、销售一般、销售差，每一种可能性发生的机会称为概率。这三种可能性概率之和等于 1。这里的概率为主观概率，由参与预测的人员根据其经验及对市场的分析判断给出。

（2）权数。不同人员由于在企业中地位不同、权威性不同，他的预测意见的影响力也不同。凡是权威性大一些的人员，其权数也就大一些。

2. 计算各预测人员的方案期望值

方案期望值等于各种可能状态的销售值与对应的概率乘积。

经理甲的方案期望值为：

$$1\,000 \times 0.3 + 840 \times 0.5 + 760 \times 0.2 = 872\ （万元）$$

营销主管的方案期望值为：

$$1\,200 \times 0.5 + 800 \times 0.2 + 720 \times 0.3 = 976\ （万元）$$

营销员甲的方案期望值为：

$$960 \times 0.3 + 800 \times 0.5 + 600 \times 0.2 = 808\ （万元）$$

其他人员的方案期望值都依此计算，并填入相应表中。

2.2 专家会议法

即通过组织一个具有相关知识的专家参与的专家会议，运用专家各方面的专业知识和经验，相互启发、集思广益，对市场未来发展趋势或企业某个产品的发展前景作出判断的一种预测方法。

2.2.1 选择专家

专家会议法预测能否取得成功，在很大程度上取决于对专家的选择。专家选择应依据以下要求。

（1）专家要有丰富的经验和广博的知识。专家一般应具有较高学历，有丰富的与预测课题相关的工作经验，思维判断能力敏锐，语言表达能力较强。

（2）专家要有代表性。专家应覆盖面广，如市场营销专家、管理专家、财务专家、生产技术专家等，不能只局限于某一个方面。

（3）专家要有一定的市场调查和市场预测方面的知识和经验。

2.2.2 专家会议法的实施程序

1. 做好会议的准备工作

包括确定会议的主题，确定合适的主持人，选好会议的场所和时间，确定会议的次数，准备会议的记录、分析工具。确定主持人对于会议的成功与否起着非常重要的作用，要求其具有丰富的调查经验，掌握与讨论内容相关的知识，并能左右或引导会议的进程和方向。

2. 邀请专家参加会议

邀请出席会议的专家人数不宜太多，一般 8~12 人最好，要尽量包括各个方面的专家。被邀请的专家必须能独立思考，不受某个权威意见所左右。

3．控制好会议的进程

会议主持人提出预测题目，要求大家充分发表意见，提出各种各样的方案。在这一步中，需要强调的是在会议上不要批评别人的方案，要让与会者打开思路、畅所欲言。同时，要做好会议的记录工作。可以由主持人边提问边记录，也可以由助手进行记录，还可以通过录音、录像的方法记录。

4．确定预测方案

在会议结束后，主持人再对各种方案进行比较、评价、归类，最后确定预测方案。

2.2.3　专家会议法的特点

1．优点

优点一，与会专家能自由发表意见，各种观点能互相启发、互相借鉴，可以达到集思广益、互相补充的目的；优点二，专家会议法节省费用和时间，应用灵活方便。

2．局限性

主要体现在三个方面：一是由于会议人数有限，有时会使预测意见缺少代表性及全面性；二是会议上权威性专家的意见有时会左右会场，多数人的意见有可能使少数人的意见受到压制；三是专家会议法的预测结果极易受组织者和与会专家双方心理状态的影响，会议上的气氛很容易影响各位专家发表自己的意见，预测组织者的个人倾向也会影响预测值的准确性。

尽管专家会议法存在一定的局限性，但只要在应用这种方法时充分注意，尽量扬长避短，这种方法还是行之有效的。尤其是对于缺少历史资料和时效性要求较高的市场预测，这种方法的适用性显得尤为突出。

2.3　德尔菲法

德尔菲法也叫专家小组法，是美国兰德公司在 20 世纪 40 年代末首创，最先用于科技预测，20 世纪 60 年代以来在市场预测中也得到了广泛应用。

德尔菲法是专家会议法的改进和发展，是为避免集体讨论存在的屈从于权威或盲目服从多数的缺陷而提出的一种专家预测方法。在预测过程中，各专家不通过会议形式交换意见和进行讨论，而是在互相保密的情况下，用书面形式独立地回答预测者提出的问题，并反复多次修改各自的意见，最后由预测者综合确定市场预测的结论。德尔菲法的这一特点克服了在专家会议法中经常发生的专家们不能充分发表意见、权威人士的意见左右其他人的意见等弊病。

2.3.1 德尔菲法的实施程序

1．确定预测题目，选定专家小组成员

确定预测题目即明确预测目的和对象；选定专家小组成员则是决定向谁做有关的调查。这两点是有机地联系在一起的，即被选定的专家，必须是对确定的预测对象具有丰富知识的人，既包括理论方面的专家，也包括具有丰富实际工作经验的专家，这样组成的专家小组，才能对预测对象提出可信的预测值。专家小组人数一般不超过 20人，某些特殊情况除外。

2．设计调查表，准备相关材料

预测组织者要将预测对象的调查项目按次序排列绘制成征询表，准备向有关专家发送；同时还应将填写要求、说明一并设计好，使各专家能够按统一要求做出预测值。

除设计调查表，预测组织者还应准备与预测有关的资料，以便专家在预测时参考。这是因为，各位专家虽对预测对象有所了解，但对全面情况的了解有时不够，或对某一方面的情况了解不多，这都需要预测组织者事先准备好尽可能详尽的材料。

3．专家进行预测

各个专家根据他们所收到的材料，提出自己的预测意见，并说明自己是怎样利用这些材料和提出预测值的。

4．对专家意见进行初次汇总

将各位专家第一次判断意见汇总，列成图表，进行对比，再分发给各位专家，让专家比较自己同他人的不同意见，修改自己的意见和判断。也可以把各位专家的意见加以整理，或请身份更高的其他专家加以评论，然后把这些意见再分送给各位专家，以便他们参考后修改自己的意见。

5．反复收集意见和进行反馈

将所有专家的修改意见收集起来、汇总，再次分发给各位专家，以便做第二次修改。逐轮收集意见，并为专家反馈信息是德尔菲法的主要环节。收集意见和信息反馈通常要经过三四轮。在向专家进行反馈的时候，只给出各种意见，但并不说明发表各种意见的专家的具体姓名。这一过程重复进行，直到每一位专家不再改变自己的意见为止。

6．确定最后的预测值

预测组织者运用统计分析方法对专家最后一轮的预测意见加以处理，做出最后的预测结论。

2.3.2 德尔菲法专家意见的统计处理

1．对数量和时间答案的统计处理

当专家回答的是一系列可供比较大小的数据（如对销售量的预测）时，统计调查结果可用平均数或中位数来处理，用以求出调查结果的期望值。

（1）平均数法，就是用专家所有预测值的平均数作为综合的预测值。

其公式是：

$$y = \frac{\sum x_i}{n} \tag{8-1}$$

式中，x_i 为各位专家的预测值；n 为专家人数。

（2）中位数法，是用所有预测值的中位数作为最终的预测值。中位数的位置为 $\frac{n+1}{2}$，具体做法是：将最后一轮专家的预测值从小到大排列，碰到重复的数值舍去，那么中位数所处的位置（第 $\frac{n+1}{2}$ 位）的数据就是预测值。

2. 对等级比较答案的统计处理

在征询专家对某些调查项目所做的重要程度排序内容时，通常采用总分比重法进行统计。

2.3.3　德尔菲法的特点

1. 匿名性

背靠背地分头向各位专家征询意见是德尔菲法的特点。一般参加预测小组的专家互不见面，姓名保密，只同预测组织者保持单独联系。专家们背靠背地给出各自的预测意见，有利于他们打消顾虑，进行独立思考判断，这样既依靠了专家，又克服了专家会议的缺点。

2. 反馈性

轮番向专家征询意见。每次向专家征询意见，预测组织者都应将上一轮专家的意见统计归纳后的结果反馈给专家，各位专家在了解各种不同意见及其理由、掌握全局情况的基础上开拓思路，提出独立的新见解。

3. 统计性

每次收集到各位专家的意见，都应对每个问题进行定量统计归纳。通常用专家意见的中位数或平均数反映专家的集体意见。

与专家会议法相比较，德尔菲法的优点是：参与预测的专家能独立思考、各抒己见，能充分表达个人的预测判断，不受权威人物的影响；可以参考别的专家的看法，避免主观片面性，提高预测质量。主要缺点是：轮番函询专家需花费较长的时间；预测主要凭专家主观判断，缺乏一定的客观标准。

【拓展阅读】

头脑风暴法

在群体决策中，由于群体成员心理相互作用影响，易屈于权威或大多数人意见，会形成所谓的"群体思维"。群体思维削弱了群体的批判精神和创造力，损害了决策的质量。为了保证群体决策的创造性，提高决策质量，管理上发展了一系列改善群体决策的方法，头脑风暴法是较为典型的一种。

头脑风暴法出自"头脑风暴"一词。"头脑风暴"（Brain-storming）最早是精神病理学上的用语，是就精神病患者的精神错乱状态而言的，现在则指无限制的自由联想和讨论，其目的在于产生新观念或激发创新设想。

头脑风暴法又可分为直接头脑风暴法（通常简称为头脑风暴法）和质疑头脑风暴法（也称反头脑风暴法）。前者用于尽可能激发创造性，产生尽可能多的设想，后者则用于对前者提出的设想、方案逐一质疑，分析其现实可行性。

采用头脑风暴法组织群体决策时，要集中有关专家召开专题会议，主持者以明确的方式向所有参与者阐明问题，说明会议的规则，尽力营造融洽轻松的会议气氛。主持者一般不发表意见，以免影响会议的自由气氛，由专家们"自由"提出尽可能多的方案。

子任务3 定量预测分析方法

定量预测是指在占有充分数据资料的基础上，运用数学方法（有时还要结合计算机技术），对事物未来的发展趋势进行数量方面的估计与推测。

定量预测方法有两个明显的特点：一是依靠实际观察数据，重视数据的作用和定量分析；二是建立数学模型作为定量预测的工具。随着统计方法、数学模型和计算机技术日益为更多的人所掌握，定量预测的运用会越来越广。

定量预测方法的具体形式较多，常用的定量预测方法有移动平均预测法、指数平滑法、季节指数法和回归分析预测法等。

3.1 移动平均预测法

移动平均法是取预测对象最近的一组观察期的数据（或历史数据）的平均值作为预测值的方法。所谓"移动"是指参与平均的数据随着观察期的推移而不断更新，所谓"平均值"指算术平均值。当一个新的数据进入平均值时，要剔除平均值中最陈旧的一个数据，并且每一次参与平均的数据都有相同的个数。

移动平均法又可分为简单算术移动平均法和加权移动平均法两种。本书限于篇幅，只介绍简单算术移动平均法。简单算术移动平均法又可分为一次移动平均法和二次移动平均法。

3.1.1 一次移动平均法

一次移动平均法是直接以本期移动的平均值作为下期预侧值的方法。

一次移动平均法的预测模型为：

$$\bar{x}_{t+1} = M_t^{(1)} = \frac{x_t + x_{t-1} + \cdots + x_{t-n+1}}{n} \qquad (8\text{-}2)$$

式中：$\bar{x}_{t+1}$——$t+1$ 期的预测值；

$M_t^{(1)}$——第 t 期一次移动平均值；

n——跨越期数，即参加移动平均的历史数据的个数。

[例 8-2] 某市某商场某年的各月销售额资料见表 8-4，试计算 $n = 3$ 和 $n = 4$ 时的一次移动平均预测值。

表 8-4 采用一次移动平均法的某商场销售额预测计算表

单位：万元

月份	实际销售额	3 个月移动平均预测值	4 个月移动平均预测值
1	3 068	—	—
2	2 865	—	—
3	2 698	—	—
4	2 941	2 877	—
5	2 875	2 834.7	2 893
6	2 736	2 838	2 844.8
7	2 806	2 850.7	2 812.5
8	2 759	2 805.7	2 839.5
9	2 690	2 767	2 794
10	2 796	2 751.7	2 747.8
11	2 708	2 748.3	2 762.8
12	3 091	2 731.3	2 738.3

解：按式（8-2）测算，各预测值见表 8-4。

其中，当 $n=3$ 时，5 月份的预测值为：

$$M_4^{(1)} = \frac{x_4 + x_3 + x_2}{3} = \frac{2\,941 + 2\,698 + 2\,865}{3} = 2\,834.7 \text{（万元）}$$

当 $n=4$ 时，7 月份的预测值为：

$$M_6^{(1)} = \frac{x_6 + x_5 + x_4 + x_3}{4} = \frac{2\,736 + 2\,875 + 2\,941 + 2\,698}{4} = 2\,812.5 \text{（万元）}$$

其余预测值可依此逐一计算。必须指出的是，表 8-4 中的 1、2、3 期平均数 2 877 万元作为下一期的预测值，故 $M_3^{(1)}$ 与 $t=4$ 是同一期。同理，$M_4^{(1)}$ 与 $t=5$ 也同期。其余各期依此类推。

3.1.2 二次移动平均法

二次移动平均法的思路是在一次移动平均值的基础上加上一个趋势调整值，以弥补一次移动平均后损失的趋势。

二次移动平均法的计算公式为：

$$M_t^{(2)} = \frac{M_t^{(1)} + M_{t-1}^{(1)} + M_{t-2}^{(1)} + \cdots + M_{t-n+1}^{(1)}}{n} \tag{8-3}$$

式中：$M_t^{(1)}$——一次移动平均数；

$M_t^{(2)}$——二次移动平均数；

n——移动平均数的跨越期。

其计算方法与一次移动平均法完全相同。例如，资料同上例中的表 8-4，仍设 $n=3$，则二次移动的平均数如表 8-5 所示。

表 8-5 采用二次移动平均法的某商场销售额预测计算表

单位：万元

月份	实际销售额	$M_t^{(1)}$	$M_t^{(2)}$
1	3 068	—	—
2	2 865	—	—
3	2 698	—	—
4	2 941	2 877	—
5	2 875	2 834.7	—
6	2 736	2 838	—

（续）

月份	实际销售额	$M_t^{(1)}$	$M_t^{(2)}$
7	2 806	2 850.7	2 849.9
8	2 759	2 805.7	2 841.1
9	2 690	2 767	2 831.5
10	2 796	2 751.7	2 807.8
11	2 708	2 748.3	2 774.8
12	3 091	2 731.3	2 755.7

二次移动平均法不能独立进行预测，只能与一次移动平均法配合，求得移动系数，建立预测模型。所以，要进一步解决滞后偏差的问题，前提条件是时间序列的数据必须具有线性趋势。

用二次移动平均数所建立起来的直线方程式只适宜于做短期预测，对于离目前太远的中长期预测就不太适宜，其原因在于无法适时调整直线方程式的移动系数值，从而预测值可能脱离实际。

3.2　指数平滑法

指数平滑法是在移动平均法基础上发展起来的一种方法，实质上是一种特殊的加权移动平均法。该方法重视远期数据，但更看重敏感的近期数据，它对各期数据赋予的权数由近及远按指数规律递减。这种方法给予了确定权数的基本规则，使其在调整权数、处理资料时更为方便，因而在市场预测中被广泛应用。

指数平滑法按平滑次数的不同又分为一次指数平滑法、二次指数平滑法和多次（二次以上）指数平滑法。本文主要阐述一次指数平滑法。

3.2.1　一次指数平滑法概述

一次指数平滑法是以预测对象的本期实际值和本期预测值为资料，用平滑系数来确定两者的权数，求得本期的平滑值，作为下一期的预测值。其计算公式为：

$$S_{t+1}^{(1)} = \alpha x_t + (1-\alpha)S_t^{(1)} \tag{8-4}$$

式中：$S_{t+1}^{(1)}$——下一期的预测值；

$\qquad x_t$——本期实际观测值（本期实际发生值）；

$\qquad S_t^{(1)}$——本期预测值；

$\qquad \alpha$——平滑系数，其取值范围为 $0 \leqslant \alpha \leqslant 1$。

在应用指数平滑法进行预测时，平滑系数 α 的选择非常重要的。当 α 取值接近 1 时，近期数据的作用显著，各期历史数据的作用迅速衰减；当 α 取值接近 0 时，各期历史数据的作用逐渐减弱。

因此，在实际应用中，若是跟踪近期变化，则 α 取值宜较大；若是需要消除随机波动，揭示长期变化趋势与规律，α 取值宜较小。α 值的选择，也可以通过用几个不同的 α 值试算预测值，比较预测值与实际值之间的平均绝对误差（MAD），择其最小值来确定。

此外，由指数平滑法公式可知，要计算 $S_{t+1}^{(1)}$ 就需要知道 $S_t^{(1)}$。以此类推，要计算 $S_1^{(1)}$ 就要知道 $S_0^{(1)}$，而 $S_0^{(1)}$ 是没有办法计算出来的，只能估算。当资料项数较多（如 $n \geqslant 10$）时，初始值 $S_0^{(1)}$ 对预测结果影响较小，可以选择第一期的实际值作为初始值；当资料项数较少时，初始值对预测结果影响较大，可选择前几期（一般是前三期）数据的平均值作为初始值。

3.2.2 一次指数平滑法的应用

[例 8-3] 某日化企业近 10 个月销售牙膏资料如表 8-6 所示。请用一次指数平滑法预测下月牙膏销售量。

表 8-6 某日化企业近 10 个月销售牙膏资料

月份	销售量 x_t	$S_t^{(1)}$（$\alpha = 0.7$）
1	64	64
2	66	64
3	71	65.4
4	76	69.3
5	59	74
6	68	63.5
7	63	66.7
8	70	64.1
9	72	68.2
10	70	70.9
11		70.3

［分析］具体步骤如下。

第一步：确定平滑系数α，本例中$\alpha = 0.7$。

第二步：确定初始平滑值$S_1^{(1)}$。本例中$n = 10$，故$S_1^{(1)} = x_1 = 64$。

第三步：依次计算一次指数平滑值。

当$\alpha = 0.7$时：

$S_2^{(1)} = 0.7 \times 64 + 0.3 \times 64 = 64$

$S_3^{(1)} = 0.7 \times 66 + 0.3 \times 64 = 65.4$

...

$S_{10}^{(1)} = 0.7 \times 72 + 0.3 \times 68.2 = 70.9$

第四步：计算下一季度预测值。

$S_{11}^{(1)} = \alpha x_{10} + (1 - \alpha) S_{10}^{(1)} = 0.7 \times 70 + 0.3 \times 70.9 = 70.3$（万支）

从上述计算过程中可以发现，一次指数平滑法在计算每一个平滑值时，只需用一个实际观察值和一个上期的平滑值即可，它解决了需要贮存数据过多带来的不便，且计算过程简便，计算工作量较小。但一次指数平滑法也存在一定缺陷，它只能向未来预测一期市场现象的表现，这在很多情况下造成了预测的局限性，不能满足市场预测者的需要。

此外，一次指数平滑预测模型中的第一个平滑值$S_1^{(1)}$和平滑系数α的确定只是根据经验，尚无严格的数学理论加以证明。一次指数平滑法对无明显趋势变动的市场现象进行预测是适合的，但对于有趋势变动的市场现象则不适合。当市场现象存在明显趋势时，不论值取多大，其一次指数平滑值也会滞后于实际观察值。对于一次指数平滑法存在的缺陷，二次指数平滑法可以克服，对于二次指数平滑法本文不作论述。

3.3 季节指数法

3.3.1 季节指数法概述

商品的供应与消费受生产条件、气候条件、人们生活消费习惯的变化以及人们经济收入季节分布的变化等影响，特别是商品生产和生活消费之间的时间间隔往往表现为季节性的间隔（如瓜果、蔬菜等产品是季节生产、季节消费；粮、油、茶、糖等产品是季节生产、常年消费；背心、羽绒衣等产品是常年生产、季节消费），这使得市场中的产品由于受季节影响而呈现销售的季节性变动规律。掌握了季节性变动规律，就可以利用它来对季节性的商品进行市场需求量预测。

季节指数法是一种周期预测技术，是时间序列预测的重要组成部分。它是根据预测目标各年按月（或季）编制的时间数列资料，以统计方法测定出反映季节变动规律的季节指数，并利用季节指数进行预测的预测方法。

3.3.2 季节指数法操作步骤

季节指数法操作步骤如下。

（1）收集历年（通常需要三年以上）各月或各季的统计资料（观察值）。

（2）求出各年同月或同季观察值的平均数（用 A 表示）。

（3）求出历年间所有月份或季度的平均值（用 B 表示）。

（4）计算各月或各季度的季节指数，即 $S = A/B$。

（5）计算预测期趋势值。趋势值是不考虑季节变动影响的市场趋势估计值，其计算通常采用以下三种。

① 以观察年的年均值除以一年月数或季度数。

② 以观察年年末的年值乘以预测年的发展速度。

③ 直接以观察年年末的年值除以一年月数或季度数。

如果估计预测年数值变化不大，可用上述的第三种方法。

（6）用预测期趋势值乘以相应季节指数，即得出未来年度内各月和各季度包含季节变动的预测值。

3.3.3 季节指数法的应用

[例 8-4] 一家咨询公司受某茶类饮料企业委托，为其所在地区的茶类饮料消费市场进行分析和预测。该咨询公司分别走访了省、市统计局等相关部门，并收集到了该地区 2008～2010 年的茶类饮料销售额数据（如表 8-7 所示）。请用季节指数法预测该地区 2011 年各季度的茶类饮料销售额。

表 8-7　茶类饮料销售额数据表

单位：百万元

时　　间	2008 年	2009 年	2010 年
第一季度	56	62	68
第二季度	72	76	82
第三季度	82	89	93
第四季度	62	68	74

具体操作步骤如下。

1. 计算各年同季度平均销售值

各季度销售平均值 = 各年同季度销售额总和/年数

其中，第一季度销售平均值：（56 + 62 + 68）/3 = 62；则由此类推可知，第二季度销售平均值为 76.7；第三季度销售平均值为 88；第四季度销售平均值为 68。

2. 计算历年的季节平均值

2008 年的季节平均值为：

（56 + 72 + 82 + 62）/4 = 68

2009 年的季节平均值为：

（62 + 76 + 89 + 68）/4 = 73.8

2010 年的季节平均值为：

（68 + 82 + 93 + 74）/4 = 79.2

所以 2008 年、2009 年、2010 年这三年的季节平均值为：

（68 + 73.8 + 79.2）/3 = 73.7

3. 计算各季度的季节指数

各季节比率 = 各季节销售平均值/历年季节销售平均值

其中，第一季度季节比率：62/73.7 = 0.84；其他季度的季节指数可以此类推计算。

4. 预测 2011 年各季度的销售值

各季节预测值 = 最近年份的平均值 × 季节比率

本题中最近年份的平均值为 79.2，则第一季度预测值为 79.2 × 0.84 = 66.53；其他季度的预测值可以此类推计算。

各个步骤的具体计算数值如表 8-8 所示。

表 8-8　茶类饮料销售预测表

单位：百万元

季度年份	2008	2009	2010	季节销售平均	季节比率	预测值
第一季度	56	62	68	62	0.84	66.53
第二季度	72	76	82	76.7	1.04	82.37
第三季度	82	89	93	88	1.19	94.25
第四季度	62	68	74	68	0.92	72.86
季度平均值	68	73.8	79.2	73.7		

3.4 回归分析预测法

3.4.1 回归分析预测法的概念及类别

回归分析预测法是以遵循市场预测的因果性原理为前提，从分析事物变化的因果联系入手，通过统计分析，并建立回归预测模型揭示预测目标与其他有关经济变量之间的数量变化关系，据此对预测目标进行预测的方法。此法把其他相关因素视为"因"，把预测目标的变化视为"果"，建立因果之间的数学模型，并根据相关因素的变化，推断预测目标的变动趋势。

回归分析预测法是一种实用性较高的常用市场预测方法。当我们在对市场现象未来发展状况和水平进行预测时，如果能将影响市场预测对象的主要因素找到，并且能够取得其数量资料，就可以采用回归分析预测法进行预测。

回归分析预测法有多种类型。依据相关关系中自变量的个数不同分类，可分为只有一个自变量的一元回归分析预测法和有两个以上自变量的多元回归分析预测法。依据自变量和因变量之间的相关关系不同，又可分为线性回归预测和非线性回归预测。

3.4.2 回归分析预测法的基本步骤

1．根据预测目标，确定自变量和因变量

明确预测的具体目标，也就确定了因变量。如果预测具体目标是下一年度的销售量，那么销售量就是因变量。通过市场调查和查阅资料，寻找预测目标的相关影响因素，即自变量，并从中选出主要的影响因素。

2．进行相关分析

回归预测法是对具有因果关系的影响因素（自变量）和预测对象（因变量）进行的数理统计分析处理。只有当自变量与因变量确实存在某种关系时，拟出的回归方程才有意义。自变量与因变量的相关程度影响到预测值有效性的大小，因此，自变量与因变量之间存在着显著的相关性是应用回归预测法的基础。

3．建立回归预测模型

根据对自变量和因变量分析的结果，利用它们在观察期的资料，建立适当的回归方程，以此来描述现象之间相关关系的发展变化规律，并将回归方程作为预测模型。建立预测模型，其关键是求得方程中的系数值。

4．回归预测模型的检验及预测误差的计算

回归预测模型是否可用于实际预测，取决于对回归预测模型的检验和对预测误差的计算。回归方程只有通过各种检验，且预测误差较小，才能作为预测模型。

5．计算并确定预测值

回归分析预测法的最后一个步骤就是依据经过分析和检验后的回归预测模型，进行实际预测，并对预测的结果进行综合分析。利用回归预测模型确定预测值，是预测者的最终目标。预测值可以用一个点表示，但更多的情况下是根据需要求出预测值的区间估计值。区间预测值更能反映预测值的实际含义，在使用时具有充分的余地。

上述五个预测步骤仅仅是回归分析预测法建立预测模型和进行预测值确定的基本步骤。在实际的市场预测中，由于市场现象的复杂性，还必须结合预测者的经验和分析判断能力，对预测模型进行合理调整后才能使用。

3.4.3　一元线性回归分析预测法

本文主要介绍最基本的回归分析预测模型，即一元线性回归分析预测模型。

1．一元线性回归分析预测法的基本原理

一元线性回归分析预测法是指将一个变量（因变量）与另一个（且仅为一个）变量（自变量）的变化看成线性关系，并通过统计数据来定量分析因自变量变化而导致作为预测值的因变量的变化。若通过对大量统计数据的分析，发现两个变量的数据分布有近似的线性关系，则可以用式（8-5）表示它们之间的关系，即一元线性回归分析预测模型为：

$$y_t = a + bx_t + e \tag{8-5}$$

式中：y_t——t 期的因变量，是要预测的目标量；

$\qquad x_t$——t 期的自变量，是所选定预测目标（因变量）的相关量；

$\qquad a$——回归系数，是 y 轴上的截距；

$\qquad b$——回归系数，是回归直线的斜率；

$\qquad e$——随机误差。

一元线性回归分析预测法，就是通过对 y_t、x_t 大量的数据进行统计分析，寻找出线性分析规律，即确定 a、b、e；并据所获得的以上线性关系式，在已知 x_t 时对 y_t 进行预测。

2．一元线性回归分析预测法的应用及预测步骤

［例 8-5］已知南方某地区 2001～2010 年国内生产总值与固定资产投资额的资料如表 8-9 所示，试用一元线性回归预测法对该地区 2011 年和 2012 年的国内生产总值进行预测。

表 8-9　某地区 2001～2010 年国内生产总值与固定资产投资额

单位：亿元

年份	2001	2002	2003	2004	2005	2006	2007	2008	2009	2010
国内生产总值（y_i）	224	262	295	362	398	465	593	713	896	966
固定资产投资额（x_i）	65	69	79	92	117	136	168	231	296	352

解：

（1）建立一元线性回归模型，即

$$\hat{y} = a + bx \tag{8-6}$$

式中：$\hat{y}$——因变量的预测估计值。

根据一元线性回归模型的参数计算公式，可知我们需要求得回归系数 a 和 b 的值。a 和 b 的值可采用最常用的最小平方法原理计算，则回归系数计算公式为：

$$b = \frac{n\sum x_i y_i - \sum y_i \sum x_i}{n\sum x_i^2 - (\sum x_i)^2} \tag{8-7}$$

$$a = \frac{\sum y_i - b\sum x_i}{n} \tag{8-8}$$

由上述两个公式可知，我们需要计算相关系数，具体如表 8-10 所示。

表 8-10　相关系数计算表

序号	年份	y_i	x_i	$x_i y_i$	y_i^2	x_i^2
1	2001	224	65	14 560	50 176	4 225
2	2002	262	69	18 078	68 644	4 761
3	2003	295	79	23 305	87 025	6 241
4	2004	362	92	33 304	131 044	8 464
5	2005	398	117	46 566	158 404	13 689
6	2006	465	136	63 240	216 225	18 496
7	2007	593	168	99 624	351 649	28 224
8	2008	713	231	164 703	508 369	53 361

（续）

序号	年份	y_i	x_i	$x_i y_i$	y_i^2	x_i^2
9	2009	896	296	265 216	802 816	87 616
10	2010	926	352	325 952	857 476	123 904
合计		5 134	1 605	1 054 548	3 231 828	348 981

把相关系数代入参数 a 和 b 的最小二乘估计方程，得：

$$b = \frac{n\sum x_i y_i - \sum y_i \sum x_i}{n\sum x_i^2 - (\sum x_i)^2} = \frac{10 \times 1\,054\,548 - 5\,134 \times 1\,605}{10 \times 348\,981 - (1\,605)^2} = 2.522\,9$$

$$a = \frac{\sum y_i - b\sum x_i}{n} = \frac{5\,134 - 2.522\,9 \times 1\,605}{10} = 108.474\,6$$

则一元线性回归模型为：

$$\hat{y} = 108.474\,6 + 2.522\,9x$$

式中：$\hat{y}$——因变量的预测估计值。

（2）相关系数的计算

相关系数是用来说明变量之间在直线相关条件下的相关关系密切程度和方向的统计分析指标。其定义公式为：

$$r = \frac{n\sum x_i y_i - \sum y_i \sum x_i}{\sqrt{n\sum x_i^2 - (\sum x_i)^2} \cdot \sqrt{n\sum y_i^2 - (\sum y_i)^2}} \qquad (8\text{-}9)$$

把相关系数代入式（8-9），即

$$r = \frac{10 \times 1\,054\,548 - 5\,134 \times 1\,605}{\sqrt{10 \times 348\,981 - (1\,605)^2} \cdot \sqrt{10 \times 3\,231\,828 - (5\,134)^2}} = 0.988$$

r 的绝对值接近于 1，表明国内生产总值与固定资产投资额两变量之间线性相关关系密切。

（3）利用预测模型进行预测

将今后每年固定资产投资额分别代入回归预测模型中，就能得到今后两年每年国内生产总值的预测值。

例如，预计 2011 年和 2012 年固定资产投资额分别为 412 亿元和 509 亿元，将此数据代入上述预测模型，得：

$$\hat{y}_{2011} = 108.474\,6 + 2.522\,9 \times 412 = 1\,147.91$$

$$\hat{y}_{2012} = 108.474\,6 + 2.522\,9 \times 509 = 1\,392.63$$

（4）回归预测模型的检验

① 对回归模型作 F 检验

F 检验也是用来检验一元线性回归模型是否成立的一种方法。它构造统计量 F，并给定显著水平 α，统计量 F 的计算公式为：

$$F = \frac{(n-2)R^2}{1-R^2} \tag{8-10}$$

即，$F = \dfrac{(10-2) \times 0.988^2}{1-0.988^2} = 327.284\,2$，给定显著水平 $\alpha = 0.05$，查 F 分布表（见附录1）得 $F_{0.05}(1, n-2) = F_{0.05}(1, 8) = 5.32$，$F > F_{0.05}(1, 8)$。所以，所建立的一元线性回归预测模型成立。

② 回归系数的检验

第一步，提出假设，即

$$H_O: \beta = 0, H_1: \beta \neq 0$$

第二步，计算预测值的回归标准误差，计算回归标准误差的公式为：

$$S = \sqrt{\frac{\sum(y_i - \hat{y}_i)^2}{n-k}} \tag{8-11}$$

式中：S——回归标准误差；

　　　　y_i——因变量实际值；

　　　　$\hat{y}_i$——因变量估计值；

　　　　n——数据的总个数；

　　　　k——自变量、因变量的总个数。

第三步，求得标准误差之后，根据标准误差原则，在正态分布条件下，预测值取值范围在 $g \pm S$ 之间的置信度为 68.3%；预测值取值范围在 $g \pm 2S$ 之间的置信度为 95%；预测值取值范围在 $g \pm 3S$ 之间的置信度为 99%。

根据以上方法对上例进行置信区间估计，先得置信区间计算表（如表8-11所示）。

表8-11　置信区间计算表

n	y_i	x_i	$\hat{y}_i$	$(y_i - \hat{y}_i)^2$
1	224	65	272.46	2 348.67
2	262	69	282.56	422.61

（续）

n	y_i	x_i	$\hat{y_i}$	$(y_i - \hat{y_i})^2$
3	295	79	307.78	163.37
4	362	92	340.58	458.79
5	398	117	403.65	31.97
6	465	136	451.59	179.71
7	593	168	532.32	3 681.95
8	713	231	691.27	472.53
9	896	296	855.25	1 660.44
10	926	352	996.54	4 975.57
合计	5 134	1 605	5 134	14 395.61

将表中数据代入回归标准误差公式中，得：

$$S = \sqrt{\frac{\sum (y_i - \hat{y_i})^2}{n-k}} = \sqrt{\frac{14\,395.61}{10-2}} = 42.42$$

当该地区 2011 年的固定资产投资额为 412 亿元时，预测出国内生产总值的预测值为 1 147.91 亿元。利用 2S 原则计算置信区间，置信区间为 $y \pm 2S$，即该地区 2011 年的国内生产总值的区间估计值为 1 063.07～1 232.75，置信度为 95%。同理可得，该地区 2012 年的国内生产总值的区间估计值为 1 307.79～1 477.47，置信度同样也是 95%。

上述预测置信区间是从统计意义上的定量分析推断，不能将统计上的有效性与客观的有用性完全等同。例如，置信区间太宽，几乎会使它失去作为预测模型的现实意义。因此，在实际预测中，预测人员有必要在定量分析的基础上，根据经验、环境或其他因素的综合分析，得出一个更有把握的预测区间范围，或使某一预测值对决策更具实用性。此外，一元回归分析建立的一元回归模型不是永恒不变的，要根据事物随时间的发展、变化，不断收集新的资料以重新确立新的模型。

子任务 4　实训项目

4.1　课内实训

实训内容： Spss 预测分析方法训练。

实训目的：通过 Spss 预测分析方法训练，使学生掌握市场需求预测相关知识与技能；使学生学会运用 Spss 软件，提高学生在市场预测分析方面的实际技能。

实训要求

1. 在电脑机房内熟悉 Spss 软件；

2. 用 Spss 软件进行分析；

3. 经过分析得出相关结论。

实训步骤

1. 分组（自由组合，4~6 人为宜）；

2. 经指导老师讲解后，试用 Spss 软件；

3. 以前期调研数据为依据（或指导老师提供合适的调研数据），通过 Spss 软件进行分析；

4. 完成软件分析，得出结论。

实训课时：2 学时。

4.2 课外实战演练

演练内容：调查学校所在城市的民营企业培训需求，并基于调查的结果预测下一阶段或下一年度的培训需求状况。

演练目的：学会进行数据分析及市场预测，为企业提供具有一定现实意义的信息参考。

演练要求

1. 选取若干家不同规模、不同行业的民营企业，对其目前的培训市场进行调查；

2. 了解民营企业不同类型的培训需求，如拓展训练、销售培训、人力资源培训、财务培训等；

3. 运用网上调查、电话调查、实地调查等方法进行调查；

4. 形成调查报告。

小结

市场预测分析方法是市场预测技术中的重要组成部分，本任务对定性预测与定量预测的各种方法的原理及其应用进行了介绍。

定性预测方法主要介绍了集合意见法、专家会议法、德尔菲法等。集合意见法，是指各方人士（可以是企业内部经营管理人员、业务人员，也可以是企业外部的业务人员或用户）凭自己的经验和判断，对市场未来需求趋势提出个人预测意见，再集合大家意见做出市场预测的方法。专家会议法即通过组织一个由具有相关知识的专家参与的专家会议，运用专家各方面的专业知识和经验，相互启发，集思广益，对市场未来发展趋势或企业某个产品的发展前景作出判断的一种预测方法。德尔菲法是专家会议法的改进和发展，是为避免集体讨论存在的屈从于权威或盲目服从多数的缺陷而提出的一种专家预测方法。在预测过程中，各专家不通过会议形式交换意见和进行讨论，而是在互相保密的情况下，用书面形式独立地回答预测者提出的问题，并反复多次修改各自的意见，最后由预测者综合确定市场预测的结论。

定量预测方法的具体形式较多，主要介绍了较常用的几种方法，如移动平均预测法、指数平滑法、季节指数法和回归分析法等。

学生天地

计算题

1. 已知某商店近几年某商品销售量统计资料如下：

年度	1995	1996	1997	1998	1999
销售量（台）	260	266	270	279	285

试用直线趋势预测法，预测该店 2000 年这种商品的销量。要求：

（1）采用最小平方法，列出参数计算表；

（2）若置信度为 95%，求出预测误差及预测值置信区间。

2. 某县某服装店的销售额与该县服装社会零售额历史统计资料如下（单位：百万元）：

年份	商店销售额	服装社会零售额
1995	2.4	26
1996	2.7	29
1997	3.0	32
1998	3.4	37
1999	3.8	41

已知该县 2000 年服装社会需求额预测值为 4 500 万元，试采用直线回归方程预测该店 2000 年销售额，并估计置信度为 95% 的置信区间。

任务9　撰写市场调查报告

1. **知识目标**
◎ 掌握市场调查报告的基本结构;
◎ 掌握市场调查报告的写作技巧。

2. **技能目标**
◎ 培养学生动手写作市场调查报告的能力。

2011 年中国手机网民市场调查报告

截至 2011 年 12 月底,中国手机网民规模达到 3.56 亿,同比增长 17.5%,与前两年相比,虽然增长速度开始放缓,但仍高于整体网民 13.5% 的增长率(见图 9-1)。而从发展趋势看,手机将逐步替代电脑成为中国网民最主要的上网设备。

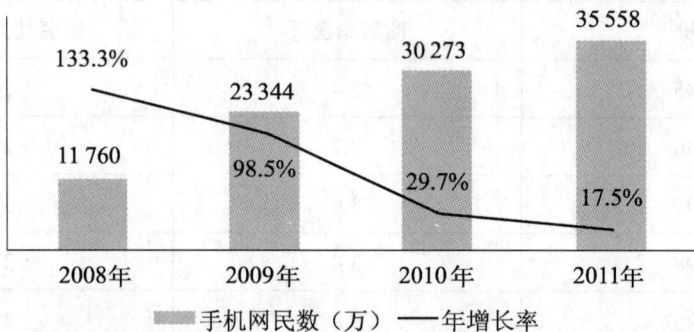

　　133.3%　　　23 344　　　30 273　　　35 558
　　11 760　　　98.5%　　　29.7%　　　17.5%
　　2008年　　　2009年　　　2010年　　　2011年
　　■ 手机网民数(万)　——年增长率

图 9-1

从数据方面分析,手机替代电脑的趋势越来越明显。截止到 2011 年 12 月,中国网民台式机使用比例从 2010 年的 78.4% 下降至 73.4%,笔记本电脑使用率基本持平,增长一个百分点,而手机使用率则上升 3.1%(见图 9-2)。预计未来 2~3 年内,手机网民将超过台式机网民,手机将成为中国网民使用最多的设备。

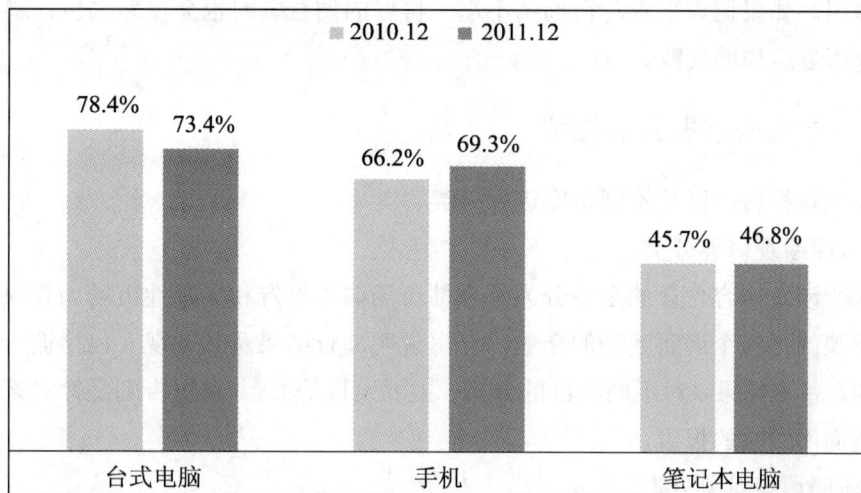

图 9-2

　　除了资费下调、网络建设推进等宏观层面原因，手机上网的普及与互联网服务形式以及手机的特性有密切关系。

　　【讨论】请问，该报告中所提到的"手机上网的普及与互联网服务形式以及手机的特性有密切关系"是指哪些方面？

子任务 1　市场调查报告结构及内容分析

　　市场调查报告是市场调查研究成果的集中体现，反映市场调查内容及工作过程，并提供调查结论和建议。一份好的市场调查报告应该有完整的结构和详略得当、层次分明的内容。

1.1　市场调查报告的含义

　　市场调查报告是在对市场调查得到的资料进行分析整理、筛选加工的基础上写出的分析性书面报告。调查人员在报告中记述和反映市场调查成果并提出看法和意见，借以帮助企业了解、掌握市场的现状和趋势，增强企业在市场经济大潮中的应变能力和竞争能力，从而有效地促进经营管理水平的提高。

　　市场调查报告是市场调查工作的最终成果，也是市场调研过程中最重要的一环。许多管理者并不一定涉足市场调研过程，但他们将依据调查报告进行业务决策。一份好的调查报告，能对企业的市场策划活动提供有效的导向，同时，对于各部门管理者了解情况、分析问题、制定决策、编制计划以及控制、协调、监督等各方面都能起到积极的作用。如果调查报告写得拙劣不堪，再好的调查资料也会黯然失色，甚至可能导致企业市场运作的失败。

1.2 市场调查报告的类型

市场调查报告可以从不同角度进行分类。

1．按照涉及内容分类

按其所涉及内容含量的多少分为综合性市场调查报告和专题性市场调查报告。综合报告反映的是整个调研活动的全貌，详尽说明调查结果及其发现（包括调研概况、样本结构、基本结果、对不同组群的分析、主要发现等）。专题报告则是针对某个具体问题或侧面而撰写的报告。

2．按照调查对象分类

按调查对象不同分为关于市场供求情况的市场调查报告、关于产品情况的市场调查报告、关于消费者情况的市场调查报告、关于销售情况的市场调查报告以及关于市场竞争情况的市场调查报告。

3．按照表述方式分类

按表述方式的不同分为陈述型市场调查报告和分析型市场调查报告。

4．按照报告性质分类

按报告性质的不同分为普通调查报告、研究性调查报告、技术报告。

5．按照报告呈递形式分类

按调查报告呈递形式的不同分为书面调查报告和口头报告。

1.3 市场调查报告的写作原则

撰写市场调查报告需要遵守以下几条原则。

首先，要做到实事求是。市场调查报告是在对调查所获基本情况进行分析的基础上对市场发展趋势作出预测，从而实现对有关部门和企业领导的决策行为提供参考依据，因而关系到企业未来决策和行为的正确性，所以从调查的实施过程到调查报告的撰写完成，整个流程都必须严格把关，实事求是，不可杜撰、增减数据，做出的预测必须有理有据，严格考究。

其次，要做到目的明确、重点突出。调查报告应避免数据堆砌、表达不清、主题不明。

最后，文字表达应言简意赅。阅读市场调研报告的人，一般都是忙碌的企业经营管理者或有关机构负责人，因此，撰写市场调查报告时，要力求条理清楚、言简意赅、易读好懂。

1.4 市场调查报告的结构

市场调查报告的格式一般由标题、目录、概述、正文、结论与建议、附件等几部分组成。

1.5 市场调查报告的内容分析

一份市场调查报告从内容上分，大致可以分为三部分，即基本情况、分析与结论、措施与建议。

基本情况：即对调查结果的描述与解释说明，可以用文字、图表、数字加以说明。对情况的介绍要详尽而准确，为下一步做分析、下结论提供依据。

分析与结论：对上述数据进行科学的分析，找出原因及各方面因素的影响，透过现象看本质，得出对调查对象的明确结论。

措施与建议：通过对调查资料的分析、研究，对市场情况有了明晰的认识；针对市场供求矛盾和调查中发现的问题提出建议和看法，供领导决策参考。

子任务 2 市场调查报告的写作技巧

市场调查得到的材料往往是大量而庞杂的，要善于根据主旨的需要对材料进行严格的鉴别和筛选，给材料归类，并分清材料的主次轻重，按照一定的条理，将有价值的材料组织到市场调查报告中去。

2.1 标题的写作技巧

市场调查报告的标题往往与之前的市场调查题目是一致的。标题应简单明了、高度概括、题文相符，能准确地表达调查报告的主题思想，能把被调查单位、调查内容明确而具体地表示出来。标题的格式类型有以下几种。

1. "发文主题"+"文种"

这类格式是公文中最规范化的表达格式，基本格式为"××关于××××的调查报告"、"关于××××的调查报告"、"××××调查"等。

如《某城市关于居民幸福指数的调查报告》、《关于大学生自主创业的调查报告》、《某产品顾客满意度调查》等。

2. 陈述式标题

用陈述事情的方式表达调查报告的主要内容，如《某大学毕业生就业情况调查》。

3. 正副标题式

一般正标题表达调查的主题，副标题则具体表明调查的单位和问题，如《高职发展重在技能培养——××××学院技能培养实践思考》。

2.2　目录的写作技巧

如果调查报告的内容、页数较多，为了方便读者阅读，应当使用目录或索引形式列出报告所分的主要章节和附录，并注明标题、有关章节号码及页码。一般来说，目录的篇幅不宜超过一页。

目录（参考）：

（1）调查设计与组织实施；

（2）调查对象构成情况简介；

（3）调查的主要统计结果简介；

（4）综合分析；

（5）数据资料汇总表；

（6）附录。

2.3　概述的写作技巧

概述是市场调查报告的开头部分，主要阐述调查的基本情况，一般包括三方面内容。

首先，简要说明市场调查的目的和意义。

其次，简要介绍市场调查工作的基本情况，包括市场调查的时间、地点、对象、范围、调查要点及所要解答的问题。

最后，简要介绍调查研究的方法。为了使人确信调查结果的可靠性，有必要对所用方法进行简短叙述，并说明选用方法的原因。

以上是比较常见的写法，但也可先写调查的结论，或直接提出问题等，这类写法能增强读者阅读报告的兴趣。

2.4　正文的写作技巧

正文是市场调查报告的重点及难点，又称为调查报告的主体部分。具体的写作内容及要求如下。

1. 分析调查数据

通过详细分析调查所收集回的各类材料与数据，发现问题，深入剖析原因。可以按照调查问卷的问题进行归类分析说明，也可以根据调查主题分层次用小标题提出。在此部分，应多采用分析文字与数据统计图形、表格相结合的方式，让阅读报告者一目了然，从图表上能获得直接的感官印象，从文字中能领会深层的原因。应避免通篇都是文字或只有统计图表的罗列。

2．概括观点

随着调查报告的深入，调查组应从各类统计数据和分析中归纳和总结出一些有价值的观点。例如在"某市居民消费习惯调查"中，通过调查发现大部分居民倾向于选择在节假日采购，进一步分析影响因素与原因，原来是商家都喜欢在节假日搞优惠活动，年年如此，居民已经摸清了商家的规律，居民的消费也渐渐变得理性，平日逛街只看不买，耐着性子等有优惠时再下手采购。因此，在市场调查报告中要体现和概括出类似的鲜明观点，如"居民消费趋于理性"、"商家活动依旧对居民消费起很大作用"等。

2.5　结论与建议

结论与建议是撰写市场调查报告的主要目的，也是报告使用者最关注的部分。该部分的写法灵活多样，可以是对概述或正文部分所提的主要内容的总结，进一步深化主题；也可以是提出解决问题的方法、措施、对策或对下一步改进工作的建议；还可以是提出更深入的问题，引发人们的进一步思考，或是展望前景，发出鼓舞和号召。结论和建议与正文部分的论述要紧密对应，不可以提出无证据的结论，也不要没有结论性意见的论证。

2.6　附件

附件是指调查报告正文包含不了或没有提及，但与正文有关必须附加说明的部分。它是对正文的补充或详尽的说明。包括数据汇总表、原始资料背景材料和必要的工作技术报告，例如为调查选定样本的有关细节资料及调查期间所使用的文件副本等。

子任务 3　学习市场调查报告范文

【范文阅读】

×市居民家庭饮食消费状况调查报告

（简析：该市场调查报告的标题由调查范围"×市"、调查内容"居民家庭饮食消费状况"和文种"调查报告"组成，一目了然。）

为了深入了解本市居民家庭在酒类市场及餐饮类市场的消费情况，特进行此次调查。调查由本市某大学承担，调查时间是××年×月至×月，调查方式为问卷式访问调查，本次调查选取的样本总数是 2 000 户。各项调查工作结束后，该大学将调查内容予以总结，其调查报告如下。

（简析：这部分属于概述部分，简要阐明了调查的基本情况，如说明调查目的、调查实施的部门、调查方法、时间、样本数，并用"各项调查工作结束后，该大学将调查内容予以总结，其调查报告如下"一句引出下文。）

一、调查对象的基本情况

（1）样本类属情况。在有效样本户中，工人 320 户，占总数的 18.2%；农民 130 户，占总数的 7.4%；教师 200 户，占总数的 11.4%……

（2）家庭收入情况。本次调查结果显示，大部分人的人均收入在 1 000 元左右，因此，可以初步得出结论，本市总的消费水平较低，商家在定价的时候要特别慎重。

（简析：这部分属于正文中的前言部分，主要说明下一步分析中需要用到的样本分类属性及家庭收入指标的划分。）

二、专门调查部分

（一）酒类产品的消费情况

1. 白酒比红酒消费量大

分析其原因，一是白酒除了顾客自己消费以外，用于送礼的较多，而红酒主要用于自己消费；二是商家做广告也多数是白酒广告，红酒的广告很少。这直接导致白酒的市场大于红酒的市场。

2. 白酒消费多元化

（1）从买白酒的用途来看，约 52.84%的消费者用于自己消费，约 27.84%的消费者用于送礼，其余的是随机性很大的消费者。消费者用于自己消费的白酒，其价格大部分在 20 元以下；送礼者所购买的白酒，其价格大部分选择在 80~150 元（约 28.4%）；从红酒的消费情况来看，大部分价格也都集中在 10~20 元。这样，生产厂商的定价和包装策略就有了依据，定价要合理，又要有好的包装，才能增大销售量。总之，从以上的消费情况来看，消费者的消费水平基本上决定了酒类市场的规模。

（统计图表略）

（2）购买因素比较鲜明，调查资料显示，消费者关注的因素依次为价格、品牌、质量、包装、广告、酒精度，这样就可以得出结论：生产厂商的合理定价是十分重要的，创名牌、求质量、巧包装、做好广告也很重要。

（3）顾客忠诚度调查表明，一旦某个品牌在消费者心目中扎根，是很难改变的，因此，厂商应在树立企业形象、争创名牌上狠下工夫，这对企业的发展十分重要。

（统计图表略）

（4）动因分析。首先在于消费者自己的选择，其次是广告宣传，然后是亲友介绍，最后才是营业员推荐。

（二）饮食类产品的消费情况

本次调查主要针对一些饮食消费场所和消费者比较喜欢的饮食进行，调查表明，×市居民消费有以下几个重要特点。

（1）消费者最常去的酒店大部分是中档的，这与本市居民的消费水平是相适应的。

（统计图表略）

（2）消费者的选择大多在自己工作或住所的周围，有一定的区域性。

（3）消费者追求时尚消费，如对手抓龙虾、糖醋排骨、糖醋里脊、宫保鸡丁的消费比较多，特别是手抓龙虾，在调查样本总数中约占 26.14%，以绝对优势占领餐饮类市场。

（4）近年来，海鲜与火锅成为市民饮食市场的两个亮点，市场潜力很大，目前的消费量也很大。

（统计图表略）

（简析：这部分属于正文中的主体部分，分类、分标题地列出调研数据并对其进行深入的分析，从中提出自己的观点和看法，形成有价值的论点。通篇正文采取的是大小标题式的布局，分别叙述了"酒类产品的消费情况"、"饮食类产品的消费情况"，每一部分又分为若干方面深入剖析。）

三、结论和建议

（一）结论

（1）本市的居民消费水平还不算太高，相当一部分居民还没有达到小康水平。

（2）居民在酒类产品消费上主要是用于自己消费，并且以白酒居多；用于个人消费的酒品，其品牌以家乡酒为主。

（3）消费者在买酒时多注重酒的价格、质量、包装和宣传；也有相当一部分消费者对此持无所谓的态度。对新牌子的酒认知度较高。

（4）对酒店的消费，主要集中在中档消费水平上，火锅和海鲜的消费潜力较大。

（二）建议

（1）商家在组织货品时要根据市场的变化制定相应的营销策略。

（2）对消费者较多选择本地酒的情况，政府和商家应采取积极措施引导消费者的消费，实现城市消费的良性循环。

（3）由于海鲜和火锅消费的迅猛增长，给管理部门带来一定压力，政府应加强管理力度，对市场进行科学引导，促进城市文明建设。

（简析：结论与建议部分，呼应了此次调查的主题，再次提炼和总结观点，同时提出解决问题可供选择的建议、方案。文章到此，自然结束。全文完整、格式规范、思路清晰、条理分明、中心突出、详略得当。）

子任务 4　口头调查报告

市场调查报告完成以后，有的情况下需要调查组用口头的形式向委托调查的机构组织进行工作成果的汇报，所以口头调查报告又称为调查报告的口头简介。口头调查报告不仅起到了对书面报告的有力补充和支持作用，同时它还具有书面报告所没有的功能，例如，它允许听众提问，并可逐条回答；市场调查者可以强调报告中最重要的内容，而人们在阅读时可能对此并未注意。如何把一份调查报告用口头清晰地表达出来，如何借助现代化多媒体技术进行调查成果的展示，关系到听者在有限的时间内去判断调查组的工作成绩和调查报告的质量。下面就如何做好市场调查报告的口头汇报工作进行介绍。

4.1　口头调查报告的目标

由于已经有了市场调查书面报告，且需要介绍的内容涉及面较广，又要回答可能出现的提问，所以口头调查报告对市场调查者提出了很高的要求。只有明确口头汇报的目标，认真策划，才能取得较好的效果；否则，它只能成为一场不具效果的公式化复述。口头报告的目标大致有以下几项。

（1）刺激大家对市场调查的兴趣；

（2）将市场调查结果告诉那些可能不会阅读报告的人士；

（3）解释或澄清报告中的复杂部分；

（4）特别强调某些重要事项；

（5）引导人们对结论及建议的讨论；

（6）达成将来努力方向的共识。

4.2　口头调查报告需要准备的材料

有了目标，接下来就是围绕着目标去准备需要的材料。口头调查报告需要准备的材料主要有以下几类。

1．汇报提要

口头汇报虽然时间短，但如果语速、思路控制不好的话，很可能会导致时间到了，要表达的内容却没讲完，或者是为赶时间过于简化内容，没有突出重点。为了避免这样的状况发生，需要对口头调查报告起草一份汇报的提要，写明汇报的流程、内容顺序、详略、各部分的分配时间等。

2．视觉辅助工具

仅依赖于语言去陈述调查组的工作及成果比较单调，如果一场汇报几小时下来全是发言人一人在滔滔不绝地陈述，听者也容易厌烦。所以，口头汇报调查报告时，应该尽量利用各种现代化多媒体视觉辅助工具，如投影仪、PPT、录像、照片、样品展品等，以求达到形象、生动、图文并茂、声色俱全的综合立体效果。

3．最终报告

为了做好更充分的准备，也为了应对汇报当时的一些突发事件，调查组可以针对调查报告另外起草一份详尽的口头调查报告演讲稿，把汇报提要展开、具体化。

4.3　口头调查报告需要注意的问题

口头汇报时，需要注意以下三个方面的问题。

1．听众

市场调查报告的汇报者必须根据听众的性质来决定传递什么信息，以及以什么样的表达方式传递。企业领导往往对市场的未来走向及相应的对策感兴趣，他们较关心报告的结论和建议部分。中层管理人员则对市场调查的每个环节都想熟悉。市场调查人员则可能对调查所运用的方法更感兴趣。当然，通常的情况是各种层次的人都有，这时报告人员在报告内容的设计上除了要照顾大众外，更应针对职位高的人士。另外，听众的人数往往也影响着口头汇报的形式，如果听众较少，采用座谈效果较好。

2．口头汇报人员的选择与培训

汇报人员是口头调查报告的核心和关键，报告人员一般应从参与此项调查的人员中选择，一来他对市场调查过程较为熟悉，便于临场发挥；二来可以提高报告的可信度。报告人员可以事先进行模拟汇报训练，掌握报告所需的时间长短，检验辅助器材的性能及相关资料是否齐全。报告人员还可以携带小卡片式的提纲，避免照本宣科。

口头汇报人员应采用通俗易懂的语言，内容应有侧重点。听众所关心的是这些数据资料究竟代表什么意义，如何将这些资料运用到实际问题的解决中去，因而口头汇报不可能也没有必要将调查所得的信息全部告诉听众，报告人员应对这些信息进行选择，以突出报告的重点，力求简明扼要。另外，报告人员的讲解语气一定要坚定，论点表达一定要肯定，切勿模棱两可，这有助于提高报告的可信度。

3．把握好汇报的时间

口头汇报调查报告的时间不宜过长，应言简意赅，一般时长控制在 1～2 小时之内，如果是特殊大型项目的调查汇报，可以适当延长。另外，报告人员还应该在汇报完后留出一段时间用于答疑。

子任务 5　实训项目

5.1　课内实训

实训内容：在课堂内实施一次主题为"手机品牌消费现状"的现场调查，并完成一份口头调查报告。

实训目的：培养学生从书面调查报告中提炼重点，形成口头汇报提纲的能力；帮助学生掌握调查报告口头汇报的技巧；教会学生制作视觉辅助材料。

实训要求

1. 由调查小组发挥团队合作精神，概括提炼书面市场调查报告的主要内容及观点；

2. 学习和亲手制作 PPT；

3. 口才表达训练。

实训步骤

1. 起草口头调查报告的提要；

2. 拟定口头汇报的详细讲稿；

3. 制作口头汇报的辅助 PPT；

4. 在课堂上分组进行台上口头汇报。

实训课时：2 学时。

5.2　课外实战演练

演练内容：调查本校在校生兼职情况，完成一份市场调查报告。

演练目的：学会如何撰写调查报告。

演练要求

1. 运用宿舍走访、班级互访、电子邮件、网上调查、校园拦截等多种方式进行调查；

2. 了解本校在校生兼职市场的大小、兼职行业和内容的倾向与选择偏好；

3. 了解在校生兼职的动机与目的；

4. 了解学校、父母、周围同学对在校生兼职的看法；

5. 形成调查报告。

📖 小结

本任务主要是教会学生如何撰写一份合乎标准规范的市场调查报告。一份好的市场调查报告，应该能反映出调查工作的过程及成果，能让阅读者尤其是委托调查的机构和组织的决策者看到调查组对调查项目的剖析、对事物的独到看法及见解，更能获取到调查组对该事情未来走向的预测判断及对下一步工作的改进措施或建议。市场调查报告的类型有多种，但总体来说，结构格式一般都包括标题、目录、概述、正文、结论或建议。一些小型市场调查报告反映的是微观、局部性的问题，它们篇幅短小，在形式上、写法上往往很灵活，但也足以向人们传递市场某一方面的信息。作为初学者，可以多练习写这样的小型市场调查报告。

口头市场调查报告是将市场调查报告进行口头汇报的一种形式。需要掌握的是它是书面市场调查报告的提炼与现场表达，而不是简单的照本宣科和复述。为达到良好的效果，口头调查报告需要在讲稿提要、视觉辅助材料、汇报人员的素质三大方面下工夫。

学生天地

1. 根据下述材料，撰写一篇市场调查报告

中国饮料工业协会统计报告显示，国内果汁人均年消费量仅为 1 千克，为世界果汁平均消费水平的 1/7，市场需求潜力巨大。

近日，我公司对××市果汁饮料市场进行了一次市场调查，根据统计数据，我们对调查结果进行了简要的分析。

（1）追求绿色、天然、营养成为消费者和果汁饮料的主要目的。据××市场调查显示，果汁饮料的竞争十分激烈，果汁的品质及创新成为果汁企业获利的关键因素，品牌果汁饮料的淡旺季销量无明显区分。

（2）目标消费群调查显示，在选择果汁饮料的消费群中，15～24 岁年龄段的顾客占了 34.3%，25～34 岁年龄段的顾客占了 28.4%，其中，又以女性消费者居多。

（3）影响购买的因素如下。
- 口味
- 包装
- 饮料种类选择习惯
- 品牌选择习惯
- 饮料品牌认知渠道
- 购买渠道选择
- 一次购买量

2. 阅读以下背景材料，就大学生就业歧视情况做一次调查，形成一份书面市场调查报告，并依据调查报告做一次课堂口头汇报。

　　最新调查显示，过半大学生被访者在应聘过程中受到过各种歧视，近六成用人单位对大学生求职者的户籍、地域有明确要求，属于典型的制度性歧视。

　　此次调查中，认为就业歧视程度很严重的被访者占样本总数的 11.31%，认为就业歧视程度严重的占 33.54%，这两者占 44.85%。认为不存在就业歧视的被访者只占 3.45%。

　　该调查来自北京、天津、广州等地的 11 所大学，有效问卷共回收 2 086 份。

　　三大歧视类型：（1）性别；（2）户籍；（3）外貌。

任务 10　市场调查应用

1. 知识目标

◎ 掌握市场需求量的含义、市场需求量调查的基本内容与方法；

◎ 掌握消费者购买行为调查方案设计的基本内容和方法；

◎ 理解和掌握新产品开发的策略与流程；

◎ 掌握广告效果调查方案设计的基本内容和方法。

2. 技能目标

◎ 培养学生分析市场需求的能力；能够结合具体情况，周密设计产品市场需求量的调查方案；通过市场研究，能够准确分析市场需求量，掌握某市消费者的该产品需求；

◎ 培养学生设计消费者购买行为调查方案的能力；

◎ 使学生学会产品概念测试、价格测试等；

◎ 培养学生设计广告效果调查方案的能力。

开篇案例

冲浪超浓缩洗衣粉为何失败

联合利华公司的冲浪超浓缩洗衣粉在进入日本市场前做了大量的市场调研。洗衣粉的包装设计成日本人装茶叶的香袋模样，很受欢迎；调研发现消费者在使用洗衣粉时，方便性是很重要的性能指标，于是对产品又进行了改进；由于消费者对洗衣粉的气味也有要求，因此联合利华把"气味清新"作为产品市场开拓的主要诉求点。可是，当产品进入日本后，市场份额仅占到 2.8%，远远低于原来的期望值，联合利华一时陷入窘境。问题出在哪里呢？

问题 1：消费者发现洗衣粉难以溶解，原因是日本当时正流行使用慢速搅动的洗衣机。

问题 2："气味清新"基本上没有吸引力，原因是大多数日本人是露天晾晒衣服的。

【讨论】从这个失败的案例中你得到了怎样的启示？如何进行市场调查才是有效的？

市场调查是在市场营销整个领域中的一个重要元素，它把消费者、客户、公众和营销者通过信息联系起来，这些信息有以下功能：识别市场机会和可能出现的问题，制定、优化营销组合并评估其效果。市场调查要确定说明问题所需的信息，设计收集信息的方法，监测和执行数据收集的过程，分析结果，并把调查中的发现提供给客户。通过对本任务的学习，要求学生掌握市场调查实际应用的能力。

子任务 1   市场需求调查

公司面临着众多的市场机会，在选择目标市场前必须进行仔细的评估。因此，进行测量与预测各种市场机会的规模、增长和盈利潜力极其重要。

1.1 市场需求的概念及分析

1.1.1   市场需求

需求就是指一定时间内和一定价格条件下，消费者对某种商品或服务愿意而且能够购买的数量。必须注意，需求与通常的需要是不同的。市场需求的构成要素有两个，一是消费者愿意购买，即有购买的欲望；二是消费者能够购买，即有支付能力，两者缺一不可。

市场需求是指一定的顾客在一定的地区、一定的时间、一定的市场营销环境和一定的市场营销方案下对某种商品或服务愿意而且能够购买的数量。可见市场需求是消费者需求的总和。

市场需求可以分为现实需求和潜在需求。现实需求决定着市场的现实规模，潜在需求决定着市场的未来增长。一旦条件具备，潜在需求就会转化为现实需求。营销管理者要把握市场规模及市场增长潜力，必须准确地认识和预测市场需求的变化。

1.1.2   市场需求分析

市场需求分析主要用于估计市场规模的大小及产品潜在需求量，这种预测分析的操作步骤如下。

1. 确定目标市场

在市场总人口数中确定某一细分市场的目标市场总人数，此总人数是潜在顾客人数的最大极限，可用来计算未来或潜在的需求量。

2. 确定地理区域的目标市场

算出目标市场人数占总人口数的百分比，再用此百分比乘以地理区域的总人口数，就可以确定该区域目标市场人数。

3．考虑消费限制条件

考虑产品是否有某些限制条件足以减少目标市场人数。

4．计算每位顾客每年平均购买数量

从购买率/购买习惯中即可算出每人每年平均购买量。

5．计算同类产品每年购买的总数量

用区域内的顾客人数乘以每人每年平均购买的数量就可算出总购买数量。

6．计算产品的平均价格

利用一定的定价方法，算出产品的平均价格。

7．计算购买的总金额

用求得的购买总数量乘以平均价格，即可算出购买的总金额。

8．计算企业的购买量

用企业的市场占有率乘以购买总金额，就可以求出企业的购买量。

9．需要考虑的其他因素

指有关产品需求的其他因素，例如，若经济状况、人口变动、消费者偏好及生活方式等有所改变，则必须分析其对产品需求的影响。根据这些信息，客观地调查第八项所获得的数据，即可合理地预测在总销售额及顾客人数中公司的潜在购买量。

1.2　市场需求调查

市场需求意味着市场机会。掌握当前市场需求和潜在需求及其变化趋势信息，是企业营销决策的前提。

1.2.1　市场需求量调查

市场需求量是市场调查的核心，其主要内容如下。

（1）市场需求总量。市场需求总量是指在一定的地理区域和一定的时间期限内，在一定的营销环境和一定的营销努力下，一定的消费者群体所会购买的特定产品的总量。

市场需求总量是各种条件变量的函数，不可能固定不变。因此，市场需求总量的调查需要经常进行。

（2）本企业销售潜量，即本企业的其一产品在某一市场上的最大销售量。

（3）本企业在不同市场的市场占有率调查。

1.2.2 市场需求结构调查

生活消费品的结构随着社会的进步、生产的发展和人民生活水平的提高会发生变化。恩格尔系数逐渐下降，其基本规律是食品比重下降，其他消费品与服务比重上升；低档品比重下降，中高档品比重上升。

1.2.3 市场需求的影响因素调查

市场需求受到各种因素的制约，其中有的因素企业可以控制，也有一些因素企业无法控制，例如消费者因素、竞争对手因素、政策因素、自然资源因素等，对此企业则可以采取措施利用或预先避免，甚至通过营销努力创造某些局部的有利环境，以扩大市场需求。

影响市场需求的主要因素如下。

（1）消费者偏好

在市场上，即使收入相同的消费者，由于每个人的性格和爱好不同，对商品与服务的需求也不同。消费者的偏好支配着他在使用价值相同或相近的商品之间的消费选择。但是，消费者的消费偏好不是固定不变的，而是在一些因素的作用下慢慢变化的。

（2）消费者的个人收入

消费者收入一般是指一个社会的人均收入。收入的增减是影响需求的重要因素。一般来说，消费者收入增加，将引起需求增加，反之亦然。但是，对某些产品来说，需求是随着收入的增加而下降的。随着经济的迅速增长，消费者的收入水平将不断提高，在供给不变或供给增长率低于收入增长率的情况下，一方面使得市场价格徐徐上升，另一方面也将引起商品需求量的增加。

（3）产品价格

这是指某种产品的自身价格。价格是影响需求的最重要因素。一般来说，价格和需求的变动呈反方向变化。

（4）替代品的价格

所谓替代品，是指使用价值相近、可以相互替代来满足人民统一需要的商品，如煤气和电力，石油和煤炭，公共交通和私人小汽车等。一般来说，在相互替代商品之间某一种商品价格提高，消费者就会把需求转向可以替代的商品上，从而使替代品的需求增加，被替代品的需求减少，反之亦然。

（5）互补品的价格

所谓互补品，是指使用价值上必须相互补充才能满足人们的某种需要的商品，如汽车和汽油，家用电器和电等。在互补商品之间，其中一种商品价格上升，需求量降低，会引起另一种商品的需求随之降低。

（6）预期

预期是人们对于某一经济活动未来的预测和判断。如果消费者预期价格要上涨，就会提前购买；如果预期价格将下跌，就会推迟购买。

（7）其他因素

包括商品的品种、质量、广告宣传、地理位置、季节、国家政策等。

1.2.4　市场未满足需求调查

在现代竞争激烈的市场上，尚未满足的市场需求是最佳的市场机会，是企业梦寐以求的。市场永远存在未满足的需求，问题是企业如何去发现它，并且采取有效的战略和策略，把这个需求未满足的市场机会转化为企业的营销机会。开展市场调查是发现未满足需求、把握市场机会的最重要途径。

【拓展阅读】

2009 年第一季度，A 市中小型住房需求放量上涨。据了解，A 市单套面积 90 平方米以下的普通商品住宅已成为楼市销售的主力户型，一季度 90 平方米以下普通住宅销售套数占市场总销量的 46.1%；90～100 平方米商品住宅销量占市场份额的 21.1%。目前，A 市居民仍是住房消费的主要动力，有七成多的住宅是本地居民购置的。购房者多数为年轻人结婚群体，或经济能力有限、家庭人口少的普通家庭。

点评：A 市房地产市场越来越趋于成熟、理性，刚性市场需求将在楼市需求中占据越来越多的市场份额。因此，房地产企业只有在进行充分、有效的市场调研的前提下，有针对性地开发小户型商品房，才能真正满足市场的主体需求，而不是一味地迎合高端需求，最终搬起石头砸了自己的脚。

1.3　市场需求实地调查方法

主要有询问法、观察法和实验法。

（1）询问法是实地调查中运用较为普遍的方法，它是由调查员直接同受访者接触，通过提问和回答实现信息沟通，掌握第一手市场信息。

询问法通常需要事先按调查目的精心设计一份调查问卷或谈话提纲。调查员按问卷或提纲逐项提问，并当场做好记录。在调查中还应辅之以其他有助于调查的工具，如样品、图片和提问卡片等。按照调查者与受访者接触的方式和接触人数的不同，询问调查分为入户访问、街头拦截访问、定点访问、电话访问、邮寄调查、固定样本持续调查、深度访谈、焦点座谈会和专家调查等形式。

（2）观察法是指调查者亲临调查现场或利用观察器材，客观地观察调查对象并忠实地记录其人、其事或其物的状态、过程或结果，收集第一手市场信息的一种实地调查方法。观察调查是一种有目的、有计划、有准备的调查活动，不同于我们日常生活中的随意观看。

（3）实验法是指调查人员根据调查目的，事先选定某一个或几个营销因素，通过人为地改变或控制这些因素，来观察它们对营销活动中其他因素的影响过程和影响结果，进而收集第一手信息的方法。例如，通过改变产品的包装，来观察产品销售量的变化。通过新旧包装引起的销售量变化的比较来了解新包装的市场效果，为包装决策提供依据。

拓展阅读

以海尔集团开发 B 国洗衣机市场为例，通过观察，海尔发现由于民族信仰和习惯，B 国人不论男女，都身着长袍。洗这种长袍，需要大功率洗衣机。所以，为了打开 B 国市场，海尔开发了适合当地的大功率洗衣机。在销售卖场上，销售人员当场展示了海尔大功率洗衣机的"威力"，立竿见影的效果，很快赢得了当地消费者的认可。

点评：海尔洗衣机在 B 国市场的成功正是得益于敏锐的市场观察。海尔把握住了市场信息，并将捕捉到的市场信息成功运用于新产品开发，新产品及时上市后迅速满足了市场需求。

子任务 2　消费者购买行为调查

市场调查涉及众多方面，其中消费者购买行为调查占有重要的地位，这是因为消费者的购买行为直接关系到产品在市场的销售情况，直接关系到企业的兴衰存亡。消费者市场是一切市场的基础，是最终起决定作用的市场。鉴于消费者在市场上的关键性地位，营销者必须认真研究、分析消费者市场的购买行为，以便采取适当的营销对策。

2.1　消费者购买行为模式

随着企业和市场规模的不断扩大，企业失去了同消费者直接接触的许多机会，因而不得不越来越多地借助于消费者购买行为调查来了解消费者的购买行为。他们通过消费者购买行为调查，试图了解有关实际购买行为的 5W1H 模式，具体包括下述几个方面。

2.1.1 消费者购买什么（What）

了解消费者购买什么，即是要搞清楚产品的被接受性。通过调查，既可以了解各种产品的市场占有率和不同品牌的销售情况，也可以了解消费者的爱好，以满足消费者的需求。

2.1.2 购买者是谁（Who）

"购买者是谁"研究的是在消费者购买行为中不同人的地位和作用。购买者可能是产品的消费者，也可能不是，其在不同的商品购买行为中有很大的差异。因此要搞清楚在消费者购买行为中：由谁作出购买决定；谁是使用者；谁去购买；和谁一起去购买；谁对决定购买有重大影响。这样，企业就能在制定产品、价格、渠道、促销、服务策略时做到有的放矢。例如，对于日用品、服务、食品等商品，大多由女方作出购买决定，同时也主要由女方实际购买；对于耐用消费品，男方作出购买决定的较多；对于儿童用品，常有孩子提出口头要求，由父母决定并与孩子一同前往商店购买。在美国，百货公司被认为是女性的商店，因此男士用品部门常位于进门处，这使得男士们可以较容易地进入店内选购货物。

2.1.3 消费者何时购买（When）

消费者在购买时间上存在着一定的规律性。某些商品销售随着自然气候和商业气候的不同，具有明显的季节性。如在节日期间，消费者购买商品的数量要比往常增加很多。而在具有特定含义的节日里，相应的特定商品也会热销。此外，对于商业企业来说，掌握在一个星期中的哪一天，在一天中的哪一时段的客流量较大，消费者购买行为较为集中等规律，有助于企业制定促销策略和仓储、物流策略。企业据此还可以合理安排营业员的上班时间，做到营业员上班人数随客流规律灵活调整，让营业员能在消费者购买行为较为集中时以最佳状态面对顾客，从更好地满足企业和消费者各自的利益。

2.1.4 消费者在何处购买（Where）

这里包括两种含义：一是消费者在什么地方决定购买；二是消费者在什么地方进行购买。对于某些商品，消费者在购买前已在家中作出决定，例如，购买商品房、电器等，这类商品信息可以通过电视、广播、报刊、杂志等媒体上的广告和其他渠道获得，而对于一般日用品、食品和服装等，具体购买哪种商品的决定通常是在购买现场临时作出的，一般受商品陈列、包装和导购人员介绍的影响，具有一定的随意性。目前，电视购物和网上购物使得决定购买和实际购买行为在家中便可完成。了解消费者购买各种商品去何种购物场所，对合理地设置商业和服务业网点有重大作用。因此，国际上的各大零售企业在进入中国市场时，无一例外地对当地的消费者在何处购买的行为进行了深入细致的调查。

2.1.5 消费者为什么购买（Why）

消费者为什么购买，也就是通常所说的购买动机。消费者购买动机一般可以分为两大类：本能动机和心理动机。

1. 本能动机

本能动机是由消费者身体本能需要所引起的购买动机，这种购买动机大量表现在人们购买吃、穿和部分用的商品的行为之中，由本能动机所产生的购买行为，具有习惯性、经常性和相对稳定性等特点。

2. 心理动机

消费者的行为不仅受生理本能的驱使，而且还受心理活动的支配，我们把这种心理活动支配而引起的购买动机称为心理动机。心理动机主要有感情动机和理性动机两种。

（1）感情动机包括由求新、求美、求异、求荣、求名等心理引起的各种动机；被广告宣传刺激产生的购买动机；受抢购影响产生的购买动机，等等。这种动机来得快，消失得也快，具有稳定性和周密性差的特点。

（2）理性动机是指在对商品价格、商品耐用性、可靠性、维修服务等方面了解、考虑、比较的基础上产生的购买动机，这种动机一般比较稳定和周密。

感情动机和理性动机并不矛盾，消费者在实际购买时往往同时具备两种或两种以上的动机。例如，某消费者为了培养孩子的音乐修养，产生了购买钢琴的感情动机。钢琴的规格、型号很多，究竟购买哪种呢？经过对价格、音质、外观、售后服务等各方面的理性思考，同时也受到广告宣传的影响，他最终选择了某品牌的钢琴。

2.1.6 消费者如何购买及购买多少（How）

不同的消费者具有各自不同的购物爱好和习惯。有些消费者注重品牌，对价格要求不多，他们愿意支付较多的钱购买自己所喜爱的品牌；而有些消费者则注意价格，他们购买较便宜的商品，对品牌并不在乎或要求不高。企业应通过对消费者购买过程中考虑因素的了解，对自己的产品进行合适的定位，采取适当的品牌和价格策略，创出自己的营销特色。

消费者购买的数量受到商品本身的特点（例如是否便于携带，是否符合消费者的一次消费量）以及消费者的消费习惯、家庭情况等因素的影响。（例如，易耗品的一次购买数量会比较多；不易保存的或者强调新鲜的商品一次购买数量会比较少；住宅离商业中心远，一次购买数量会比较多；家里拥有冰箱或者比较宽敞，一次购买数量会比较多；如此等等。）

2.2　消费者购买决策过程

消费者购买决策过程如图 10-1 所示。这一模式表明，消费者会经历五个阶段：认识需求、收集信息、信息评估、购买决策、购后感受。这个模式强调了购买过程在实际购买发生之前就开始了，并且购买之后很久还会有持续影响。它鼓励企业将注意力集中于整个购买过程，而不仅仅是购买决策。

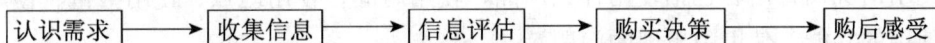

认识需求 → 收集信息 → 信息评估 → 购买决策 → 购后感受

图 10-1　消费者购买决策过程

2.3　消费者购买行为调查的内容

消费者购买行为调查的内容包括以下几个方面。

1．购买情况调查内容

购买情况调查内容包括购买什么、购买者是谁、何时购买、在何处购买和购买的数量，具体内容见表 10-1。

表 10-1　购买情况调查内容

购买什么	购买者是谁	何时购买	在何处购买	购买的数量
品牌	家人	一年中什么时候	大型百货商店	一次买多少
功能	家长	多长周期	中型百货商店	喜欢买多少
规格	子女	一周中什么时候	超市	大小的包装
产地	父母	一天中什么时候	便利店	—
—	—	—	大卖场	
—	—	—		

2．购买动机调查内容

购买动机调查内容包括为什么要购买，是本能的需求还是心理上的需求。要考虑的因素有价格、品牌、厂商信誉、质量、包装设计、色彩、形状、功能、香味或者味道、广告宣传、流行、自我喜好、售后服务、能源费用（水、电、煤气、汽油费用等）、付款方式和各种促销方式。

由于消费者购买动机具有隐蔽性，往往不容易获得，一般较多采用焦点座谈会方式来挖掘消费者购买动机。

3．购买信息及品牌知名来源调查内容

购买信息及品牌知名来源调查内容包括品牌的不提示联想、提示知名度、品牌的知晓途径（家庭、朋友、同事、邻居、广告、推销员、经销商、包装、展览、大众传播媒体、消费者权益组织、消费者个人对产品的认知、购买和使用经验等）、与媒体接触的情况。

4．使用情况调查内容

使用情况调查内容包括使用什么产品、使用时间、使用地点、使用数量、使用频率、使用的功能、使用中出现的问题。

5．产品、品牌使用后的评价内容

产品、品牌使用后的评价内容包括对产品属性（价格、品牌、名称、品质、包装、形状、性能、使用效果等）满意或不满意，对服务满意或不满意，以后的欲购程度，品牌的转换情况，希望增加的功能，希望改进的方面，对服务的评价和建议。

📁 典型案例

某空调产品营销调研方案

某空调集团需要了解目标消费群对空调产品的功能与广告语的评价，以便为广告创意提供依据。因此，研究人员特制定出如下市场营销调研方案。

第一阶段：空调功能测试阶段

- 研究目的
  1. 了解目标消费者对空调的主要功能的看法、理解与接受程度。
  2. 为×品牌空调的广告宣传提供参考依据。
  3. 发现产品的特殊卖点，以便为产品定位。
- 研究性质：定性研究
- 调查方法：小组座谈会

- 调查城市：北京
- 被访者条件：空调使用家庭及打算购买空调家庭的购买决策者，具有高中以上学历，年龄在 25～45 岁。
- 分组情况

  第一组：空调使用家庭的空调购买决策者（男 6 人，女 2 人）

  第二组：打算购买空调家庭的空调购买决策者（男 6 人，女 2 人）
- 费用预算：8 000 元/组 × 2 组 = 16 000（元）

第二阶段：空调广告语测试阶段

- 研究目的

1. 了解目标消费者对×品牌空调广告语的看法与喜好程度。
2. 为×品牌空调的广告宣传提供参考。

- 研究性质：定量研究
- 调查方法：街头拦截访问
- 样本量：100 个
- 调查城市：北京
- 被访者条件：空调的预购者（男女比例 6：2），年龄在 25～45 岁。
- 费用预算：40 元/样本 × 100 个样本 = 4 000（元）

点评："某空调产品营销调研方案"分两个阶段——空调功能测试阶段和空调广告语测试阶段。每次调研主题非常明确，思路清晰，人员分工和经费预算合理，形成了产品市场调研的框架。

子任务 3　顾客满意度调查

激烈的市场竞争强调企业必须对客户资源给予足够的重视，由此导致了客户关系管理理论的产生和迅速发展。作为现代管理科学与先进信息技术结合的产物，客户关系管理（CRM）是企业在新的市场环境（高度扰动的市场环境）下，通过对企业——客户关系的互动引导，识别、保留和发展价值客户，达到企业最大化盈利目的的企业战略管理。在客户关系管理中，客户满意度模型的建立是客户关系管理能否成功实施的关键一步。而客户满意度调查正是借助客户满意度模型的应用才得以有效实施。本部分将重点介绍四分图法、KANO 模型、层次分析法以及美国顾客满意度指数。

3.1 客户满意度调查及其作用

客户满意度调查 （CSR）是对服务性行业的顾客满意度调查系统的简称，是一个相对的概念，是客户期望值与客户体验的匹配程度。换言之，就是客户对一种产品可感知的效果与其期望值相比较后得出的指数。

客户满意度调查近年来在国内外得到了普遍重视，特别是服务性行业的客户满意度调查已经成为企业发现问题、改进服务的重要手段之一。尤其是金融业、电信业，由于客户群庞大，实现一对一的服务几乎不可能，所以通过满意度调查了解客户的需求、企业存在的问题以及与竞争对手之间的差异，从而有针对性地改进服务工作，显得尤为重要。测评客户满意度的作用如下。

（1）掌握满意度现状，帮助客户把有限的资源集中到客户最看重的方面，从而达到建立和提升顾客忠诚并保留顾客；

（2）子品牌和客户群调研为分层、分流和差异化服务提供了依据，可用于了解并衡量客户需求；

（3）找出服务短板，分析顾客价值，实现有限资源优先配给最有价值的顾客；

（4）研究服务标准、服务流程及服务传递与客户期望之间的差距，找到客户关注点和服务短板，并提出相应改善建议。

因此，进行客户满意度调查研究，旨在通过连续性的定量研究，获得消费者对各项指标的评价，找出内、外部客户的核心问题，发现最快捷、有效的途径，实现最大化的价值。

3.2 客户满意度调查模型

当企业需要衡量其产品或服务水平在整个行业中的位置时，可以利用客户满意度调查；当企业需要一个量化的工具来考核各分公司、各部门的服务水平时，可以通过客户满意度调查获得一个满意度分数来进行考核；当企业需要强化员工的服务意识时，可以通过客户满意度调查，让员工了解和关注客户满意度，推动员工以客户满意为关注焦点；当企业需要评估产品或服务改进的效果时，可以通过满意度调查跟踪用户满意情况，检验满意度提升工作的效果，明确需进一步改善之处。而客户满意度调查必须借助一定的测评工具，建立满意度测评模型。关于客户满意的研究模型主要有三个：四分图模型（见图 10-2）、KANO 模型和美国顾客满意度指数模型（ACSI）。

3.2.1　四分图模型

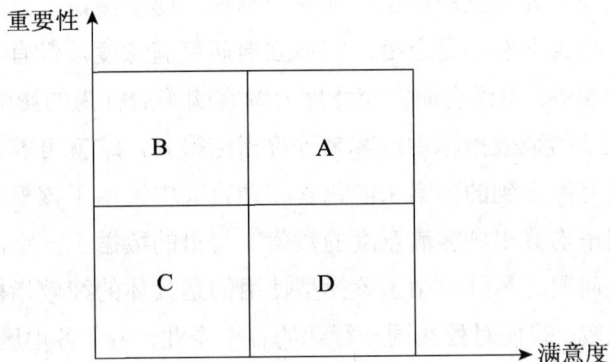

图 10-2　四分图模型

A 区——优势区（高重要性、高满意度）：指标分布在这些区域时，表示对顾客来说这些因素是重要的关键性因素，顾客目前对这些因素的满意度评价也较高，这些优势因素需要继续保持并发扬。

B 区——修补区（高重要性、低满意度）：指标分布在这些区域，表示这些因素对顾客来说是重要的，但当前企业在这些方面的表现比较差，顾客满意度评价较低，需要重点修补、改进。

C 区——机会区（低重要性、低满意度）：指标分布在这些区域，代表这一部分因素对顾客不是最重要的，满意度评价也较低，但对企业的影响并不很大，因此不是现在最急需解决的问题，没有必要投入大量的精力，可以暂时将其忽略。

D 区——维持区（低重要性、高满意度）：指标分布在这些区域，代表满意度评价较高，但对顾客来说不是最重要的因素，属于次要优势（又称锦上添花因素），对于这些因素企业可以注意发挥某优势，如果从企业资源的有效分配方面考虑，也可以先从该部分做起。

在对所有的绩效指标归类整理后，可从三个方面着手对企业的产品和服务进行改进：

（1）消费者期望（消费者最为关注的，认为影响他们对企业满意度的最为重要的一些因素）；

（2）企业的优势指标（企业在这些因素上做得到位，消费者满意度高）；

（3）企业的弱点（企业在这些因素上工作不足，或是没有意识到这些因素对满意度的影响）。

四分图模型的优缺点分析如下。

四分图模型目前在国内应用很广，国内大多数企业在做顾客满意度调查时均采用该模型，这个模型简单明了，方便有效，而且不需要应用太多的数学工具和手段，无论是设计、调研，还是分析整理数据，都易于掌握，便于操作。

当然，这个模型也存在不足之处。它孤立地研究满意度，没有考虑顾客感知和顾客期望对满意度的影响，也没有研究满意度对顾客购买后行为的影响。在实际操作中，该模型列出各种详细的绩效指标由顾客来评价指标得分，这就可能让许多顾客重视但调查人员和企业没有考虑到的因素未能包含在调查表中。由于该模型不考虑误差，仅由各指标得分加权平均算出顾客满意度的数值，得出的数据不一定准确，同时也不利于企业发现和解决问题。另外，由于该模型使用的是具体的绩效指标，很难进行跨行业的顾客满意度比较；即使对处在同一行业的各个企业，由于各地区经济发展不平衡，顾客要求不同，各指标对顾客的重要程度也可能不同，这会导致同一行业跨地域的可比性大大降低。

3.2.2　KANO 模型

受行为科学家赫茨伯格的双因素理论的启发，东京理工大学教授狩野纪昭（Noriaki Kano）和他的同事于 1979 年 10 月发表了《质量的保健因素和激励因素》（*Motivator and Hygiene Factor in Quality*）一文，第一次将满意与不满意标准引入质量管理领域。

1. KANO 模型内容分析

KANO 模型定义了三个层次的顾客需求：基本型需求、期望型需求和兴奋型需求。这三种需求根据绩效指标分类就是基本因素、绩效因素和激励因素。

基本型需求是顾客认为产品"必须有"的属性或功能。当其特性不充足（不满足顾客需求）时，顾客很不满意；当其特性充足（满足顾客需求）时，无所谓满意不满意，顾客充其量是满意。

期望型需求提供的产品或服务比较优秀，但并不是"必需"的产品属性或服务行为。有些期望型需求连顾客都不太清楚，但却是他们希望得到的。在市场调查中，顾客谈论的通常是期望型需求，期望型需求在产品中实现的越多，顾客就越满意。

兴奋型需求要求提供给顾客一些完全出乎意料的产品属性或服务行为，使顾客产生惊喜。当其特性不充足时，并且特性是无关紧要的，则顾客无所谓；当产品提供了这类需求中的服务时，顾客就会对产品非常满意，从而提高顾客的忠诚度。

2. KANO 模型的实际操作意义

在实际操作中，企业首先要全力以赴地满足顾客的基本型需求，保证顾客提出的问题得到认真的解决，重视顾客认为企业有义务做到的事情，尽量为顾客提供方便，以实现顾客最基本的需求满足。其次，企业应尽力去满足顾客的期望型需求，提供顾客喜爱的额外服务或产品功能，使其产品和服务优于竞争对手并有所不同，引导顾客加强对本企业的良好印象，使顾客达到满意。最后争取实现顾客的兴奋型需求，为企业建立最忠实的客户群。

3．KANO 模型的优缺点分析

严格地说，该模型不是一个测量顾客满意度的模型，而是对顾客需求（或者说对绩效指标）的分类，通常在满意度评价工作前期作为辅助研究模型。KANO 模型的目的是通过对顾客的不同需求进行区分处理，帮助企业找出提高企业顾客满意度的切入点。KANO 模型是一个典型的定性分析模型，一般不直接用来测量顾客的满意度，它常用于对绩效指标进行分类，帮助企业了解不同层次的顾客需求，找出顾客和企业的接触点，识别使顾客满意的至关重要的因素。

3.2.3　美国顾客满意度指数模型（ACSI）

ACSI 是一种衡量经济产出质量的宏观指标，是以产品和服务消费的过程为基础，对顾客满意度水平的综合评价指数，由国家整体满意度指数、部门满意度指数、行业满意度指数和企业满意度指数四个层次构成，是目前体系最完整、应用效果最好的一个国家顾客满意度理论模型（见图 10-3）。ACSI 是 Fornell 等人在瑞典顾客满意指数模式（SCSB）的基础上创建的顾客满意度指数模型。

1．ACSI 模型结构

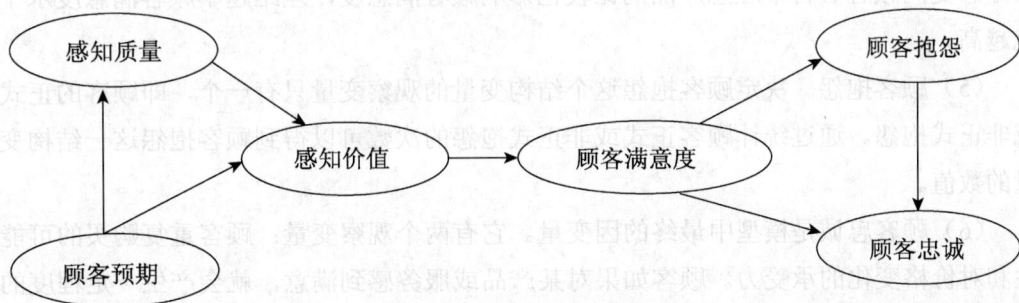

图 10-3　ACSI 模型结构图

在上述模型中，科学地利用了顾客的消费认知过程，总体满意度被置于一个相互影响、相互关联的因果互动系统中。该模型可解释消费经过与整体满意度之间的关系，并能指出满意度高低将带来的后果，从而赋予了整体满意度前向预期的特性。

该模型共有六个结构变量，顾客满意度是最终所求的目标变量，预期质量、感知质量和感知价值是顾客满意度的原因变量，顾客抱怨和顾客忠诚则是顾客满意度的结果变量。模型中六个结构变量的选取以顾客行为理论为基础，每个结构变量又包含一个或多个观测变量，而观测变量则通过实际调查收集数据得到。

2．ACSI 模型的结构变量

（1）顾客预期是指顾客在购买和使用某种产品或服务之前对其质量的估计。决定顾客预期的观察变量有三个：产品顾客化（产品符合个人特定需要）预期、产品可靠性预期和对产品质量的总体预期。

（2）感知质量是指顾客在使用产品或服务后对其质量的实际感受，包括对产品顾客化即符合个人特定需求程度的感受、对产品可靠性的感受和对产品质量的总体感受。

（3）感知价值体现了顾客在综合产品或服务的质量和价格以后对自身所得利益的主观感受。感知价值的观察变量有两个，即"给定价格条件下对质量的感受"和"给定质量条件下对价格的感受"。顾客在给定价格下对质量的感受，是指顾客以得到某种产品或服务所支付的价格为基准，通过评价该产品或服务质量的高低来判断其感知价值。

（4）顾客满意度反映的是顾客的一种心理状态，它来源于顾客对企业的某种产品或服务的消费所产生的感受与自己的期望的对比。ACSI 模型在构造顾客满意度时选择了三个观察变量：实际感受同预期质量的差距、实际感受同理想产品的差距及总体满意程度。顾客满意度主要取决于顾客实际感受同预期质量的比较。同时，顾客的实际感受同顾客心目中理想产品的比较也影响顾客满意度，差距越小顾客满意度水平就越高。

（5）顾客抱怨。决定顾客抱怨这个结构变量的观察变量只有一个，即顾客的正式或非正式抱怨。通过统计顾客正式或非正式抱怨的次数可以得到顾客抱怨这一结构变量的数值。

（6）顾客忠诚是模型中最终的因变量。它有两个观察变量：顾客重复购买的可能性和对价格变化的承受力。顾客如果对某产品或服务感到满意，就会产生一定程度的忠诚，表现为对该产品或服务的重复购买或向其他顾客推荐。

3．ACSI 模型的优缺点分析

在 ACSI 体系中，所有不同的企业、行业及部门间的顾客满意度是可被一致衡量并且可以进行比较的。它让顾客满意度不仅能在不同产品和行业之间比较，还能在同一产品的不同顾客之间比较，体现出人与人的差异。

ACSI 体系提出了顾客期望、感知质量和感知价值这三个变量，它们影响顾客的满意度，是顾客满意的前因。感知价值作为一个潜变量，将价格这个信息引入模型，增加了跨企业、跨行业、跨部门的可比性。

ACSI 模型各组成要素之间的联系呈现因果关系，它不仅可以总结顾客对以往消费经历的满意程度，还可以通过评价顾客的购买态度预测企业长期的经营业绩。在实际调研时，ACSI 模型只需要较少的样本（120～250 个）就可以得到一个企业相当准确的顾客满意度。

ACSI 模型最大的优势是可以进行跨行业的比较，同时能进行纵向跨时间段的比较，已经成为美国经济的晴雨表。同时，ACSI 是非常有效的管理工具，它能够帮助企业与竞争对手比较，评估企业目前所处的竞争地位。

需要指出的是，ACSI 模型建立的目的是为了监测宏观的经济运行状况，主要考虑的是跨行业与跨产业部门的顾客满意度比较，而不是针对具体企业的诊断指导，它调查企业的目的只不过是以企业为基准来计算行业、部门和全国的满意度指数。由于其测量变量抽象性的需要，它的调查也不涉及企业产品或服务的具体绩效指标，企业即使知道自己的满意度低，也不知道具体低在生产或服务的哪个环节，应该从哪一方面着手改善；更不知道顾客最需要的是什么，最重视的又是什么。由于缺乏对企业生产经营上的具体指导作用，所以在进行微观层面具体企业的满意度调查时较少使用该模型。

📁 **典型案例**

电子商务网站的品牌忠诚调查

电子商务网站的品牌忠诚，即 E 忠诚，是指在线顾客对该网站品牌的忠诚，也是指顾客重复选择该网站购买某一特定产品或某些产品的心理和行为倾向。因此，只有消费者既有对特定购物网的态度偏好，又有相应的行为表现，即同时满足"情感 E 忠诚"和"行为 E 忠诚"两个维度，才能称作"E 忠诚"。在电子商务环境下，由于购物网站兼具商店与媒体的双重特性，顾客的访问量和推荐行为都可能为网站带来额外的收益，如吸引更多的广告投放量等。因此，除了考虑消费者的重复购买行为外，还应该考虑到衡量媒体忠诚的指标"访问行为"，即顾客对该网站表现出来的重复、大量的浏览和更长时间的停留行为。另外，顾客的"推荐行为"，即在线顾客向他人推荐该网站、愿意把自己愉悦的购物体验与他人分享的次数，也是 E 忠诚在行为维度上的一个典型体现。综上所述，我们至少可以从三个维度来测量在线顾客的行为 E 忠诚。同时，结合学者们对品牌忠诚度量化的概率标准（50%以上为高度忠诚），我们可以用以下方法来计算网站的高行为 E 忠诚。

某在线顾客的重复访问概率 = 考察期内访问行为的次数/考察期内访问同种类所有购物网站的次数 × 100%

某在线顾客的重复购买概率 = 考察期内在该网站的购买次数/考察期内在同种类所有购物网站的购买次数 × 100%

某在线顾客的重复推荐概率 = 考察期内该消费者推荐行为的次数/考察期内推荐同种类购物网站的总次数 × 100%

由以上三个公式进一步推论可得到：

网站高访问行为的在线顾客数 = Sum（重复访问概率>50%的在线顾客）

网站高购买行为的在线顾客数 = Sum（重复购买概率>50%的在线顾客）

网站高推荐行为的在线顾客数 = Sum（重复推荐概率>50%的在线顾客）

然后利用网络数据库统计技术，分别计算出以上三个指标的值，再加权平均，即得行为 E 忠诚的顾客数，即：高行为 E 忠诚顾客数 = α × 高访问行为的在线顾客数 + β × 高购买行为的在线顾客数 + γ × 高推荐行为的在线顾客数（说明：其中 α、β、γ 为权重）。

点评：在对网站 E 忠诚进行实际测量的过程中，情感 E 忠诚者应该是从行为 E 忠诚的顾客中筛选出来的。严格来说，要真正筛选出行为、情感双忠诚的顾客，调查过程应遵循以下几个步骤：（1）从网站的所有在线顾客中随机抽取样本，针对每个样本，以 E-mail 等形式发放调查问卷；（2）从回收的有效问卷统计出样本的高行为忠诚顾客数；（3）从高行为忠诚的顾客中找出高情感忠诚的顾客；（4）利用统计推断技术计算出总体的高情感忠诚顾客数，此即行为、情感双忠诚的在线顾客数。这样，行为、情感双忠诚的在线顾客数占网站顾客总人数的百分比即为网站 E 忠诚顾客率。

子任务4　广告效果调查

随着社会主义市场经济的逐步建立和完善，广告在企业经营活动中的重要作用已越来越受到重视。企业为了在激烈竞争中克敌制胜，不惜投入巨资进行广告宣传，同时企业也越来越重视广告策划，期望取得显著的广告效果。本任务将介绍广告效果调查方面的一些理论知识。

4.1　广告效果调查的作用

广告信息调查和广告媒体调查使我们了解到广告需要有一个准确的诉求和有效的传播媒体。但有了这些还不够，广告的效果是否能达到（例如，品牌知名度是否提高、消费者习惯是否转变、销售量是否上升等）才是企业最关心的结果。通过广告活动效果调查，企业可以了解投放的广告是否达到预设的目标，这也是企业或者广告公司评价一则广告是否成功的客观尺度，是企业选择广告代理公司的一个标准。

4.2　广告活动效果调查的内容

4.2.1　传播效果调查内容

广告的传播效果是指广告通过一定的媒体向消费者传达广告信息，使消费者认识品牌或者企业，促使消费者的态度向所期望的方向转变。

广告传播效果调查的目的在于确定广告是否正在引发有效的沟通。广告传播效果调查内容可以从知名、理解、确信、行动这四个方面进行讨论。

1. 知名阶段

知名阶段是指消费者最初了解和知晓某一则广告和它所要传播的品牌或企业名称的阶段。广告传播效果调查以知名度调查为主。

[例] Q. 请问您是否看过某品牌的电视广告？

　　　　A. 是　　　　　　　　B. 否

2. 理解阶段

理解阶段是指消费者理解某一则广告和它所要传播的产品特色是什么，产品有什么功能。

[例] Q. 请问您认为这则广告讲了些什么？

----

3. 确信阶段

确信阶段是指消费者确立选择某一品牌的信念。

[例] Q. 请问您在看过某品牌香水的广告之后，下次购买香水时：

　　　　A. 肯定会购买某品牌的香水

　　　　B. 可能会购买某品牌的香水

　　　　C. 不能肯定是否购买某品牌的香水

　　　　D. 可能不会购买某品牌的香水

　　　　E. 肯定不会购买某品牌的香水

4．行动阶段

行动阶段是指消费者进行电话咨询，索取说明书、海报，参观商品展示会，到商场考察等行动。

[例] Q1. 请问您是否看过某品牌的电视广告？

　　A. 是　　　　　　　　B. 否

Q2. 那么，请问您因为看了这则广告而采取了哪些行动？

　　A. 立刻就去商店购买

　　B. 打电话咨询

　　C. 应广告邀请参观了商品展示会

　　D. 到商场去看了广告商品，但还是没有决定购买

　　E. 没有任何行动

　　F. 其他＿＿＿＿＿＿＿

4.2.2　销售效果调查的内容

广告的传播效果调查可帮助广告客户评估广告的沟通效果，但对了解销售效果没有作用。

广告的销售效果通常比沟通效果难于衡量。因为除了广告外，销售还会受到多种因素的影响，如产品特征、价格、可获得性和竞争者的行为等。这方面的因素越少，广告对销售的影响就越容易衡量。

广告销售效果调查是指通过调查销售效果来测定广告效果，这是企业最为关心的广告效果。销售效果调查的内容就是统计销售量。

4.3　广告效果调查的方法

4.3.1　事前事后测定法

事前事后测定法一般用在广告活动传播效果调查中。在传播效果调查中一般可以根据传播效果的四个阶段设定四个广告目标：品牌知名度提高多少？品牌理解度提高多少？品牌确信度提高多少？采取行动的消费者增加多少？

在广告活动开始前，对品牌或企业的知名、理解、确信、行动这四项进行消费者调查，这就是事前调查。然后，在广告活动期间，应定期、反复地实施同样的调查，将每个时期的调查结果进行比较，以测定广告的传播效果。

[例 10-1] 第二、三次调查于三个月、六个月后实施，用这两次的数据与事前调查得到的数据进行比较（见表 10-2）。表 10-2 所示的知名、理解、确信、行动增加的部

分，就是广告传播效果。

表 10-2　三次调查的数据比较

	事前调查（%）	三个月后（%）	比事前调查增减（%）	六个月后（%）	比三个月后增减（%）	比事前调查增减（%）
不知名	85	60	−25	50	−10	−35
知名	15	40	+25	50	+10	+35
理解	10	30	+20	35	+5	+25
确信	5	20	+15	25	+5	+20
行动	1	5	+4	15	+10	+14

注：知名、理解、确信、行动有重复回答者，故总计超过 100%。

4.3.2　比较组测定法

比较组测定法一般用在广告销售效果调查中。一般是选择两个条件相仿的地区来调查广告效果，其中一个地区进行广告活动，成为测定区；另外一个地区不进行广告活动，成为比较区。这两个地区社会与经济情况应该大体相当，商业流通渠道畅通，品牌竞争力量也应该是类似的。另外，这两个地区要相隔较远，以免因为人口流动而影响测定效果。对两地区的销售量进行统计，然后对它们进行比较，从而测定广告的效果。

[例 10-2] 某洗发水企业的一次广告比较组测定如表 10-3 所示。

表 10-3　广告比较测定

实验地区	广告投放前销售量（瓶）	广告投放后销售量（瓶）	销售额增加（%）
测定区	7 200	10 000	+38.89
比较区	7 500	8 000	+6.67

测定区投放广告后，销售量提高了 38.89%，比较区只增加了 6.67%，所以测定区投入广告后，比比较区净增销售量 2 320 瓶[（7 200 ×（38.89%−6.67%）]。如果测试区净增的销售量 2 320 瓶产生的净利润大于广告投入费用，则广告被认为是有效的。

子任务 5 实训项目

5.1 课内实训

实训内容：毕业生就业满意度调查。

实训目的：熟练运用某种客户满意度模型，了解本专业毕业生的就业满意度，为在校学生就业提供指导与帮助。

实训步骤

1. 分组（自由组合，4～6 人为宜），各小组可按毕业生就业地区或就业行业分工协作；

2. 取得本专业毕业生的联系方式（提前做好电话预约）；

3. 设计问卷或访谈的提纲；

4. 通过电话或网络的方式进行调查。

实训课时：2 学时。

5.2 课外实战演练

演练内容：调查家乡某农产品的市场需求状况，完成一份市场调查报告。

演练目的：学会如何进行市场调研、设计调研方案、撰写调研报告。

演练要求

1. 本项目是为农产品开拓市场而做的调查，通过这一调查使学生对农产品营销工作有一个初步认识；学生应较为熟悉项目的背景资料并可以通过文案调查进一步完善；

2. 了解市场需求，包括客户类型、客户分布、价格、需求规格、质量要求、包装、运输等；

3. 运用网上调查、电话调查、实地调查等方法调查相关生产单位（包括生产单位的地点、产量、生产品种、价格、运输、包装等）及其营销方式（包括销售市场、营销渠道、销售方法、质量要求、卫生要求、经销商等）；

4. 形成调查报告。

小结

市场需求调查、消费者购买行为调查、顾客满意度调查和广告效果调查市场是市场调查中的四个重要方面。本任务着重于市场调查方法与技术的应用，内容的安排主要是训练学生进行市场调查与预测的实践能力，通过对市场需求调查、消费者购买行为调查、顾客满意度调查和广告效果调查相关知识的了解和掌握，使学生逐步完成相关主题的市场调研工作。

📖　**学生天地**

（一）2010 年 10 月，上海商人王先生又把自己位于浦东某高档楼盘的房子挂到了中介。这是李先生第二次打算出售自己的房子，180 平方米的房子，报价 400 万元，过了一个月仍无人问津，少数几个来看房的也没有表现出太强烈的购买意向。中高档房需求量下降的原因可以成为具体的调查目标，请你列出中高档房需求量下降的可能原因。

（二）席卷全球的金融危机给美国等发达国家的消费市场造成了巨大的冲击，据美国消费者电子协会（CEA）发布的 2008 年第四季度研究报告，美国电子类产品消费支出增长 3.5%，增长幅度仅为上年同期的一半。但金融危机似乎并没有影响我国消费者对电子产品的消费热情，人们不仅消费新颖的家电产品，而且依然较积极消费智能手机、电脑等复杂电子产品。请你列出我国电子产品需求量上升的可能原因。

（三）众所周知，在移动通信技术飞速发展和手机功能不断拓展的今天，手机已经成为一个移动信息处理终端。随着 3G 时代的到来，限制手机广告传播的诸多技术瓶颈在强大的科技带动下将被一一化解，手机屏幕成为越来越多广告商抢夺的阵地，手机广告无疑将翻开崭新的一页。3G 手机传输以及处理图像、音乐、视频等多媒体业务更加快速，这将为手机广告的发展带来强大动力；而手机电视、手机会议、移动商务等多种信息服务的应用，将在横向上扩展手机广告的市场空间。请问：手机广告效果的优势主要是什么？

（四）图 10-4 横轴表示收入，纵轴表示网民比例，请简单做出解释。

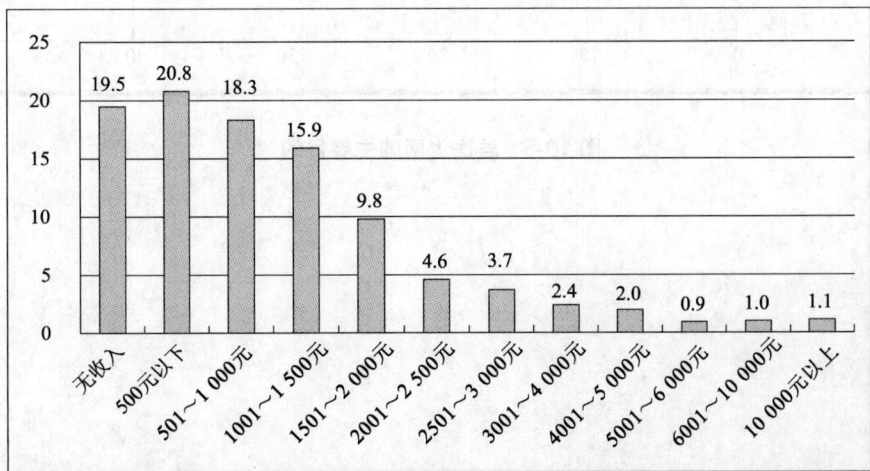

图 10-4　某年度上网用户收入的分布情况

（五）国内某化妆品有限责任公司于 20 世纪 80 年代初开发出适合东方女性需求特点的具有独特功效的系列化妆品，并在多个国家获得了专利保护。营销部经理初步分析了亚洲各国和地区的情况，首选日本作为主攻市场。为迅速掌握日本市场的情况，公司派人员直赴日本，主要运用调查法收集一手资料。调查显示，日本市场需求潜量大、购买力强，且没有同类产品竞争者，这使公司人员兴奋不已。他们在调查基础上又按年龄层次将日本女性化妆品市场划分为 15～18 岁、18～25 岁（婚前）、25～35 岁及 35 岁以上四个子市场，并选择了其中最大的一个子市场进行重点开发。营销经理对前期工作感到相当满意，为确保成功，他正在思考再进行一次市场调查。

问题：该公司运用的收集一手资料的调查法一般有哪几种方式？各有什么特点？

（六）图 10-5 为居民上网的主要目的，请进行简单解释。

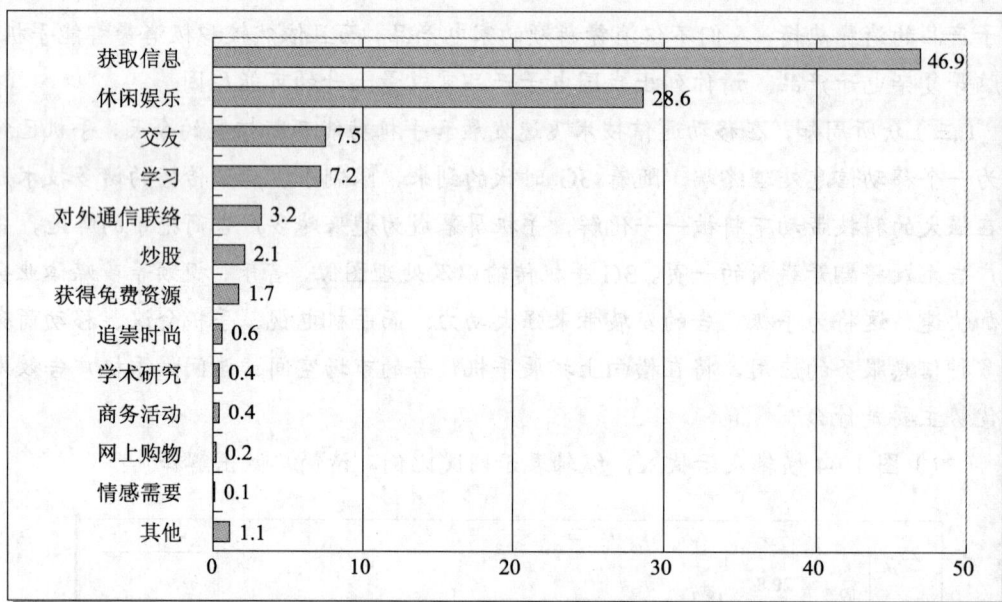

图 10-5　居民上网的主要目的

附录 1　　F 分布表

F 分布表

$$P\{F(n_1, n_2) > F_\alpha(n_1, n_2)\} = \alpha$$

$\alpha = 0.10$

n_1＼n_2	1	2	3	4	5	6	7	8	9	10	12	15	20	24	30	40	60	120	∞
1	39.86	49.50	53.59	55.83	57.24	58.20	58.91	59.44	59.86	60.19	60.71	61.22	61.74	62.00	62.26	62.53	62.79	63.06	63.33
2	8.53	9.00	9.16	9.24	9.29	9.33	9.35	9.37	9.38	9.39	9.41	9.42	9.44	9.45	9.46	9.47	9.47	9.48	9.49
3	5.54	5.46	5.39	5.34	5.31	5.28	5.27	5.25	5.24	5.23	5.22	5.20	5.18	5.18	5.17	5.16	5.15	5.14	5.13
4	4.54	4.32	4.19	4.11	4.05	4.01	3.98	3.95	3.94	3.92	3.90	3.87	3.84	3.83	3.82	3.80	3.79	3.78	3.76
5	4.06	3.78	3.62	3.52	3.45	3.40	3.37	3.34	3.32	3.30	3.27	3.24	3.21	3.19	3.17	3.16	3.14	3.12	3.10
6	3.78	3.46	3.29	3.18	3.11	3.05	3.01	2.98	2.96	2.94	2.90	2.87	2.84	2.82	2.80	2.78	2.76	2.74	2.72
7	3.59	3.26	3.07	2.96	2.88	2.83	2.78	2.75	2.72	2.70	2.67	2.63	2.59	2.58	2.56	2.54	2.51	2.49	2.47
8	3.46	3.11	2.92	2.81	2.73	2.67	2.62	2.59	2.56	2.54	2.50	2.46	2.42	2.40	2.38	2.36	2.34	2.32	2.29
9	3.36	3.01	2.81	2.69	2.61	2.55	2.51	2.47	2.44	2.42	2.38	2.34	2.30	2.28	2.25	2.23	2.21	2.18	2.16
10	3.29	2.92	2.73	2.61	2.52	2.46	2.41	2.38	2.35	2.32	2.28	2.24	2.20	2.18	2.16	2.13	2.11	2.08	2.06
11	3.23	2.86	2.66	2.54	2.45	2.39	2.34	2.30	2.27	2.25	2.21	2.17	2.12	2.10	2.08	2.05	2.03	2.00	1.97
12	3.18	2.81	2.61	2.48	2.39	2.33	2.28	2.24	2.21	2.19	2.15	2.10	2.06	2.04	2.01	1.99	1.96	1.93	1.90
13	3.14	2.76	2.56	2.43	2.35	2.28	2.23	2.20	2.16	2.14	2.10	2.05	2.01	1.98	1.96	1.93	1.90	1.88	1.85
14	3.10	2.73	2.52	2.39	2.31	2.24	2.19	2.15	2.12	2.10	2.05	2.01	1.96	1.94	1.91	1.89	1.86	1.83	1.80
15	3.07	2.70	2.49	2.36	2.27	2.21	2.16	2.12	2.09	2.06	2.02	1.97	1.92	1.90	1.87	1.85	1.82	1.79	1.76
16	3.05	2.67	2.46	2.33	2.24	2.18	2.13	2.09	2.06	2.03	1.99	1.94	1.89	1.87	1.84	1.81	1.78	1.75	1.72
17	3.03	2.64	2.44	2.31	2.22	2.15	2.10	2.06	2.03	2.00	1.96	1.91	1.86	1.84	1.81	1.78	1.75	1.72	1.69
18	3.01	2.62	2.42	2.29	2.20	2.13	2.08	2.04	2.00	1.98	1.93	1.89	1.84	1.81	1.78	1.75	1.72	1.69	1.66
19	2.99	2.61	2.40	2.27	2.18	2.11	2.06	2.02	1.98	1.96	1.91	1.86	1.81	1.79	1.76	1.73	1.70	1.67	1.63